W9-CTW-759

Aus Freude am Lesen

btb

Über die Herausgeber

Sven Arnold, geboren 1963 in Wuppertal, lebt seit 1985 in Berlin. Nach dem Studium der Germanistik und Musikwissenschaft in Wuppertal und Berlin arbeitet er seit 1991 als Programmleiter im Literarischen Colloquium Berlin.

Ulrich Janetzki, geboren 1948 in Selm/Westfalen. Nach einer kaufmännischen Lehre in Leverkusen studierte er Germanistik und Philosophie in Berlin. Seit 1986 ist er Geschäftsleiter des Literarischen Colloquiums Berlin.

Berlin zum Beispiel

Geschichten aus der Stadt

erzählt von Jurek Becker,
Monika Maron, Bodo Morshäuser,
Katja Lange-Müller, Ingo Schulze
u.v.a.

*Herausgegeben von Sven Arnold
und Ulrich Janetzki*

btb

Umwelthinweis:
Alle bedruckten Materialien dieses Taschenbuches
sind chlorfrei und umweltschonend.

btb Taschenbücher erscheinen im Goldmann Verlag,
einem Unternehmen der Verlagsgruppe Bertelsmann.

1. Auflage
Deutsche Erstveröffentlichung November 1997
Copyright © by Wilhelm Goldmann Verlag, München
Umschlaggestaltung: Design Team München
Satz: IBV Satz- und Datentechnik GmbH, Berlin
RK · Herstellung: Augustin Wiesbeck
Made in Germany
ISBN 3-442-72272 -1

INHALT

In keiner deutschen Stadt leben so viele Autoren wie in Berlin. Und in keiner deutschen Stadt ist die deutsche Geschichte dieses Jahrhunderts so fokussiert und präsent wie in Berlin. Hieraus ergeben sich viele Impulse für das literarische Schaffen. Berlin kann erzählt werden – und Berlin wurde immer erzählt. Berliner und Nichtberliner Autoren haben diese Stadt besungen und beschworen, sie zum Schauplatz ihrer Imaginationen gemacht und sie mit literarischen Gestalten bevölkert, die für die Hoffnungen, Sehnsüchte, die Liebe und Haßliebe der Autoren zu Berlin standen.

»Berlin zum Beispiel« will – obwohl es am Ende des Jahrhunderts naheliegen könnte – nicht resumieren, sondern aus Berliner Geschichten ein literarisches Mosaik der Stadt zusammensetzen. Die Autoren, die alle in Berlin leben, halten sich dabei in ihren Texten zu unterschiedlichen Zeiten und an verschiedenen Orten in der Stadt auf. Über Menschen und Menschliches, über den Kiez und die Großstadt kann man in diesem Buch lesen; Hunde-Geschichten und Knast-Geschichten werden erzählt; private Erfahrungen und politische Geschichte spielen ineinander. Die literarischen Reaktionen, zu denen Berlin die Autoren herausfordert, lassen sich nicht auf einen thematischen Nenner bringen, vielmehr zeigt sich die Berliner Literatur in beeindruckender Vielfalt, die ihren Niederschlag auch in der vorliegenden Anthologie findet.

So erzählt Monika Maron in »Schillerpromenade 41« aus der Perspektive ihrer Gegenwart von der Einwanderung eines polnischen Ehepaares nach Rixdorf Anfang dieses Jahrhunderts, bevor Rixdorf zu Neukölln geworden war. Eine Berliner Tanzstunde Anfang der sechziger Jahre wird bei Ingomar von Kieseritzky geschildert, während Bodo Morshäuser von dem Wohngemeinschaftsbiotop Westberlin Mitte der siebziger Jahre erzählt. Kreuzberger Szenen finden sich bei Stephan Krawczyk, Ralf Rothmann und Richard Wagner. Hans-Ulrich Treichel porträtiert die bärbeißige Mentalität Berliner Busfahrer, Kellner, Platzwarte und Bademeister vor allem im Bezirk Wilmersdorf; Michael Wildenhain führt in das Neuköllner Arbeitermilieu. Katja Lange-Müller erzählt von den Kneipenexistenzen Moabits, Christa Schmidt von einer Begegnung in der Strafvollzugsanstalt Tegel. Der Ort in Hans Christoph Buchs Erzählung »Spiel ohne Grenzen«, das Stasi-Gefängnis in Lichtenberg, weist auf die jüngste Geschichte der DDR und die deutsche Vereinigung. In einem äußerst kunstvoll konstruierten Text stellt uns Volker Braun einen Menschen vor, der zerrissen ist zwischen seiner DDR-Vergangenheit und seiner gesamtdeutschen Zukunft. Bei Thomas Brussig ist der Jargon DDR-Jugendlicher aus den achtziger Jahren zu hören, während uns Ingo Schulze eine in der DDR aufgewachsene Schwesternschülerin nach der Wende vorstellt. Zwei Autoren widmen sich dem gewaltigen architektonischen Umbau der Stadt. In Karin Reschkes »Herr Birnbaum will Bilder« wird eine der Hauptpersonen ausgeschickt, Fotos des sich verändernden Potsdamer Platzes und des Reichstages aufzunehmen, und Klaus Schlesinger berichtet in »Widerstand zwecklos!« einer Brieffreundin von seinen Gängen durch die sich verändernde Stadt. Anstelle

eines Nachworts beschließt den Band eine persönliche Erinnerung Walter Höllerers, der zu den großen und engagierte-
sten Förderern des literarischen Lebens in Berlin gehört.

Selbstverständlich setzen alle hier versammelten Geschichten noch kein Berliner Ganzes zusammen, dieses kann der
Leser vervollständigen durch die Lektüre der vielen Berlin-
Romane und -Erzählungen, die es in großer Zahl gibt. Wenn
in diesem Buch Texte von »nur« neunzehn Berliner Autoren
enthalten sind, so ist dies dem Ansinnen geschuldet, die »erzählte« Stadt zu präsentieren und den einzelnen Geschichten den ihnen notwendigen Raum zu geben. Auf die Auf-
nahme von Lyrik, essayistischen Reflexionen oder Kürzest-
prosa wurde bewußt verzichtet.

Die Fülle an Themen, Orten und Zeiten, die in diesem Buch
präsentiert wird, macht deutlich, daß es sich bei Berlin als
Beispiel einer erzählten Stadt immer nur um ein besonderes
Beispiel handeln kann. Die Besonderheit jedoch als Normalität zu begreifen und zu leben sind die stete Herausforderung
und die große Kunst der Berliner, wovon auch die Geschichten in diesem Buch erzählen.

Hinzuweisen ist auf eine Publikation, auf die sich die vor-
liegende Sammlung beziehen will, denn was Herbert Günther
1929 in der Einleitung zu seiner Anthologie »Hier schreibt
Berlin« formulierte, besitzt auch Gültigkeit für »Berlin zum
Beispiel«: »Ich glaube, in diesem Buch findet sich Berlin als
Landschaft, Hintergrund, Milieu, als wesenhafte Realität, als
der Gestaltung würdige Tatsache.« Damals hatte sich Berlin
in den »Goldenen Zwanzigern« den Ruf einer europäischen
Hauptstadt erworben, und dieses neue Verständnis und auch
Selbstverständnis der Stadt ermutigte Herausgeber und Verlag zu einem »ersten Versuch einer literarischen Selbstdarstel-
lung Berlins«, in die ausschließlich Beiträge zeitgenössischer,
in Berlin lebender Autoren aufgenommen wurden.

Auch die vorliegende Anthologie versammelt zeitgenössische Texte, die sämtlich unveröffentlicht oder zumindest in der hier abgedruckten Form bisher unveröffentlicht sind. Dazu gehören auch Beiträge von zwei zu früh verstorbenen Berliner Autoren. Es handelt sich dabei um eine Dialogpassage aus den letzten Drehbüchern zu »Liebling Kreuzberg« des lange Jahre in Berlin lebenden Jurek Becker sowie um eine Erzählung von Reinhard Lettau, der erst Anfang der neunziger Jahre aus den USA nach Deutschland zurückgekehrt und bald nach seiner Rückkunft nach Berlin gezogen war. Die Herausgeber danken deshalb besonders Christine Becker und Dawn Lettau, die den Abdruck dieser Texte ermöglichten. Und sie danken allen Autoren, die der Einladung zur Teilnahme an der Anthologie gefolgt sind und ihre Texte hier zur Verfügung gestellt haben.

Berlin, im Juni 1997

Sven Arnold und Ulrich Janetzki

KATJA LANGE-MÜLLER

Die feuchte Welle

*Zustandsbeschreibung einer
vorläufigen Geschichte*

Dieser Monate, Wochen, Tage schreibe ich wieder einmal an diesem Buch, das wohl kaum eine Chance hat, mein schönstes werden zu können, mich aber, seit zwei Jahren schon, so sehr beschäftigt, daß ich nun auch keine Chance mehr für mich sehe, ihm noch länger auszuweichen, dem »Buch von den städtischen Existenzen«, von deren Leben in einer Gegend, die gleichzeitig über sie herein- und unter ihnen zusammengebrochen ist, von Menschen im Beton, Menschen mit wenig und nichts, Menschen, die unentwegt unterwegs sind, dazwischen/dabei auch solche, die es eigentlich (laut Gesetz) gar nicht gibt.

Ich schreibe davon, wie ich ihnen begegne, den Auch-Berlinern, meinen Mit-Städtern, von den Aggressionen, die »Solche-wie-ich« hervorrufen bei »Solchen-wie-denen« und von *den* Aggressionen, die »Solche-wie-die« auslösen bei »Solchen-wie-mir«; etwa wenn wir alle zusammen unterwegs sind mit der »offenen Anstalt«, wie ich den »Städtischen Nahverkehr« nenne, und »Solche-wie-die« mich grimmig anstarren aus glasigen, rötlichen Augen, als hätte *ich* ihre Sozialhilfe versoffen, dabei waren sie es ganz alleine, obwohl »Manche-von-denen« schon lange nicht mehr so *ganz* alleine sind – und überhaupt bald in der Mehrzahl. Ich schreibe von den Wolken, die über uns herauf- und herziehen, und die, zu-

11

mindest was Deutschland anbelangt, in Berlin am dichtesten und dunkelsten zu sein scheinen.

Denn ja, ja und ja, oder sollte ich sagen »jawoll«, ich will es nie mehr leugnen (das hat bekanntlich eh keinen Zweck!), auch ich bin eine von denen, über die ein »melancholerischer« Autor, der in Berlins Nordwesten, in Moabits Lübecker Straße geborene jüdische Berliner Kurt Tucholsky einmal enttäuscht, rüde und sich selber einbeziehend sagte: »dummfrech und ohne Herzensbildung«, – eine von diesen Berlinern.

Zur damals, 1951, zwei Jahre nach Gründung der DDR, selbst für uns »Zonis« noch *offenen* Welt gekommen bin ich gleich hinterm Fernbahnhof des Stadtbezirks Lichtenberg, den wir – leider auch heute noch zutreffenderweise – immer nur »Dunkeltal« nannten; genau wie uns Schöneweide, eine der beiden weiteren östlichen Bahnhofsgegenden, nie etwas anderes war als »Schweineöde«. Weil ich außerdem im Laufe der Zeit irgendwie zu einer Schriftstellerin heranalterte und seit 1984, seit meiner Ausreise aus dem Berliner Osten und vor meiner Flucht nach Bukarest, Budapest, Wien, *in* oder richtiger *auf* Tiergarten lebte, jener Insel mitten in der Stadt, die lange Zeit feucht-sumpfig und allein vom eingezäunten kurfürstlichen Rotwild »behaust« war, dann aber von Ausländern, aus Frankreich vertriebenen Hugenotten, trockengelegt und zwecks Seidenraupenzucht mit Maulbeerbäumen bepflanzt wurde, sich aber mittlerweile (unter anderem) durch einundzwanzig Brücken, einen Hafen, einen Großmarkt, diverse Bauwüsten, fünf Knäste sowie die schaurigsten Spelunken der Stadt auszeichnet, will ich Ihnen, liebe Leserin, lieber Leser, nun die Skizze, den Entwurf einer Geschichte zumuten, der zweiten von den insgesamt sechs, die mich seit meinem letzten fertigen Buch beschäftigen, Geschichten mit mehreren oder gar keinen Pointen, – ganz im

Sinne meines Robert Gernhardtschen Lieblingsreims: »Da! Schon saust das nächste Ei messerscharf am Nest vorbei«, Geschichten von der nicht so richtig putzigen, eher weniger salonfähigen Art, Geschichten, die sich auf einem – vom neuerdings wieder schärferen Zahn der Zeit ziemlich zernagten – kaum zehn Quadratkilometer großen Gelände ab-»spielen«, das mich, deshalb oder trotzdem, mehr als alle übrigen »Teile« und »Stücke« Berlins, – an- und runterzieht: Tucholskys Nordwesten, Tiergarten, Moabit.

Mitten durch diesen Tiergartenteil namens Moabit zieht sich die leidlich berühmte Turmstraße, ein Freizeit- und Shopping-Paradies für Arme, mit drei Porno-Kinos, vier Spielhallen, »Penny«- und »Plus«-Markt, »Rudis Resterampe« und gleich zwei »Aldis«.

Im Oktober vergangenen Jahres, an einem der – in Berlin so häufigen – lieblichen Herbsttage, überquerte ich fortgeschrittenen Morgens jene Turmstraße Richtung »Aldi« II, und was war da nicht schon wieder alles los! Die Musik spielte aus weit geöffneten Fenstern, Elvis und türkische Männerchöre, Fahrräder dösten vor dem Copy-Center in der Sonne; parklückenlos reihte sich Reisebus an Reisebus. Aus dem »Aldi« raus wand sich träge der Schwanz einer Menschenschlange, Kinder nuckelten Cola aus bunten Blechdosen, Köter zerrten heulend an den Laternenmasten und Flügeltüren, an denen ihre Halterinnen und Halter sie festgeleint hatten. Auf dem Sims vor der von innen mit Sonderangebotsplakaten zugeklebten Schaufensterscheibe saßen – sicher nicht *ganz* bequem – drei ältere Damen in legerer Garderobe und begutachteten den Betrieb: Zur Seitentür des »Aldi«-Ladens herauswuselnde, von großen, eckigen Plastiktaschen krummgezogene Leute, die – nicht ohne ein gewisses akrobatisches Geschick – schwer lenkbare, mit aberdutzenden von Instant-Zitronentee-Schraubgläsern und Sangria-Tetra-Packs hoch beladene Einkaufswagen zu den Bussen manövrierten.

»Kommt man ja nur noch mit 'n polnischen Paß rein«, sagte die Graugelockte im orangen Sweatshirt über einem azurblauen Faltenrock. »Wenn die wenigstens Haferflocken kaufen würden für ihre Gören da hinten im Wald«, antwortete die Rundliche mit der riesenschmetterlingsförmigen Perlenstickerei auf dem Vorderteil ihres gelben Angorastrickkleidchens. »Schmeckt ja janich, dis klebrije spanische Zeuch«, verkündete, mit ausgestrecktem Finger auf die Sangria-Tüten weisend, die Graugelockte. »Laß ma, vor zwanzich Jahre ham wir dis ooch janz jerne jesoffen«, meinte nun, in tiefem, versöhnlichem Tonfall, die bis zum spitzen Kinn von einem flatterärmligen, schwarzen Etwas verhüllte Dritte und fügte seufzend hinzu: »Na jut, *ein* Bier jeb ick aus.«

Die Damen nahmen ihre Hintern vom Sims, blockierten kurz die Einkaufswagenstrecke, teilten, jede für sich, an drei verschiedenen Stellen die Warteschlange und entschwanden meinem Blick – nacheinander um dieselbe biegend – Turm-/ Ecke Gotzkowskystraße.

Am späten Abend dieses Tages setzte mich ein Taxi an genau dieser Ecke wieder ab. Ich war zu aufgewühlt von der miesen Theatervorstellung, die ich gesehen hatte, um gleich ins Bett zu wollen, und dieses Segment Moabits, das »Sklavendreieck« genannt, ist ja nachts noch interessanter als tagsüber.

Doch hier, an dieser Stelle, muß ich wohl erklären, was der Ausdruck »Sklavendreieck« bedeutet. Es bezieht sich auf ein Gebiet, das natürlich gar kein Dreieck bildet, sondern zwei Vierecke, und in dem auch nicht allein die so genannten »Sklaven« unterwegs sind. Es umfaßt die Beusselstraße bis zum Großmarkt an der Beusselbrücke, das Stück Turmstraße von der Ecke Beusselstraße bis zur Ecke Waldstraße und die

Gotzkowskystraße bis zur Gotzkowskybrücke; seine »besten«
Adressen heißen: »Das weiße Ferkel«, »Die faule Biene«, »Die
Oase« und – ganz wichtig – »Die feuchte Welle«. »Das kleine
Versteck«, »Die gute Laune« und »Das Balkanfeuer« gehören
ebenfalls dazu, werden aber seltener frequentiert.

»Sklaven« nennen sich die – im wahrsten Sinne des Wor-
tes – »durch die Bank« eher mehr als weniger obdachlosen
Gelegenheitsarbeiter aller Nationalitäten, die, mindestens
von Frühjahr bis Spätherbst, manche auch den Winter über,
jeden Morgen zwischen halb vier und gegen sieben einigermaßen unauffällig auf der zur Brücke führenden Seite der
Beusselstraße umherlaufen und dann in kurz anhaltende
Fahrzeuge, meist kleinere Lieferwagen, steigen. Diese Autos
bringen die »Sklaven« zu irgendwelchen Tagesjobs für fünf
bis acht Mark die Stunde »bar auf die Kralle« – Häuser ver-
putzen, Fenster streichen, Abrißholz zusammenschleppen,
Gruben ausheben, – eben irgendwelche Knochenarbeiten, die
überall immer mal anfallen. Wer zu alt aussieht oder nicht
nüchtern genug, wird nicht mitgenommen; der läuft weiter bis zum Fruchthof des Gemüsegroßmarktes oder dreht ab
zum Nordhafen und versucht es dort.

Am frühen Nachmittag lassen sich viele dieser Männer, und
die »Sklaven« sind ausschließlich Männer, vor der Beusselbrücke wieder absetzen; jene, die nicht das Glück hatten, zu-
rückgebracht zu werden, reisen von ihren »Stellen« her extra
an. Das liegt am »Weißen Ferkel«, da gibt es billiges, gutes Essen, mittlerweile auch immer was Vegetarisches für die Mos-
lems und andere Spezialköstler, dazu Schrippen ohne Ende.
Wenn man ein bißchen bekannt ist bei der »Ferkel-Wirtin« –
»habt *ihr* ein Schwein, daß ihr *mich* habt«, sagt sie gerne –,
kann man auch drei-, viermal anschreiben lassen. – Und man
ist inzwischen bekannt, auch untereinander, und mag vielleicht zusammen weiter herumziehen, denn um sechs Uhr

abends macht das »Weiße Ferkel« dicht. Man hat was Warmes im Bauch, das ist wichtig, wenn man Kalorien verbraucht »wie einer beim Gleisbau«. Nun darf es auch das erste Bierchen sein, ein wohlverdientes Feierabendbier. Und wo trinkt man das, wenn nicht in der »Faulen Biene«? Hier hocken die einen verkrampft vor den Spielautomaten, die anderen reden ein wenig – welcher »Sklavensammler« zu bescheißen versucht, welche Arbeit besser ist, welche schlechter, aber nie über den »Lohn«; das wäre unanständig, deprimierend sowieso. Irgendwann ist es etwa zehn. Wer nun nicht zu einem Kumpel kann oder sonstwohin will, notfalls doch wieder in den Park, und bereit ist, eine Mark mehr auszugeben, der geht in die »Oase«. Aber nicht wenige sind jetzt schon reif für die »Feuchte Welle«, die letzte Station dieser Nacht, die, spätestens ab zwölf, auch jene aufsuchen werden, die im Moment gerade noch wach, reich und durstig genug sind für die »Oase«, das »Balkanfeuer«, das »Kleine Versteck« oder die »Laune«.

Der Zapfer der »Feuchten Welle«, ein gewisser Egon, ist keineswegs *Der gute Mensch von Moabit*. Dennoch hat sich herumgesprochen, daß diese Kneipe die einzige in der Gegend ist, die noch niemals auch nur eine halbe Stunde lang geschlossen hatte, und daß Egon die Leute schlafen läßt; ihnen bloß alle zwei Stunden ein neues kleines Bier hinstellt, ob es getrunken wird oder nicht. Das macht pro Nacht und Nase zwischen sechs achtzig und neun zwanzig ohne Trinkgeld. Und dafür sitzt man im Trockenen, Warmen und ist nicht allein, also relativ sicher – bis zum allgemeinen Wecken/Aufstehen, bis es wieder Zeit ist für den »Sklavenstrich«. Die anderen, die sonstigen Gäste, nehmen Rücksicht, stänkern und brüllen selten; sogar die Jukebox spielt die alten Hits leiser als in den übrigen Kaschemmen.

Allein Freitagnacht geht es nicht gerade zahm zu in der

»Feuchten Welle«. – Sollten Sie, liebe Leserin, lieber Leser, die »Feuchte Welle« einmal kennenlernen wollen, kommen Sie freitags, möglichst nicht vor Anbruch der Geisterstunde! – freitags, wenn die »Wandersklaven« für die zwei arbeitsfreien Tage Richtung Prag, Warschau, Budapest abgereist sind, haben sich etliche der »illegal, legal oder scheißegal« in Berlin lebenden ausländischen und fast alle deutschen »Beussel-Sklaven« nicht bloß flüchtig auf irgendeinem Kneipenklo gewaschen, sondern in den Kabinen der Bahnhöfe oder einer Bade-»Anstalt« geduscht. Sie haben ihre guten Sachen aus den Schließfächern geholt und die Taschen voller Geld und Schwarzmarktzigaretten. Auch viele ebenso klamme wie durstige Vertreter der »nicht arbeitenden Bevölkerung« und Frauen sind plötzlich im Lokal, gewerbliche wie private. Die privaten, meist nicht mehr so junge, aber fröhliche, zutrauliche Berlinerinnen, sind begehrter. Den heute solventen und durchaus spendierfreudigen »Sklaven« geht es um ein schönes, vor allem erholsames Wochenende, Ausschlafen in einem Bett, Vögeln, Fernsehen, vielleicht Anschluß und Unterkunft für etwas länger. – Die Sektkorken fliegen, es wird getanzt, gelacht, geweint – vor Freude und vor Kummer auch. So manche hat schon manchen guten Griff getan in der »Feuchten Welle«, einen besseren als bei den verkehrten Bällen; das spricht sich rum unter den einsamen Herzen, unter den Abzockerinnen natürlich genauso.

Ich stieg also aus dem Taxi in jener Nacht, es war nicht die zum Samstag, und hatte noch Lust auf Menschen, vielleicht ein Getränk dazu. Und – ja, es stimmt, ich gehe gerne in die »Feuchte Welle«, nicht nur aus Voyeurismus, nicht bloß, weil ich ein Buch schreiben will; da ist es ruhig, unter der Woche nicht zu leer, nicht zu voll. Manchmal kommen ein paar aufgekratzte Nachtschwärmer vorbei, die einem was erzählen. Wenn nicht, macht der Anblick der schlafenden Männer müde, als hätte man Valium in seiner »Pfälzer Beerenauslese«.

Auf der Bordsteinkante, zwischen zwei ziemlich hohen Türmen, einem aus Instant-Zitronentee-Schraubgläsern und einem aus Sangria-Tetra-Packs, saß, mit dem Rücken zur weit geöffneten Tür der »Feuchten Welle«, ein Mann in einem metallicgrünen Jogginganzug.

Oh, dachte ich, was ist denn hier passiert? Das kann doch nur ein Pole sein, den sie aus irgendeinem Grund vergessen haben. Vielleicht hat er seinen Bus nicht mehr gekriegt oder den falschen, oder sein Bus hatte eine Panne und ist gar nicht gekommen, oder er hatte Streit mit seinen Leuten, und sie haben ihn deshalb nicht mitgenommen.

Wohl wahr, der Mann interessierte mich sehr; fast reglos saß er da, breitbeinig, die Ellenbogen auf die Knie gestützt, das Gesicht in den Händen. Wahrscheinlich war es eine Nacht zum Sonntag; vielleicht lag es auch daran, daß – seit einer Woche schon – nicht der übliche Egon hinterm Bierhahn stand, sondern ein anderer, eine bullige, meist schlecht gelaunte Urlaubsvertretung namens Paul.

Jedenfalls erblickte ich, als ich eintrat in die »Feuchte Welle«, außer Paul, dem Zapfer, nur ganze drei Gäste; drei von denen, die so oft da sind, daß sie einen kennen und grüßen, auch wenn man zu denen gehört, die selten kommen. Diese Gäste, das waren Moosjacke, ein schon recht alter Mann in immer dem gleichen, weißgott zeitlosen, olivgrünen Jackett, Rainer, ein Thüringer, der erst seit etwa einem Jahr regelmäßig hierherkommt, immer mit dem Fahrrad, also wahrscheinlich von jenseits des Lehrter Bahnhofs, und Sushi, ein Vietnamese, der gut Deutsch spricht und als Koch in einem wirklich akzeptablen italienischen Restaurant auf der Waldstraße arbeitet.

Die drei standen nahe der Tür am Tresen, schauten immer

mal raus zu dem zwischen seinen Einkäufen auf dem Bordstein hockenden Mann, flüsterten mit Paul, lachten, tranken einen Schluck, flüsterten wieder.

Ich setzte mich an einen Tisch, ebenfalls in Türnähe. Ich hatte das deutliche Gefühl, daß hier heute noch etwas passieren würde, daß diese Kerle da, am und hinter dem Tresen, dabei waren, irgendwas auszuhecken. Und richtig, ein paar Momente später tänzelte Moosjacke, ein großes, frisch gezapftes Bier tragend, in der Pose eines Oberkellners hinaus auf die Straße. »Proszę pan, ty wypije jedno piwo?« (Bitte, Herr, wollen Sie ein Bier trinken?), sagte er laut und in astreinem Polnisch zu dem Mann, der dort hockte. Wir in der »Feuchten Welle« Verbliebenen schauten gespannt auf die Szene. Moosjacke neigte sich elegant ein wenig vor, bot einladend das schaumgekrönte Frischbier dar, wiederholte seine Frage: »Proszę pan, ty wypije jedno piwo?« Der Mann sprang auf, offensichtlich tief erschrocken. Seine Reaktion war so heftig, daß ich einen Augenblick lang zweifelte, ob er die Worte, die Moosjacke zu ihm sprach, überhaupt verstand. Aber dann schüttelte er energisch den Kopf, sagte, mit starkem polnischen Akzent, mehrmals das deutsche Wort »nein«. Es klang parodieartig böse und entschieden. Vermutlich war der Pole anfangs nur so erschrocken gewesen, weil ihn hier, in dieser Stadt, sechzig Kilometer hinter der polnischen Grenze, noch niemals ein Nicht-Landsmann in seiner Sprache angeredet hatte.

Mit gespielt gekränkter Miene kam Moosjacke zurück zum Tresen und trank das Bier in einem Zug. »Mensch, du kannst das aber gut; dabei war ich bestimmt viel öfter in Polen als du. Wo hast'n das gelernt?« sagte erfreut und beeindruckt der Thüringer. »Weiß nich, von damals, von heute, vonne Baustelle? Und viel mehr als das kann ich auch nich sprechen. Bißchen verstehen schon«, antwortete Moosjacke, und ich überlegte, was er wohl mit »damals« meinte.

Moosjacke ging noch drei-, viermal mit gefüllten Tulpen hinaus zu dem Polen. Zwischendurch wurde am Tresen geflüstert, gelacht, – und irgendwann war des Polen Widerstand gebrochen. So freundlich hatte Moosjacke dem wohl seit vielen Stunden draußen in der – wenigstens milden – Frühherbstnacht sitzenden Mann immer wieder ein Bier vor die Nase gehalten, daß der nach einiger Zeit gar nicht mehr wußte, wie oder warum er weiter ablehnen sollte, und Durst, das sah man daran, wie er das fünfte der angebotenen Gläser endlich nahm, ansetzte, austrank, hatte er sowieso schon lange.

Nun war das Eis geschmolzen; nacheinander gingen wir hinaus zu dem Mann und brachten ihm Biere, – Moosjacke zwei, Sushi eins, Rainer eins und der Zapfer Paul und ich auch je eines. Nicht gerade lächelnd, aber immerhin gnädig nickend und ein »dziękuję«, also ein »Danke« murmelnd, nahm der Pole unsere Getränkespenden an.

Seltsamerweise hatte sich inzwischen noch immer kein weiterer Gast zu uns gesellt. Es war, als hätte wenigstens die Personnage dieses Stegreifstückes von vornherein festgestanden. Aber die Stimmung gedieh prächtig; keiner von uns war mehr nüchtern. Dennoch wurde ich das Gefühl nicht los, daß die eigentlichen Ereignisse erst bevorstanden.

Und es kam *der* Moment, da erhob sich Moosjacke wieder einmal, taumelte, mit keinem anderen als seinem eigenen Glas in der Hand, hinaus zu dem »Luftkurgast«, wie wir unseren Polen inzwischen nannten, tätschelte die Tetra-Packs mit der, laut Etikett, »fruchtig-aromatisch abgestimmten, weinhaltigen Getränkemischung« und verkündete: »Proszę pan, ja wypije jedną sangria, und die da«, ergänzte er den Satz, ins Kneipeninnere weisend, auf Deutsch, »die wollen auch alle Sangria«. – Nur halb im Scherz nach einer der viereckigen Tüten grapschend, fügte er fast devot hinzu: »Wir sind jetzt nämlich pleite.«

»Jetzt«, dachte ich mit angehaltenem Atem, »jetzt« ist das richtige Wort. Jetzt, in diesem Moment, kann noch alles, alles gut werden. – Komm, mein Pole, sei kein Frosch!

Aber der Pole, der ganz sicher einen schwarzen Tag hinter sich hatte und wohl ohnehin zu den eher mürrischen Menschen gehörte, vertat seine Chance, bediente das von den »Feuchte Welle«-Brüdern geplante, plumpe Schmierenstück und deren Vorurteile, weil er selbst jetzt nicht in der Lage war, die *seinen* auch nur *einmal* aufzugeben. Nein, er wollte nicht verstehen, was doch so leicht begreiflich war: Niemand erwartete von ihm, daß er sich unseretwegen das Futter aus der Jacke riß, er sollte sich nur von einem oder zwei Litern seines »Aldi«-Fusels trennen; es wäre eine Geste gewesen, nicht mehr. – Alles wäre erst mal gut geworden und die lineare Männerspiel-Dramaturgie à la »Feuchte Welle« in sich zusammengefallen wie das berühmte Kartenhaus.

Doch der Pole entwand dem verdutzten Moosjacke das Tetra-Päckchen, warf sich mit seinem ganzen schmächtigen Oberkörper über den Sangria-Stapel und guckte dermaßen wild und finster, daß ich eine Sekunde lang bereit war zu glauben, er verstelle sich nur, das sei eben *seine* Art von Humor.

Klar, was passierte; die vier Kerle in der »Feuchten Welle« erinnerten sich nicht mehr daran, daß sie dem Polen die Biere regelrecht aufgenötigt hatten. Es folgte die ganze verbale Palette: Der Pole wurde ein Polacke, obendrein ein Parasit und Geizhals, der blöde genug war, gleich morgen früh direkt vor der »Feuchten Welle« einen balkanesischen Schwarzhandel mit »Aldi«-Schnulli aufmachen zu wollen. Oder warum sonst saß der bis in die Puppen dort draußen?

Sicher, dachte ich, ist auch der Pole enttäuscht. Einmal, so wird er meinen, geben sie dir ein Bier aus, Männer in einer deutschen Kneipe. Du fürchtest den Haken und willst es nicht, aber die bestehen so stur gastfreundlich darauf, daß du deine Bedenken vernachlässigst und doch mit ihnen trinkst, wie ein kleiner Junge, der an Wunder glaubt. Und dann zeigen sie ihre wahren Gesichter, wollen deinen Sangria, den du zu Hause verkaufen mußt, möglichst den ganzen Sangria wollen sie, und alles, was du sonst noch hast, dein Geld, deine Kinder, deine Frau, dein Land, deine Ehre.

Mir war das Spielchen plötzlich zu fad. Ich mochte nichts mehr, nur noch zahlen, raus, schlafengehen.

Ich hatte schon die Jacke an und wendete mich gerade dem Tresen zu, da sah ich, wie der Pole, mit einem einigermaßen friedlichen Ausdruck im Gesicht, an den drei Kerlen und dem Zapfer vorbei auf die Toiletten zueilte.

Und genau das hatte er offenbar schon lange tun sollen; in zwei wie eingeübt graziösen Sätzen waren Paul, Sushi, Moosjacke und Rainer an der Klotür. Auf der Stelle hüpfend wie Boxer, die geballten Fäuste vorgestreckt, bezogen sie dort Stellung, als gelte es, ein heiliges Grabmal mit dem nackten Leben zu verteidigen. Jetzt erst, da mir – plötzlich unglaublich deutlich – auffiel, *wie* höhnisch sie grinsten und ihre Suffköppe schüttelten, kapierte ich, worauf diese vier Zausel die ganze Zeit schon gewartet hatten, was, den langen Abend lang, der eigentliche Sinn ihres konspirativen Gesäusels, ihrer hartnäckigen Spendierwut gewesen war.

Auch der Pole, so schien mir, verstand allmählich. Möglicherweise kam ihm die Klamotte, in der er – *so* unfreiwillig nun auch wieder nicht – den reziproken Helden gab, sogar irgendwie bekannt vor, denn er machte schief lächelnd eine hilflose Geste, wich zurück, näherte sich nochmals, blieb stehen. »Nee, nee. Bei mir nicht. Nicht du!« sprach, im Brustton der Autorität, der Zapfer. »Und wenn du da draußen ...«, Paul markierte seinerseits eine Geste aus der Zeichensprache, »ich rufen Polizia, Gendarmerie. Kapiert?«

Der Pole schaute zu Moosjacke, aber der trug jetzt eine ganz verschlossene Miene zur Schau und zuckte nur kurz mit den Achseln. Des Polen Gesichtsausdruck veränderte sich abermals; niedergeschlagenen Blickes, doch hoch erhobenen, krebsroten Kopfes, ging er zurück auf die Straße. Die anderen blickten ihm nach. Als der Pole nicht sofort an seinen Platz im Rinnstein zurückkehrte, liefen sie alle zur Kneipentür, steckten die Schädel hinaus, lachten laut, schlugen sich die Schenkel und gegenseitig auf die Schultern vor Begeisterung, wie beim Fußballspiel, wenn die »richtige« Mannschaft ein Tor schießt.

Ohne die in der Tür auch nur noch eines Blickes zu würdigen, setzte sich der Pole ein paar Sekunden später wieder zwischen seine Warenstapel, selbstverständlich mit dem Rücken zum Lokal. Da nahmen auch die Kerle ihre Positionen am Tresen wieder ein, und Paul griff zum Telefon. Es war mindestens zwei, drei Minuten völlig still, bis am anderen Ende der Leitung endlich einer abgenommen hatte, Paul also anfangen konnte zu sprechen: »Ja, hallo, ist da das Revier Perleberger Straße? Ja, also wir haben hier einen verdächtigen Polen, der sich außerdem soeben der Erregung des öffentlichen Ärgernisses schuldig gemacht hat ... Wieso, was? Warum fragen Sie *mich* das? ... Woher soll ich wissen, ob der eine Waffe bei sich hat? ... Nee, keine Ahnung, aber vielleicht is er ja der, den ihr sucht. Was? Was heißt denn das nun wieder? Warum sollte der flüchten? ... Ob der verdächtig aussieht? Bin ich bei der Polizei oder Sie? ... Na bitte. Ja, wir sind hier. Ja, ja, wir passen auf ... o.k., bis dann.«

Paul legte den Hörer hin, goß eine Runde Schnaps ein, bot auch mir einen an. »So Jungs«, sagte er, mit unüberhörbar enttäuschtem Unterton, »jetzt heißt es warten.«

Ich weiß nicht mehr, wieviel Zeit von da an verging, vielleicht zwei Stunden oder etwas mehr. Wir tranken Schnäpse, der Pole saß stoisch auf seiner Bordsteinkante.

Schließlich, es begann bereits hell zu werden, kam die Staatsmacht doch noch – in Gestalt zweier Polizisten, der eine dick und schon älter, der andere jung, gutaussehend. Die beiden beschäftigten sich zuerst mit dem Polen, soweit ich das sehen konnte, sachlich und höflich, ließen sich die Papiere zeigen, versuchten, nicht sehr erfolgreich, auf Englisch mit ihm zu sprechen, grüßten schließlich mit kurzem Kopfnicken.

Nun betraten die Beamten, denen anzusehen war, daß sie einen langen, vermutlich nicht gerade gemütlichen Dienst hinter sich hatten, die »Feuchte Welle«. Die beiden Biere, die Paul vorsorglich für sie gezapft hatte, ignorierten sie ebenso wie uns, die Gäste. »Sie halten es also für nötig«, begann der junge Polizist seine Ansprache mit einem lakonischen, aber untergründig gereizten Tonfall, »gegen diesen ausländischen Staatsbürger« – der schwarze Schirm seiner Mütze hackte wie ein Vogelschnabel mehrmals nach draußen, ungefähr dorthin, wo der Pole hockte – »eine Anzeige wegen Urinierens in der Öffentlichkeit zu erstatten. Wäre es eventuell möglich, ja sogar mehr als wahrscheinlich, daß dieser, offensichtlich in einer unverschuldet irregulären Situation befindliche, laut gültigem Personaldokument polnische, Staatsbürger und Gast der Hauptstadt der Bundesrepublik Deutschland, nach langem Ausharren auf nächtlich kaltem Stein, die Toilette dieses Lokals aufsuchen wollte, in keiner anderen Absicht als der, sittlich korrekt seine Notdurft zu verrichten? Sollte dem so gewesen sein, darf ich Sie dann darauf hinweisen, daß Besitzer, Betreiber oder lohnsteuerpflichtig eingestellte Arbeitskräfte, und eine solche Kraft sind Sie doch hoffentlich, Herr Paul, Eginhard Wituschek, von Gaststätten, laut Paragraph sowieso, Absatz sowieso« – der Polizist nannte eine Reihe Zahlen, die ich mir nicht gemerkt habe – »des Bürgerlichen Strafgesetzbuches der Bundesrepublik Deutschland, verpflichtet sind, die sanitären Anlagen der von Ihnen bewirtschafteten, betriebenen oder auch nur betreuten Räumlichkeiten während der gesamten, gesetzlich geregelten Öffnungszeiten der jeweiligen Lokalität jedwedem in dieser Hinsicht bedürftigen Bürger zur Verfügung zu stellen? Und sollten gerade Sie, der uns keineswegs gänzlich unbekannte deutsche Staatsbürger Paul, Eginhard Wituschek, sich diesbezüglich geweigert haben, so stellte das den Straftatbestand eines Verstoßes gegen den genannten Paragraphen dar und wäre außerdem unterlassene Hilfeleistung, und das kann, unter den gegebenen Umständen, alles in allem mit einem Bußgeld von, warten Sie mal« – der Polizist tat so, als errechne er im Kopf eine Summe – »hundertfünfzig bis dreihundertachtzig Mark belegt werden. – Und, Herr Wituschek, was ist nun mit der Anzeige?«

Moosjacke, Sushi, Rainer und auch ich, wir verbissen uns mühsam das Lachen. Paul, der Zapfer, dachte nach; und plötzlich, es war ihm deutlich anzumerken, wie sehr ihn das entspannte, hatte er eine Idee. »Jetzt«, sagte Paul, »jetzt woll'n wir doch mal sehen, was Demokratie ist. Los, wir stimmen ab. Ihr wart alle Zeugen. Hat der Pole auf die Straße geschifft oder nicht? – Möchten die Herren jetzt vielleicht doch 'ne kleine Erfrischung?« – »Ja, zwei Cola bitte«, sagte der ältere dicke Polizist.

Wir machten, was Paul vorgeschlagen hatte, wir hoben die Hand. Paul und Sushi waren der Meinung, der Pole habe es getan, Moosjacke, Rainer und ich votierten dagegen. Zwei zu drei verloren; der Pole hatte also nicht. Weil er ja gar nicht gemußt hatte! Sonst wäre er doch reingekommen, oder? Man kann sich schon mal irren, wenn man was trinkt und trotzdem wachsam bleibt. – Damit war die Sache entschieden, keine Anzeige, keine Strafe, für niemanden.

Die Beamten stellten ihre leeren Gläser zurück auf den Tresen, der junge bezahlte, obwohl Paul kein Geld wollte. Im Gehen schauten sie noch mal nach dem Polen, der eingeschlafen zu sein schien, und Wituschek, der die beiden Beamten schon außer Hörweite wähnte, grummelte: »Jetzt weiß ich endlich, warum die *Po-le*-zei heißen.« Aber keiner lachte. Ich legte nun auch einen Schein hin. »Bei Egon«, sagte ich zu Paul, »wäre so was nicht passiert. Der würde nie die Bullen rufen, niemals.«

Moosjacke, Sushi und Rainer, der Thüringer, schauten an mir vorbei und nickten.

REINHARD LETTAU

Hunde in Berlin

Insgesamt hatte ich drei Hunde. Der erste wurde, als er in der Nähe des Schlosses Bellevue beim Überqueren einer Straße wegen eines plötzlichen Einfalls nachdenkend verharrte, von einem rasenden Kaufmann aus Hamburg überfahren, der sogleich wegen Ersatzes der Stoßstange, die hierbei Schaden erlitt, in der Akademie der Künste, wo ich damals wohnte, vorsprach und uns später in Kalifornien über das dortige Deutsche Generalkonsulat noch Jahre vergeblich bedrängte. Natürlich war es erheiternd, wenn der zuständige Diplomat uns übers Telefon mithören ließ, wie er den neuesten Klagebrief des Mörders zerknüllte und in den Papierkorb (»Ich halte den Hörer jetzt über den Papierkorb«) hinabfallen ließ. Unter dem Vorwand, über eine Arbeit von mir, die sie schätze, diskutieren zu wollen, schlich sich eines Abends sogar die Schwester des Täters bei uns ein, nur um wissen zu lassen, daß ihr Bruder wegen des zur Erneuerung der Stoßstange nötigen Geldbetrags besorgt sei, worauf ich entgegnete, daß es ratsamer wäre, er sorge sich um sein Leben.

Meinen zweiten, fast etwas zu vornehmen Hund riefen wir, in Erinnerung an Chréstiens' Tristan, der nach Isoldes Tod eine Frau liebt, die wieder Isolde heißt, wiederum wie den ersten Hund: »Jessica«, wobei wir uns in Gesprächen über die Ermordete, die ja nie enden, auf »Tante Jessica« einigten.

Während »Tante Jessica« ein bescheidenes, aber fröhliches Leben geführt hatte, war das Leben der zerbrechlicheren und vielleicht deswegen auch zurückhaltenderen »Jessica« von häufigen Krankheiten gezeichnet, die ihr gesellschaftliches Leben einschränkten. Ihre Schönheit war streng, ihr Blick, im Vergleich mit den erstaunten Kinderaugen der Tante, resigniert. Feinde bezeichneten sie als arrogant, und wirklich war sie glücklich nur in den Bergen, wo sonst niemand war außer uns. Am liebsten sprang sie morgens um sechs in den See, um die Äste zu apportieren, die ich hineingeworfen hatte. Sie schwamm laut keuchend und stolz wie alle Retriever: schneller als ein Gedanke. Beim Betreten des Ufers schüttelte sie sich, von Nebenhunden beneidet.

An Nachmittagen, wenn gar nichts passierte, seufzte sie manchmal ganz laut in der Nähe. Worte fing sie wie Fliegen, die sie mit den Augen verfolgte. Einmal erwachte ich nachts in der Hütte von einem Geräusch. Ich hatte sie draußen in der Kälte vergessen. Ich schleppte sie zum Kamin und frottierte sie mit Tüchern und Decken, später schlürfte sie eine Brühe, die ich ihr vorgelegt hatte. Nach sieben stillen melancholischen Jahren lag sie morgens tot in der Küche am Boden. Unser guter Nachbar, da ich weg war, hat sie begraben.

Von blendender Schönheit ist mein jetziger Hund, eine blonde, durchsichtige Prinzessin im festen, seidigen Fell und mit sehr dunklen Augen, deren Anblick Passanten verwirrt. Unsicher bleiben sie stehen, die Absichten des Tages sind vergessen, ihr Leben müssen sie ändern. In der Hoffnung, ihr durch den Namen einer starken Frau die Kraft zu verleihen, der ihre Vorgängerinnen entbehrten, erwog ich, sie »Penthesilea« zu nennen, aber der Name, im Bezirk Mitte oder in Charlottenburg laut gerufen, hätte angeberisch geklungen. Hinzu kam, daß sie zum Kämpfen zu klug war oder zu höflich, vielleicht erschreckte sie auch der Geruch ihrer Gegner.

Jedenfalls nannten wir sie »Scarlet«. Makellos sind ihre Manieren. In dem kritischen, immer etwas peinlichen Moment, wo man nach Eintritt in ein Lokal beim Ablegen des Mantels sich angestarrt fühlt, läßt Scarlet sich am Garderobenstand nieder, sitzt souverän und ohne Bewegung.

In der Kantstraße, in der Paris Bar, wo, wie bei einer Vernissage, die Anzahl häßlicher Gäste, die wenig bestellen, sich stündlich vermehrt, wurde das kunstreiche Tier von einem ungeschlachten, zotteligen Rüden brutal überfallen. Da Rüden, die sich an Hündinnen vergreifen, universell als geistesgestört und tödlich pervers gelten, bat ich in der um uns herum ausbrechenden Panik die Besitzerin des Wüstlings, ihren Nazi zurückzurufen, worauf sie erwiderte, es handle sich bei ihrem Zögling um einen Japaner, keinen Nazi. In einiger Verlegenheit gab meine amerikanische Begleiterin hierauf zu bedenken, daß im Hinblick auf Pearl Harbor, wo sie ihre Kindheit verbrachte, die Bezeichnung »Japaner« als Steigerungsform von »Nazi« schon gelten könne. Das Publikum äußerte sich hierzu beifällig, so daß es mir nach Tröstung unsres Tiers später gelang, die Besitzerin des Triebtäters (»So etwas tut er sonst nie!«) zu versöhnen; es kehrte Ruhe ein.

In der multi-ethnischen Hundeszene von Berlin sind solche Ausschreitungen unbekannt, während man auf dem Lande noch manchmal von Hunden bedrängt wird, die hinter gekreuzten Zäunen, die so hoch sind wie Bleistifte, kläffend hervorbrechen: fliegende Spitze, Pudel oder Bastarde, die sich wegen ihrer zweifelhaften Gestalt für modern halten, womöglich für Individualisten.

Unter den schätzungsweise zweihunderttausend friedlich beieinander lebenden Hunden Berlins würde solches Betragen als albern, egoistisch empfunden. Natürlich ist besonders in der Innenstadt die Stimmungslage oft angespannt. Man hört am Kudamm die auf kleine Schreie eingeschränkten stimmlichen Äußerungen verzwergter, touristischer Hunde, die, auf Kissen ruhend, übers Trottoir hinweg die Luft durchschweben. Man ignoriert sie. Kein Metro-Hund stellt das Private, Eigne zur Schau, er ist »cool«. Wenn einer auffällt, dann ist er kein Cosmo. So beobachteten wir eines Tages, wie ein kräftiger Labrador unserer Nachbarschaft unnatürlich geziert den Trippelschritt eines kleinen Hunds imitierte: Klebrig hoben sich seine Tatzen vom Pflaster. Im Interesse der Egalität.

Das Privatleben der Hunde, das reich ist, wird auf der Straße kaum sichtbar. Dünkelhaftes, exhibitionistisches Benehmen kann man sich auf so engem Terrain gar nicht leisten. Die vorhandenen Schätze: Bürgersteige, Parks, Bäume und die paar Büsche müssen geteilt werden. »Alle Schätze für alle!« lautet die Losung, die die Mütter ihren Welpen schon ganz früh ins Ohr flüstern.

Scheinbar grußlos begegnen die Metros einander, jeder vertieft in die eignen Gedanken. Blickaustausch wird vermieden, man könnte stören. In der unruhigen Stadt ist ihnen Ruhe die liebste Musik, Langeweile das Erlebnis, das sie am meisten ersehnen, und am glücklichsten sind sie, wenn gar nichts passiert. Wie im Garten von Eden lagert beim S-Bahnhof Friedrichstraße hinter dem »Tränenpalast« in einer Grotte eine gemischte Meute von Straßenkindern mit ihren Hunden, um das Überleben ihrer Gemeinschaft besorgt, während in Charlottenburg Paul, der Sheriff, ein Bernhardiner, die Mommsenstraße von Ecke Leibniz bis Bleibtreu hin- und herpatrouilliert, manchmal bei Knoche kurz reinschaut, mal bei Ziege oder bei Klemke, immer respektvoll gegrüßt von den ältesten, angehimmelt von jüngeren Hunden. Mit Dienstmiene geleitet er läufige Hündinnen durch sein Revier, das er an Sonntagen als Co-Pilot im froschplatten, schwarzen Citroën seines Herrn inspiziert.

Ein Irrtum ist es, zu glauben, daß in Berlin von Hunden gebellt wird. Das Bellen von Hunden, das auf dem Lande nie aufhört, ebbt Richtung Berlin langsam ab und hat sich in den Außenbezirken wie Steglitz oder Lichterfelde fast ganz verloren. Am Funkturm bellt schon kein Hund mehr.

Es ist uns bisher nicht gelungen, Scarlet, die 70 Pfund wiegt, am Bahnhof Zoo aufs enge Trittbrett zu locken, um über die paar Stufen hinweg in den Waggon des IR hochzuspazieren. Statt dessen reicht sie einer vom Bahnsteig aus dem andern, der in der Tür steht, nach oben zu, in einer blitzschnellen Bewegung, einer Art ausholendem Wurf, bis das Tier mit den Vorderpfoten festen Boden gewinnt. Bei den breiteren Türen vornehmerer Züge, die sich seitlich in die Zugwand hineinschieben statt nach außen zu öffnen, wird ein fester Koffer auf der untersten Stufe plaziert, über den sie dann nach oben tanzt. Dort wendet sie sich um: Blick zurück, Seufzer.

Setzt sich der Zug in Bewegung, steht Scarlet am Fenster, Nüstern am Glas, und mustert von dort ihre Stadt. Zucken der Augen beim Anblick des riesigen Segels auf dem Dach eines Hauses an der Fasanenstraße. Beim Eintritt des Schaffners in das Abteil der übliche Flirt. Scarlet schnappt nach einem Stück Kuchen in der Hand des verzauberten Schaffners. In Jüterbog Jubel am Tresen, als Wirt und Hund einander erkennen. Mit der Begründung, daß Hunde auf trunkene Gäste unberechenbar reagierten, hatte der Wirt ihr hier vor zwei Jahren Lokalverbot erteilt. Nun begrüßt sie die Gäste.

Auf dem Land, bei der Ankunft, im Moment des Wiedersehens der alten Spielgefährten: Wilde Freudenausbrüche, die, als müßte man sich erholen, von eigenartigen, zerstreuten Pausen unterbrochen sind. Lähmung durch Glück, dann heulende Tänze im Kreis wie zu Hause, bei der Heimkehr vertrauter Meutemitglieder aus Paris oder aus Potsdam. Ohne Zweifel schätzen die Hunde die Wiederholung des Bekannten: Wiedersehn und Rückkehr weit mehr als die Begegnung des Neuen, an das sie skeptisch herantreten. Schon in der Sekunde des Kennenlernens des Neuen verschieben sie dessen Untersuchung zugunsten einer wissenschaftlichen Prüfung der Umgebung dieser neuen Sache, die Aufschluß über die Gründe ihrer Entstehung geben könnte: Historische Begierde, die vor Fetischisierung des Neuen schützt, vor Moden jeglicher Art. Da sie sich sprachlich oder musikalisch im Grunde nicht mitteilen können, sind sie auf eine Choreographie von Blicken, Gesten, Bewegungen angewiesen, deren Wiederholungen Variationen erscheinen lassen, ohne welche die Tanzkunst, deren poetischste Vertreter sie sind, bis heute unbekannt wäre.

Zum Beispiel: Wenn bei Ankunft Scarlets die handschuhgelbe französische Dogge namens Louis in ihrer Erregung ein Bein hebt, dann ist für Scarlet die dort hinterlassene, historische Evidenz von größerer Bedeutung als die Begrüßung des mit trüben, verhängten Augen danebben wartenden Freundes. Was eben noch war, ist wichtiger, als was jetzt ist, daher das Schnuppern zwischen Vorher und Jetzt, unschlüssiges Wegpreschen in sinnlose Richtungen, dann wieder jähes Verharren.

Stippvisite bei Gofy, gen. Vieh, einem faltigen Goldenen Labrador, der seine Tage auf dem Rücksitz eines mit offenen Türen quer im Hof geparkten Feldwagens verbringt, Zauder der Platzwahl noch an den schräg verstellten Rädern erkennbar. Hier hört er die gackernden Hühner, die flüsternden Pappeln, manchmal auch Trillern einer närrischen Nachtigall. Hier wird der Blick frei für das Gewöhnliche, Tägliche, das die nervösen Nachmittage der Metropole nicht bieten.

Aber später gibt es wieder diese Stunden, wo man die Hunde draußen tatenlos wie Kissen in widersprechende Richtungen hin liegen sieht. Sie blinzeln etwas, was nicht da ist, an, sie haben sich vergessen. Dies ist nun der Moment, wo Scarlet sich gähnend aufrichtet und den großen Sack herbeiholt, den sie aus Berlin mitgebracht hat und wo die Ideen drin sind, z. B. die Idee, ein Loch in die Erde zu graben, und schon beginnt sie, sich in die vor ihr befindliche Erde hineinzuwühlen.

Nähertreten der Mithunde, sozusagen mit hinter dem Rücken verschränkten Armen, wobei die aufgeworfenen Erdklumpen, da Scarlet sich im Eifer dreht und wendet, auf die Genossen niedergehn, das war die Idee, oder man kann zum Froschteich laufen, ob sich dort etwas verändert hat, oder auf einmal Furcht vor einer angeknurrten Blume kriegen, oder plötzlich Schafe jagen in den See, wo sie wie Inseln wollig treiben, bis sie untergehn.

Vor der Heimreise nach Berlin Pilgergang der Hunde zu dem Fuchsbau, wo vor Wochen eine Rotte auswärtiger Jäger, unter Anführung eines kleinen, schnellen Manns in Loden, aus einer Entfernung von zwei Metern einen Fuchs verfehlte, auf den sie alle auf einmal schossen: Der wunderbare Fuchs entkam. Allerdings hatte er den schlimmbeinigen Dackel, den die auswärtigen Herren in seine Residenz gehetzt hatten, etwas gekitzelt, so daß beim anschließenden Jagdessen der die Baujagd anführende Pächter den hungrigen Gästen sein blessiertes Tier klagend über den Tisch hinhalten mußte. Bedeckt mit Blut und Loden.

Wieder in Berlin zuckt Scarlet in den Träumen ihrer Abenteuer. Später durchschreitet sie, den Ball im Maul, die Wohnung, huscht vom Salon auf den Balkon, richtet sich dort auf zur Brüstung. Unten auf der Straße tritt ein Mann gegen ein

Auto, in dem ein Mann noch sitzt, der ihm den Parkplatz weg-
schnappte. Zwei Frauen kreischen, ein Mann schimpft gegen
eine Wand, vor der er steht. Scarlet, in ihrer Muttersprache,
flüstert: »I love this filthy city!«

RALF ROTHMANN

Schicke Mütze

Berlin ist ein Dorf, jedenfalls für den, der länger hier lebt und sich nicht mehr blenden läßt von dem bunt flackernden Groß- oder gar Weltstadtgehabe auf allen Bildschirmen. Und wie man in gewissen Reiseländern irgendwann müde wird angesichts der Tempel und Paläste und Säulenreste aus grauer Vorzeit, trümmermüde, und nichts weiter will, als ein Glas Wein im Schatten, hat man in Berlin irgendwann die Nase voll von der Zukunft, die angeblich überall beginnt und doch nirgends zu sehen ist. Mich jedenfalls erinnern diese Betongerippe eher an Vergangenheit, und auch das sogenannte urbane Leben, das Tempo, der Nervenkitzel oder gar »die Vielfalt des kulturellen Angebots« lassen einen bloß noch gähnen. Alles immer nur Kunst.

So beschränkt man sich auf seinen Stadtteil, den Kiez, läuft seine Trampelpfade ab und wird von dem, was die Welt bewegt oder lähmt, am Ende so viel oder wenig berührt wie vom Gardinenwechsel in der Eckkneipe oder der neuen Brotsorte beim Bäcker im Souterrain.

Seit über zwanzig Jahren lebe ich hier, meistens in Kreuzberg, und alle bisherigen Wohnungen lagen – Zufall oder nicht – in der Nähe des Landwehrkanals. Darum gehört es zu meinen dörflichen Freuden, fast täglich dort spazierenzugehen. Die sogenannte Kanalrunde erstreckt sich von der

Waterloobrücke an der Brachvogelstraße bis hin zu dem kleinen Rest der früher großen Synagoge, ein von Kastanien, Platanen und Trauerweiden gesäumter Weg, und man passiert vier Brücken, einen Minigolfplatz, das Zollhaus aus kunstvollem Fachwerk, ein waffenklirrendes Jugendheim und ein Hospital – und wird in regelmäßigen Abständen überholt von *Brigitte, Kehrwieder, Pik-As,* den Rundfahrtschiffen aus dem Urbanhafen.

Zu einem Dorf gehören bekanntlich auch Trottel, und ich will nicht leugnen, daß ich seit jeher Sympathien für diese etwas abseitigen Existenzen hege, die mir manchmal auf den Spazierwegen begegnen und mir oft sogar zunicken, zuzwinkern, als wären wir alte Bekannte. Und wir sind es wohl auch. Jedenfalls habe ich dem einen oder anderen im Lauf der Jahre schon mal eine Gefälligkeit erwiesen oder ihm aus einer Bedrohung, einem Desaster gar, herausgeholfen, denn: »Müßiggänger werden immer als Retter mißbraucht.« Sagt meine Freundin Nora.

Ich will jetzt gar nicht von den vielen Kindern reden, die mich vor dem Freizeitheim oder der Skater-Rampe anhalten und Rotz und Wasser heulend darum bitten, ihnen ihre Walkmen oder Armbanduhren, ihre »Chevignon«- oder »Chiemsee«-Jacken, ihre Knieschoner oder Hockeyschläger zurückzuerobern, die gerade von einer Bande Älterer gestohlen worden sind. Für mutig und stark gehalten zu werden, nur weil man erwachsen aussieht, habe ich seit jeher als Zudringlichkeit empfunden, und wenn ich die D-Mark-schweren Ausrüstungen der Kids von heute sehe und an die Pfennige für »Prickelpit« in meinen Kindershorts denke, will der wahre kriminalistische Eifer auch nicht aufkommen.

Da war die Rettung eines Schwans, der sich an einer Eisscholle geschnitten hatte, schon erhebender. Durch den Blutverlust zu schwach für jeden Widerstand, ließ er sich still in die Ambulanz des Krankenhauses tragen, wo man versprach, seine Brustwunde sofort zu nähen, und mir, als wäre ich ein Angehöriger, beruhigend auf die Schulter klopfte. – Hat jemand eine Ahnung, wieviel so ein Schwan wiegt? Und natürlich weiß ich nicht, was aus dem Tier geworden und ob es nicht doch im Müllcontainer gelandet ist. Die Schuhe, die ich an dem Nachmittag trug, habe ich jedenfalls nie wieder angezogen. Eine Reliquie. In meinem Schrank stehen Schuhe voll Schwanenblut.

Mehrfach gerettet habe ich auch Florian, einen siebzehnjährigen Epileptiker, der täglich auf einem speziell für ihn konstruierten, kippsicheren Dreirad über die Kanalwege fährt. Denn sobald seine besorgten Eltern ihm vom anderen Ufer aus zurufen, um Gottes willen nicht die schräge Böschung anzusteuern, nickt er gewichtig, bekundet durch ein Klingeln »Verstanden!« – und steuert sie an: Um ihnen mal wieder zu beweisen, daß es doch nicht kippsicher ist, dieses Rad. Dem Sturz folgt der Anfall, und ich, natürlich ganz zufällig in der Nähe, halte seinen Kopf oder schiebe ihm meine Gürtelspitze zwischen die Zähne. Auch die Bißstellen darauf sind mir mittlerweile heilig.

Ein anderer Fall ist Paul. Einst Restaurateur, fiel er beim Ausbessern von Fresken in einer Kirche vom Gerüst und hat seitdem einen »Hau«, wie die Zeitungsfrau sagt. Sie versorgt ihn und seine kleine Wohnung neben ihrem Laden, und er steht auf den Brücken und predigt den Möwen die Offenbarung des Johannes oder winkt den Dampfern zu. – Daß der ruhige, allseits beliebte Mann Zigarren mag, wissen nicht nur die Nachbarn, die sie ihm mengenweise schenken; wenn ich mal wieder so einen Trupp geschorener Schulschwänzer sehe, jeder eine brennende »Sandemanns« zwischen den Fingern, muß ich nur hinter die Synagoge gehen, wo Paul im Gras sitzt und den Gänseblümchen Psalmen singt. Gewöhnlich stopfe ich dann seine umgekehrten Jacken- und Hosentaschen nach innen, klopfe den plattgetretenen Hut zurecht, und gemeinsam gehen wir zur Zeitungsfrau, wo ihm das Gesicht mit einem Waschlappen gereinigt wird und er neue Zigarren und eine kleine Flasche »Jägermeister« kriegt.

Ich will jetzt nicht den Eindruck erwecken, ein Engel zu sein. Das bin ich nicht. Dazu hab ich zu viel Dreck am Flügel. Aber es muß doch einen Grund geben dafür, daß Leute wie Florian oder Paul immer dann mit einem Unglück aufwarten, wenn ich gerade in der Nähe bin. Oder daß dieser kleine, etwas windschief daherkommende Verrückte mit der viel zu großen Kassenbrille ausgerechnet mich ansteuert, um mir seinen Silberstern unter die Nase zu halten.

»Mordkommission. Schöner Tach heute, wa?«

Er trug eine Jacke aus dünnem, speckigem Wildleder, eine Jogginghose und Turnschuhe – links einen schwarzen, rechts einen rot-weiß gestreiften. Sein dunkelblondes, in die Stirn gekämmtes Haar war über den Brauen zu einem akkuraten Prinz-Eisenherz-Pony geschnitten, was nur betonte, wie schief die schmutzige, an einem Scharnier mit Kupferdraht geflickte Brille saß. Hohlwangig, schmal, die Körperhaltung zum Erbarmen schlaff, gehörte er zu der Sorte Jungen, die bei den Mannschaftsauswahlen im Sportunterricht zähneknirschend als letzte übernommen werden, wenn überhaupt. Er hatte sich eine Hundeleine locker um den Hals gehängt, und obwohl erst elf oder zwölf Jahre alt, rauchte er französische Zigaretten ohne Filter.

»Wir werden sie alle kassieren«, sagte er, und es klang seltsam unartikuliert, als schöbe er beim Sprechen die Zungenspitze in eine Zahnlücke. – »Aber erst muß einer die Sauerei aufwischen, das Blut, verstehste. Genickschuß im Park, ich hab's gesehn. Die hatten solche Uzis, guck mal, *so* groß, und ich ruf meinen Chef an und sag ...«

»Paß auf, Mac...«, knurrte ich. »Erzähl mir nicht so'n Stuß, das kenne ich alles aus dem Fernsehen. Wir können gern ein Stück zusammen gehen, aber wenn du unbedingt reden mußt, laß dir was Interessantes einfallen...«

»Ich bin kein Mac. Ich heiße Mütze!«

»Ah ja?« – Ich zeigte auf die Leine. – »Und wo ist dein Hund?«

»Keine Ahnung. Wollen wir Brillen tauschen? So eine ohne Gestell hab ich noch nie gehabt...«

»Ohne Gestell? Die ist ohne *Rand*, mein Lieber...«

»Aber meine nicht! Guck mal, total stabil. Kannste echt mit in'n Nahkampf gehen.«

Um mir das zu beweisen, warf er die Brille vor sich in den Dreck, wobei ein Glas aus der Fassung sprang. Doch statt sich danach zu bücken, drängte er sich plötzlich enger an mich und flüsterte: »Ach du Kacke, ach du Kacke, *die* schon wieder! Ruf die Zentrale! Handy raus! Zentrale!«

In einem raschen, federnden Gleichschritt kamen uns zwei Jungen in Bomberjacken und Armeehosen entgegen und grinsten im Bewußtsein einer Kraft und Überlegenheit, die sie, kaum älter als mein Begleiter, noch gar nicht haben konnten. – »Wir kriegen dich!« rief der eine herüber und winkte mit einem Klappmesser. – »Dann ficken wir deine Schwester!« ergänzte der andere, und Mütze, der sich fast in meinen offenen Trenchcoat gewickelt hatte vor Angst, stöhnte leise. Unwillkürlich legte ich ihm einen Arm um die Schultern und zog ihn weiter.

»Mit denen ist nicht zu spaßen«, sagte er, während er das Glas in die Brille fummelte. – »Die haben mir meinen Jesus genommen, weißt du. Abgestochen.«

»Jesus?«

Er nickte. – »Der hat mich immer beschützt, vor dem hatten sie Angst. Obwohl er nur *so* klein war. Aber reinrassig.«

»Jesus?!«

»Ein Rauhhaardackel. Hat sogar mal ihren Pitbull in die Flucht geschlagen. Und weißt du wie? Ganz einfach ...« – Er setzte die Brille wieder auf, lächelte mich an; seine Schneidezähne waren erstaunlich groß. – »Wenn du einen Kampfhund besiegen willst, beiß ihm in die Eier!«

»Okay, Chef. Werd ich mir merken. Und die Leine da, an deinem Hals? Ist die für Jesus?«

»Ach wo! Die gehört zu *dem*«, sagte er und wies wegwerfend auf den weißen Hund, der in diesem Moment aus dem Dickicht sprang, uns kurz anblickte und dann in einigem Abstand über die Kanalwiesen lief.

Ich frage mich kaum noch, was das Schicksal sich dabei gedacht hat, aus mir so einen knurrigen Eremiten zu machen. Menschen kommen mir zu nah, Menschen gehen mir auf die Nerven – und sei es nur, weil sie mich permanent und penetrant daran erinnern, daß ich auch nur einer bin. Deswegen ist mein Liebesvermögen vermutlich etwas unterentwickelt. Gewiß, das Lachen kleiner Kinder hebt mir das Herz, und angesichts hilfloser alter Menschen kann ich eine Ritterlichkeit entwickeln, die mich selbst erstaunt. Aber so ein richtiger Seelenbrand, etwa die Liebe zu einer Frau, ist mir, ich gebe es zu, im Leben nicht oft geglückt. Und wenn, dann auch nie auf den sogenannten ersten Blick. Das Wunder blieb mir verschlossen. Jedenfalls bis zu dem Tag, an dem ich diesen Hund sah.

Ähnlich von Statur, war er doch etwas größer und deutlich beseelter als ein normaler Schäferhund, hatte auch längeres, seidig glattes Fell, dessen Weiß an den Läufen und der schön geschwungenen Rute hauchbraun schimmerte. Außerdem waren seine Ohren nicht so dämlich angespitzt – es gibt da einen Spezialausdruck, den ich mir nicht merken werde –, sondern hingen zur Hälfte gelassen herab, und es fehlte ihm jede Bedrohlichkeit. Trotzdem war seine Körperhaltung kraftvoll und stolz, wann immer er aufsah von der Geruchspost am Wegrand, den hingepinkelten Liebesgrüßen, schien er alles souverän zu überblicken, und in seinen Augen, zwischen denen es zwei senkrechte Stirnfalten gab, lebte ein Wissen, das so mancher Mensch auch nach mehrfacher Wiedergeburt als Akademiker nicht erreicht. Der Hund war erleuchtet, und unwillkürlich blieb ich stehen und sagte: »Was willst du dafür haben?«

»Für wen?« fragte Mütze. »Für Zwölf? – Den kannste vergessen, Mensch. Der kämpft nie!«

»Zwölf heißt er?«

Mütze nickte. – »Total schlaff, der Sack. Hast du 'n Auto?«

Wenn ich eins besessen hätte – es wäre sofort und ohne Bedenken getauscht worden gegen diesen Hund. Doch so konnte ich dem Jungen nur einen Geldbetrag bieten, der heutzutage wohl nicht mal für ein gebrauchtes Fahrrad reicht. Jedenfalls blickte er mich über den Rand seiner Brille an und fragte skeptisch: »Was bist'n du von Beruf...«

Wenn man schon nicht sagen kann, warum genau man einen Menschen liebt – wieviel weniger läßt sich die Faszination für ein Tier erklären? Es hat uns eine Reihe von Rätseln voraus, und wenn die Vollkommenheit, die es auszustrahlen vermag, auch nur eine begrenzte, dem Biologischen verhaftete ist – sie bleibt Vollkommenheit, deren Anblick so wohltuend und tröstend sein kann wie der einer Ikone.

Fortan versuchte ich fast jeden Tag, Mütze und seinen Hund zu treffen, lag regelrecht auf der Lauer nach den beiden, und obwohl sie zu keiner festen Zeit um den Kanal spazierten, sah ich sie erstaunlich oft – was mir wiederum wie ein Hinweis vorkam: nicht nachzulassen in meinem Bemühen um Zwölf.

Doch der Junge blieb stur.

»Den kann ich dir nicht verkaufen. Der hat Aids.«

Also versuchte ich es andersherum. – »Wem gehört er eigentlich genau? Dir oder deinen Eltern?«

»Der gehört sich selbst.«

»Ach so ... Und wo wohnt ihr?«

Apathische Handbewegung. – »Irgendwo da hinten.«

»Würde dein *Vater* ihn verkaufen? Was macht er so ...?«

»Mordkommission. Die ganze Familie. Hast du 'ne Uzi? Oder 'n Auto?«

Schon wollte ich den gebotenen Geldbetrag derart erhöhen, daß er möglicherweise für ein schlichtes *neues* Fahrrad gereicht hätte – da kamen fünf oder sechs Mädchen im niedlichsten Kicheralter auf uns zu, und der Junge stutzte. Keine dieser Hübschen war größer als er, und sie trugen lässige Klamotten und neonfarbenen Plastikschmuck, hatten sich hier und da schon mal probeweise einen Fingernagel lackiert oder einen Lidrand geschwärzt, und sie kicherten ganz und gar nicht. Sie ließen Kaugummiblasen platzen, und von den vorübergleitenden Schiffen, von *Brigitte, Kehrwieder* und *Pik-As* winkten Touristen herüber – und hielten sich im nächsten Moment die Hände vor den Mund. Es fiel kein Wort, kein Schrei, und schneller, als ich eingreifen konnte, lag Mütze neben seiner zertretenen Brille im Dreck und krümmte sich zusammen.

»Verdammt noch mal, was soll das!« rief ich den Gören nach. Sie überquerten bereits die Admiralbrücke. – »Der Junge hat euch nichts getan!«

Da zeigte mir eine aus der Bande, die mit den Stahlkappen auf den Schuhen, den Stinkefinger. – »Ist doch scheißegal, oder?«

Mütze hatte sich aufgesetzt, schmiß weinend mit Abfall, Sand und ausgerupftem Gras um sich und schrie, fast überkippend die Stimme: »He, Zwölf! Hierher! Fang sie, du Arsch! Zerfleisch sie!«

Der Hund, der wohl nichts bemerkt hatte von dem Blitzüberfall, war zwar in der Nähe, gab sich aber ganz einer frischen Duftspur hin, und erst als Mütze mit den Resten seiner Brille nach ihm warf, hob er den Kopf und schien dem Gesicht nach zu fragen: Was ist los? Gehn wir weiter?

Ich zog den Jungen hoch, wischte ihm das Blut unter der Nase weg, klopfte den Staub aus seinen Kleidern und fragte: »Wieso haben die das gemacht?«

»Keine Ahnung.«

»Aber irgendwas muß doch vorgefallen sein. Raus mit der Sprache! Wer sind die? Kennst du eine von denen?«

Er schüttelte den Kopf. – »Nur meine Schwester ...«, sagte er, und zum Trost nahm ich ihn mit in ein Ufer-Café und bestellte uns heiße Schokolade. Kaum hatte er sich eine Zigarette angesteckt, pfiff ihn die Kellnerin an, und so hielt ich den Glimmstengel zwischen den Fingern und ließ ihn, wenn sie nicht herschaute, davon ziehen. Der Hund saß reglos neben dem Tisch und studierte gebannt die geometrischen Figuren, die zwei Fliegen über seiner Nase in die Luft zeichneten.

»Warum heißt du eigentlich Mütze?« fragte ich. »Trägst ja nie eine.«

»Nicht mehr ...«, sagte der Junge. »Früher schon. So ein geiles Ding hast du noch nicht gesehen. Mit Ohrenklappen und allen Schikanen. Und 'nem Stern vorne drauf ... Haben sie mir geklaut.«

»Wer, sie?«

»Die Mafia natürlich. Nachdem sie hinter meinen Decknamen gekommen waren, hatte ich keine ruhige Minute mehr. – Hast du wenigstens einen Führerschein?«

»Welchen Decknamen?« fragte ich.

»Schicke Mütze. Der Traum aller Jungfrauen. Wolln wir uns mal anrufen?«

»Gute Idee. Gib mir deine Nummer.«

»Geht nicht, Alter. Die ist geheim.« Er kramte eine Handvoll bunter Filzstifte aus der Jacke. – »Laß hören ...«

Ich sagte ihm meine, und er zerrte den Hund am Halsband heran und schrieb sie ihm hinter das linke Ohr.

»Könnte ich bei dir pennen, wenn sie wieder hinter mir her sind?«

»Klar«, sagte ich und legte das Geld für den Kakao auf den Tisch. – »Falls deine Eltern nichts dagegen haben ...«

»Ach die ... Denen ist alles egal. Hauptsache, sie kriegen's bezahlt. Guck mal, hab ich meiner Schwester geklaut ...«

Er zog zwei blütenweiße Tampons aus der Tasche, steckte sie ein Stück weit in die Nasenlöcher und schlich, die Hände wie Krallen verkrümmt, von hinten an die Kellnerin heran. Sie räumte gerade die Theke auf und ließ, als sie ihn zwischen den Topfpflanzen bemerkte, ein erschrecktes Japsen hören. Kichernd wie ein Kobold hopste er aus dem Lokal, und der Hund, nach einem kurzen Blick auf mich, folgte ihm gemächlich.

Dann sah ich die beiden lange, den ganzen Herbst lang nicht mehr, und ich kann es nicht anders sagen: Sie fehlten mir. Das Gequatsche des Jungen wollte mir im nachhinein fast poetisch erscheinen, und ich weiß nicht, wie oft der Hund durch meine Träume lief oder ich ihn aus den Augenwinkeln heraus im Spiegel zu sehen glaubte. Die einsamen Spaziergänge, sonst Anlaß zur Freude, wurden langweilig, und als ich einmal, nach einem verregneten Tag, das Haustor aufschloß und die Abdrücke großer Hundepfoten im Flur sah, schlug mein Herz fast im Hals. Daß diese Spuren vor meine Wohnungstür führten, war für mich so fraglos klar, daß ich ihnen beschwingt vor Freude ins dritte Stockwerk folgte. Ich wohnte aber im zweiten ...

Doch eines Tages klingelte das Telefon. – »Hallo? Brille?

Hier ist Mütze. Ich hab's mir überlegt. Du kannst die Töle haben. Wenn ich dafür deinen Führerschein krieg. Wir treffen uns in einer Stunde am Kanal. Paß auf, daß dir niemand folgt.«

»*Wo* am Kanal?« rief ich, aber er hatte eingehängt, und während ich kurz darauf die Uferseiten nach dem Jungen absuchte, fragte ich mich natürlich, was um alles in der Welt er mit meinem Führerschein wollte ... Der war fast dreißig Jahre alt, und ich, Fußgänger aus Passion, hatte ihn seit einem Vierteljahrhundert nicht mehr gebraucht und würde auch in Zukunft darauf verzichten. Halbaffen mit Hupe gab es genug. Zudem fehlt es mir an Respekt vor behördlichen Dokumenten, mein Reisepaß zum Beispiel ist vollgekritzelt wie ein Notizbuch, und auch die Fahrerlaubnis war so abgegriffen und eingerissen, das Foto darin so zerschabt und von Cognac-Flecken entstellt, daß ein Mißbrauch kaum noch möglich schien. Ein Wisch eben, vermutlich längst ungültig.

Der Tausch gefiel mir jedenfalls nicht schlecht, und ich lief unwillkürlich etwas schneller, als ich Zwölf vor dem Freizeitheim entdeckte. Er hockte auf der oberen Stufe der Betontreppe, die zur Anlegestelle für Kanus und Schlauchboote hinunterführte, und blickte in den Himmel über dem Urban-Krankenhaus. Es war der erste Frosttag im Jahr, die Luft roch nach Schnee, und insgeheim genoß ich es schon, mit dem weißen Hund darin herumzutollen.

Er dagegen – sah man von einem Zucken der Ohren ab – beachtete mich kaum. Gebannt von der Pudelkontur einer Wolke, interessierte er sich nicht einmal dafür, daß sein bisheriger Besitzer mit nichts als einem Joggingdreß am Leib im eisigen Kanalwasser schwamm.

Ich rannte die Treppe hinunter. Es war ein violetter Anzug mit einem türkisfarbenen Blitz auf dem Rücken, und der strampelnde Mütze, der einen Basketball mit der Kinnspitze vor sich herschob, keuchte und schnaufte und versuchte vergeblich, auf die unterste Stufe zu klettern, rutschte immer wieder ab an dem glitschig übermoosten Beton, und erst als ich ihn beim Kragen packte, fand er Tritt. Triefend sah er zu mir auf.

»Was soll das!« schrie ich. »Bist du verrückt?!«

Doch er brachte kein Wort über die blaugefrorenen Lippen, zeigte zitternd auf den Ball, und als ich auch den aus dem stinkenden Wasser gefischt hatte, stammelte er: »Einfach weggeschossen, die Schweine. Fünfzig Mark! Hast du die Pappe dabei?«

Der Anzug klebte an seinen Rippen; der Kleine war dünn wie ein Kinderbuch. – »Steckt in der Innentasche«, sagte ich und legte ihm meinen Mantel um die Schultern. – »Und jetzt lauf nach Hause. Du holst dir den Tod, Mann! Lauf!«

Er nickte, schniefte, wies mit einem Kopfruck auf den Hund. – »Der frißt kein Dosenfutter, klar? An der Leine geht er auch nicht. Und falls du ihn einschläfern läßt, dann bloß nicht im Tierheim Lankwitz! Da kommt er nämlich her ... Tusch?«

Ich knöpfte den Kragen unter seinem Kinn zusammen und wischte ihm die klatschnassen Haare aus der Stirn. – »Tusch«, sagte ich. »Was willst du eigentlich mit dem Führerschein?«

»Ach, keine Ahnung ... Für meine Sammlung.«

Und dann, ohne sich von Zwölf auch nur mit einem Seitenblick zu verabschieden, rannte er hustend auf die Hochhäuser zu, und der Saum des Mantels schleifte über den Boden und wirbelte Staub und Herbstblätter auf.

Der Hund schien sein Davonlaufen gar nicht zu bemerken, schnupperte im fahlen Gras herum, pinkelte einen Baumstumpf an und zerstreute meine plötzlichen Bedenken, was die Fairneß dieses Tauschs betraf, ganz einfach dadurch, daß er mir ohne Aufforderung, ohne jedes Pfeifen oder Fingerschnippen meinerseits, so, als gehörten wir seit jeher zusammen, über die Brücke ans andere Ufer folgte und dort bis zum nächsten Café vorauslief.

Ehrlich gesagt, hatte ich mir die Haltung eines Hundes komplizierter vorgestellt, mühevoller auch, besonders in diesem Winter voller Schneematsch und Regen. Doch Zwölf war ungefähr so strapaziös wie mein Schatten. Abgesehen davon, daß er manchmal gebürstet werden wollte, war er fast bedürfnislos, beklagte sich nie, bat nie um etwas, aß sogar Bratkartoffeln und verlangte nicht einmal, daß ich mich an feste Zeiten hielt, um mit ihm hinauszugehen. Seine Notdurft, als wollte er mir jede Peinlichkeit ersparen, verrichtete er diskret hinter Büschen und Hecken, kaum je lief er einer Hündin nach, und wenn so eine Halsbandschönheit ihn umschwänzelte, ließ er sich wohl eine Weile beschnuppern – erregen konnte ihn keine. Auch angegriffen wurde er nicht, sein stiller Adel hielt sogar Kampfhunde fern, und Frauen und Kinder liebten ihn sehr. Am Erstaunlichsten aber fand ich, daß die Uferschwäne niemals Angst vor ihm hatten, nicht fauchten oder gar, wie bei gewöhnlichen Kläffern, in die rettende Kanalmitte schwammen. Ruhig putzten sie ihr Gefieder oder rupften Gras, und er blinzelte in die Frühlingssonne und trottete gelassen durch den großen, weiß auf die Wiese gelagerten Schwarm.

Der Hund, ich sagte es schon, kam mir oft heilig vor, und dazu paßte denn auch, daß er mir eines Tages, mit der ihm eigenen Beiläufigkeit, das Leben rettete.

Jeder, der das Wort Ewigkeit buchstabieren kann, hat sich irgendwann schon mal gefragt, ob es so etwas wie Zeit überhaupt gibt. – Ist ihr Ticken aber nur Täuschung, wie manche meinen, ein Schluckauf des Absoluten, kann man sie weder gewinnen noch verlieren, und dann werden sogenannte Errungenschaften der Technik, die ja meistens der Zeitersparnis dienen, bedrohlich sinnlos. Das Auto zum Beispiel scheint tief im Innern, da wo Materie sich zu vergeistigen beginnt, eine Ahnung davon zu haben, daß ihm fast jede Existenzberechtigung fehlt. Folglich macht es sich breit und breiter, trumpft immer muskulöser ausgewuchtet, immer greller hupend auf, nimmt dir die Luft und transformiert am Ende alle, die mit ihm in Berührung kommen, verpaßt ihnen Bleifüße oder Gipsbeine, je nachdem. – Ich hatte die ersten beiden Spuren der Urbanstraße glücklich überquert und wartete auf dem grünen Mittelstreifen darauf, eine passierbare Lücke im Blechfluß zu erwischen. Diesseits der Ewigkeit war es Freitag gegen drei, und sogar mein Hund wußte mittlerweile, was das heißt. Als rechnete er nicht mehr damit, vor Abend auf die andere Seite zu gelangen, legte er sich ins Gras, schloß die Augen, und ich, um den Auspuffgestank zu ertragen, steckte mir eine Zigarette an.

Doch mit dem Rauch des ersten Zugs verflüchtigte sich auch der Verkehr, plötzlich lag sie leer vor mir, die breite Straße, weit hinten mußte es gekracht haben, und ich sagte erleichtert »Komm!« und ging hinüber. Doch sah ich aus den Augenwinkeln, daß Zwölf mir nicht folgte, auch nicht nach einem Pfiff, und fluchend machte ich kehrt und packte ihn beim Halsband: genau in dem Moment, in dem ein Auto, ein silberfarbener GTI voller Schrammen und Beulen aus der Seitenstraße bog mit einer Geschwindigkeit, die sich kaum noch schätzen und am ehesten wohl mit Diagnoseinstrumenten der Psychiatrie messen ließ. Das herumschleudernde Heck prallte gegen die Betonkante des Mittelstreifens, und die Stoßstange brach aus der Halterung, stand wie ein Mähmesser ab und fetzte einen halben Fliederbusch weg, ehe der Wagen sich schlingernd und von zwei Zivilstreifen verfolgt aus dem Staub machte.

Kreuzberg live, könnte man denken, nur Fernsehen ist langweiliger. Und doch unterschied sich diese blaulichtumzuckte Gangsterszene von allen, die ich bisher gesehen hatte, nicht nur dadurch, daß ich, noch auf der Straße stehend, todsicher ihr Opfer geworden wäre. Es gab da auch einen gewissermaßen familiären Aspekt, denn der Fahrer dieser Schrottkarre, die gerade mit kreischenden Reifen hinter dem Flachbau der Karateschule verschwand, dieser rot erhitzte, zähnebleckende Irre mit Kopfhörern und Ralleyhandschuhen war kein anderer als mein kleiner Freund gewesen. Häuptling Schicke Mütze.

Unter den Bäumen aber war es ruhig wie immer, ich drehte meine Runden um den Kanal, trank hier ein Bier, aß da eine Stulle, der Wind wehte die letzten Kastanienblüten übers Wasser, und *Brigitte, Kehrwieder, Pik-As* drehten ihre Runden durch Berlin. Die Sonnendecks wurden mit jedem Tag voller, und ich freute mich auf den Sommer, die schönste und erholsamste Zeit in der Stadt, nicht zuletzt weil die meisten Berufsberliner dann in die Ferien fahren. Leere Plätze und Alleen, leere Cafés, freundliche Leute – im Juni, Juli und August war ich hier nie wegzukriegen, weder aufs Land noch in die Berge. Und auch nicht in das Haus bei Glücksburg an der Ostsee, das meine Freundin für diese Zeit gemietet hatte.

»Fahr nur, vielleicht komme ich nach ... Hab noch zu tun.«

»Wie? Was hast *du* denn zu tun ...«, höhnte Nora und machte mir dann das, was man in heiteren Romanen eine Szene nennt, unterstellte mir eine Geliebte und so weiter; der Mond war fast voll. – Um sie zu beruhigen, bot ich ihr an, schon mal Zwölf mitzunehmen, als Pfand sozusagen, dem täte Auslauf in Seeluft sicher gut – und sofort war sie beruhigt. Was wiederum mich in meinem Argwohn bestärkte, daß ihr manchmal mehr an dem Köter lag als an mir. Nicht nur, daß sie ihm dieses geschmacklos rote, mit goldfarbenen Kleeblättern bedruckte Halsband geschenkt hatte. Einmal, als ich beleidigt maulte, daß sie mir noch nie das Haar gebürstet hatte wie ihm, so liebevoll, ja hingegeben, tat sie es dann zwar. Aber mit der Hundebürste.

Ich brachte die beiden zur Bahn und winkte eine Stunde später schon wieder Paul und Florian zu. Wochen glücklichen Alleinseins lagen vor mir, und wenn es stimmt, daß Faulheit der Fleiß des Träumers ist, vollbrachte ich Unsagbares in der Zeit. Sollte sich jemand eines Tages wirklich die Mühe machen, aufgrund solcher Leistungen einen Nachruf auf mich zu verfassen, so würde ich gern darin lesen: Er, beauftragt mit sich selbst, liebte den Kanal, das besonnte Wasser, die Goldspur der Enten im Wasser, das Gleichmaß der Schritte auf dem Kies. Er, sich immer wieder selbst versäumend, ahnte, was die Stille weiß: Wer liebt, ist im Recht. Wer liebt, ist angekommen. – Er ging der Kunst aus dem Weg und fütterte Möwen.

In der Nähe der Synagoge kreisten sie über einer Menschenmenge, die fast nur aus Fotografierenden bestand. Sowohl die kleine alte Brücke, die älteste Berlins, als auch die außergewöhnlichen, anläßlich einer Bauausstellung errichteten Wohnhäuser dort, postmoderne Pappe, waren vielbesuchte Sehenswürdigkeiten. Der Himmel hatte sich bedeckt, man ahnte ein Gewitter, das Blitzlichtgeflacker bleichte die Bäume aus und färbte die Augen der schreienden Vögel weißblau, und obwohl ich wußte, daß für viele nichts aufregender ist als das Bekannte, tausendfach Gesehene, erstaunte mich dann doch, was die Touristen, von denen manche sogar auf Baugerüste geklettert waren, wirklich im Visier hatten.

Um die Geschwindigkeit heranfahrender Autos zu drosseln, aber auch um überbreiten und damit zu schweren

Fahrzeugen die Durchfahrt zu versperren, hatte man dicke Betonstümpfe auf die Brücke gesetzt, und der schwarze Mercedes, der mit Vollgas dagegengeprallt war, hatte sich wohl mehrfach überschlagen und wurde nur durch das verbogene Eisengeländer, Schmiedekunst aus der Kaiserzeit, vor einem Sturz in den Kanal bewahrt. Doch das konnte kaum als Rettung gelten. Für den jedenfalls, der da halbnackt in Airbag-Fetzen und Trümmern aus Blech, Glas und Plastik lag, hatte sich die ganze Welt überschlagen und ihn mitsamt der Karosserie unter sich begraben.

»O geil!« rief ein Kind vor mir. »Guck mal, da läuft Blut raus!«

»Quatsch«, sagte ein anderes, älteres. »Öl!«

»Den hat's total zermatscht, ey. Die Beine, die Eier, alles unterm Motorblock, oder?«

»Weiß nicht. Kannst ja nachschauen.«

»Ich? Von wegen! Wer bezahlt mir das ... Nachher hab ich das Vieh am Arsch. Ist das'n Wolf, oder was?«

»Mann, bist du Panne. Haste hier schon mal 'n Wolf gesehn?«

»Klar, auf Cassette. Sogar 'n weißen.«

»Die sind gefärbt, für Hollywood. Das da ist 'n ganz normaler Hund.«

»Und warum läßt der keinen an die Karre? Nicht mal den Sanitäter ...«

»Frag ihn doch. Wahrscheinlich dressiert. Schützt die Leiche, oder so.«

»Wieso Leiche? Der lebt doch, Mensch!«

»Aber nicht mehr lange. Guck mal, wie blaß der ist ...«

Das war das Bild. Das war die Stunde. Hatte das Kind mich erblickt in der Menge? Mich gerufen? Der Asphalt unter den Sohlen war weich, und ich drängte mich durch den Pulk, stieß den Feuerwehrmann mit der Decke zur Seite und versuchte, den Hund am Halsband zu packen. Ein Aufschrei irgendwo, ein Nervenblitz. Meine Hand, die zitternden Finger, sie bluteten noch, als ich die Telefonnummer wählte.

Und der Junge, das Lenkrad vor der Brust, den letzten Schmerz, was hatte er geflüstert?

»He, Mac ... Schau her, ich hab sie gekriegt! Hab sie ihnen abgejagt. Toll, oder?«

Im Licht dieser Stunde war es vollkommen still – jene Stille, um die sich alles dreht, in der alles immer schon vollendet ist. Im Schatten dieser Stunde sah das Tier mich an mit fremden Augen. Es hatte mein Blut an den Zähnen, und ich wich einen Schritt, eine Ewigkeit zurück. Meine Stimme war dünn wie das Gold an dem Halsband.

»Toll, Mann. Eine richtig schicke Mütze ...«

Ohne Brille kam mir das schmale Gesicht mit den vorstehenden Wangenknochen älter vor, und er nickte, schloß die Augen, schien ihn selbst ironisch zu belächeln, diesen zarten Triumph. Wind zerwühlte das Hundefell, blies Staub und Blüten über das Wrack, und er runzelte die Brauen, bewegte die Lippen, doch ich verstand nichts mehr. Die Mütze glitt ihm aus der Hand und fiel von der Brücke, in den Kanal.

Ein neues, festlich geschmücktes Kreuzfahrtschiff voller Menschen und Kameras unterquerte den Bogen, drosselte die Fahrt, Girlanden trieben im Wasser, momentlang wurde es dunkel vor lauter Licht, weiße Nacht. Dann war das Tier weg, man warf eine Decke über den Jungen, und ich drückte auf die klebrigen Tasten.

Wie weit ist Glücksburg entfernt, wieviel hundert Kilometer? – Nora meldete sich nach dem ersten Klingeln.

»Was ist passiert?«

»Alles in Ordnung, mein Lieber. Wolltest du nicht kommen? Das Wetter ist ein Traum.«

»Was mit dem *Hund* ist!« schrie ich gegen den Bergungslärm, das Kreischen der Trennscheiben an.

»Was soll mit ihm sein?«

»Wo ist er?!«

»Wo ist wer? Bist du blau? Er liegt neben mir und schläft!«

INGOMAR VON KIESERITZKY

Flüchten oder Standhalten
oder
Die Tanzstunde

1

Recht bedacht, war damals außer dem Mauerbau und der Ku-
bakrise eine ganze Menge los in Berlin 1961, denn wir hatten
uns entschlossen, die Freunde Troschütz, Vahlen, Klöncke,
Hebestreit und ich, in eine Tanzstunde zu gehen, d. h. nicht
eine beliebige Tanzstunde, sondern in das renommierte Institut Lawin oben am Halensee; und so saßen wir eine Woche
vor Beginn im Café Merkel an der Joachim-Friedrich-Straße
und beugten uns über Frauen, in der Theorie natürlich.

Die Tanzschule Lawin bot gewisse Vorteile, die andere In-
stitute nicht hatten: es gab nur Anfängerklassen oder Klassen für mäßig Fortgeschrittene; die Klassen mit Damen und
Herren waren schon im Vorfeld vereinigt – und man konnte
weibliche Schönheiten jeden Alters bewundern.

Die Debütanten sind ja auch weiblich, also jung, wahrscheinlich zu jung für uns, sagte Hebestreit, der ein bißchen
frühreif war und sich schon komplett in der Damenwelt aus-
kannte.

Außerdem hatte er Rendezvous im ersten Stock des Hauses
Wien zum Tanztee, und sonntags verkehrte er mit sehr reifer
Jugend bei Huthmacher.

Wir sind aber auch Debütanten, sagte Klöncke schwermütig, völlig unberechenbar, was passiert, wenn weibliche und männliche Debütanten aufeinanderstoßen.

Heinz Klöncke war Pragmatiker und Romantiker zugleich, und das mühelos. Er hatte sich zur Absolvierung von Tanzstunden entschlossen, weil man nur dort mühelos Mädchen und Frauen kennenlernen konnte. Die Vorteile, sagte er im Merkel, lägen auf der Hand – teure Getränke entfielen und die Pflicht zur geistvollen Konversation entfalle während des anstrengenden Lernprozesses, zur Not müsse man die Damen nach Hause begleiten, aber dann wisse man – bei den Reizvollen –, wo sie wohnten.

Hebestreit, der schon siebzehn war und filterlose Nil-Zigaretten rauchte, sagte, das Tanzen sei kein Vergnügen, sondern eine Schule des Lebens mit den Mädchen und Frauen und wir müßten uns sehr sorgfältig vorbereiten.

Vahlen, der gerade versuchte, das Rauchen anzufangen, vorsichtig mit Juno, inhalierte und hustete unauffällig, indem er so tat, als müsse er sich räuspern, sagte, man müsse die Literatur studieren, in der gebe es jeden Liebesfall bis ins letzte Detail beschrieben, vor allem bei französischen Autoren; er persönlich schwöre allerdings auf den italienischen Autor Pittigrilli, von dem wir noch nie etwas gehört hatten. Dieser Mann, sagte Vahlen, kennt das Liebesleben in all seinen Höhen und Tiefen, dem ist nichts Menschliches fremd. Klar, er ist ganz gewiß ein zynischer Hund, aber ganz offenbar ist das die einzig wahre Haltung.

Der Umgang mit Damen ist kein Zuckerschlecken, sagte er düster. Man sollte sie, sagte der schüchterne Troschütz, der noch kein einziges Laster hatte, immer nur betrachten. Man kann doch nicht immer nur zugucken, sagte ich nervös.

Der Troschütz hat recht, sagte der pragmatische Klöncke, man müsse sie erst beobachten und dann handeln.

Wir bestellten noch eine Runde Sinalco. Es wurde dunkel.

Aus dem Radio hinter der Theke sang Paul Anka mit viel Leidenschaft *You are my Destiny.*

Ich fasse noch mal zusammen, sagte Klöncke und starrte auf sein rosa Karteiblatt – man muß die Mädchen und Frauen erst einmal unter den immer gleichen Bedingungen observieren.

Es sei, sagte Troschütz, wie in der freien Wildbahn, in der man über die Gewohnheiten, Riten und Sitten der rätselhaften Kreaturen nur durch Beobachtung herausfinden könne, wie man sich ihnen gegenüber verhalten müsse – wir sollten z. B. einen Hühnerhof nehmen ...

Wir stöhnten. Unser Freund Troschütz hatte einen innigen Wunschtraum – er wollte später Geflügelzüchter werden. Im Augenblick studierte er die Hühner.

Vahlen sagte, die Beobachtungen im Hühnerhof seien wenig hilfreich. Aber doch, sagte Troschütz, wenn man nur an die Hähne dächte und ihr Balzverhalten.

Da sei was dran, sagte Klöncke.

Paßt auf, sagte Troschütz. Der Hahn ist der Herrscher über einen Harem. Den Kamm geschwollen, die Brust herausgereckt, einen Fuß vor den anderen setzend mit Bedacht, mustert er sein Reich. Furchtbare Prosa, bemerkte Vahlen und zündete sich blasiert eine Zigarette an, ohne zu husten.

Lützenburg, *Die Hühnerzucht,* sagte Troschütz stolz.

Klöncke sagte, er begreife den Zusammenhang nicht recht zwischen der Nützlichkeit einer Tanzstunde, in der man ungezwungen Mädchen kennenlernen könne, und dem Gebaren eines dämlichen Hahnes im Hühnerhof.

Es ist, sagte Vahlen, das Prinzip des sogenannten Imponiergehabes, das könne man auch schon in der Literatur nachlesen. Da sei was Wahres dran, sagte Klöncke.

Das Beispiel mit dem Hahn und den Hennen, sagte ich, das stimme nicht richtig. Der Hahn kümmere sich ausschließlich um die Fortpflanzung, während eine Tanzstunde ein kultureller Akt sei, theoretisch jedenfalls, weil wir ja über die Praxis nichts wüßten.

K. hat recht, sagte Vahlen, ich habe ja gleich gesagt, daß man sich eher an der schönen Literatur orientieren sollte.

Dann legten wir unseren Bedenken- und Sorgenkatalog auf den Tisch. Vahlen sagte, der Herr müsse sich keine Gedanken über seine Schönheit machen, entscheidend sei die Ausstrahlung oder die männliche Aura. Und dann zitierte er seinen Pittigrilli, der in *Eine Jungfrau von 18 Karat* einen Anwalt sagen läßt: »Die Frau ist wie ein Buch; entweder man verschlingt es oder man wirft es nach diagonaler Lektüre in die Ecke.« Klöncke wollte sich sofort diesen Satz in sein Notizbuch schreiben, aber wir sagten, das sei zu früh.

Das Blöde ist, sagte Vahlen, der elementare Mangel an Erfahrung, Hebestreit, der habe doch Erfahrung.

Klar, sagte Hebestreit mit einer Zigarette im Mundwinkel, sehr lässig, ganz Kavalier ohne Dame, aber man genießt und schweigt. Aus dieser Quelle konnten wir also nicht schöpfen, und wir bewunderten ihn sehr.

Also ich, sagte Klöncke, um es einmal vollständig zu sagen, ich habe mehrere Handikaps gegenüber Mädchen oder Frauen; ich bin extrem schüchtern. Richtet ein solches Geschöpf das Wort direkt an mich, erröte ich und stammle idiotisches Zeug. Meine Hände schwitzen in ihrer Gegenwart, meine Knie sind weich wie Pudding, und dann werden die Ohren auch noch rot, das Herz klopft unregelmäßig und der Mund trocknet ganz unerhört aus.

Das seien so Symptome, sagten wir, die seien völlig normal im Umgang mit dem weiblichen Geschlecht.

Ob es uns ähnlich ginge, fragte Klöncke begierig.

Aber nein, sagten wir, derlei kennen wir nicht oder nur vom Hörensagen, dagegen müsse man kämpfen.

Wie, fragte Klöncke, soll man das anstellen?

Das sind alles kleine Fische, sagte Hebestreit überlegen, worunter Vahlen im Umgang mit dem fremden Geschlecht leide?

Leiden ist zuviel gesagt, erwiderte Vahlen, aber, gesetzt eine junge Dame sitzt mir gegenüber und blickt mich dann an, und sie hat schöne Augen, und der ganze Rest gefällt mir auch bis zur Besinnungslosigkeit – ich kriege nur Schund heraus.

Wir baten um ein Beispiel.

Es kommen dann so Partikel ohne meinen Willen heraus, sagte Vahlen und errötete, wie zum Beispiel solche Sätze, die kaum besser sind als eine dumme Interjektion: Was Sie nicht sagen. Meinen Sie wirklich. Kann man mal sehen. Oder: Ach tatsächlich.

Wirklich ein bißchen dünne, sagte Hebestreit, schöne Worte sind so übel nicht, wenn man bedenkt, an wen man sie warum richtet, aber die Körpersprache sei entscheidend.

Körpersprache, murmelte Troschütz, aber welche Wörter der Körpersprache?

Alle erlaubten, sagte Hebestreit, aber vor allem rangiere der Zauber des Blicks in jedem Augenblick.

Das sei wahr, sagte Vahlen, er stimme Hebestreit zu; auch in der Literatur schauten sich die potentiellen oder schon tatsächlichen Liebespartner ununterbrochen verlangend in die Augen.

Schön, sagte Klöncke und seufzte – und was passiert dann?

Hebestreit, der Erfahrene, sagte an dieser Stelle, wir preschten zu schnell voran, jetzt sei ein geringes Tempo bei den systematischen Vorbereitungen erfahrungsgemäß besser.

Beim Rangieren des Blicks und seines Zaubers, sagte ich, könne auch manches schiefgehen, denn manchmal sei der Blick, der ein Liebesverlangen ausdrücke, von einem peinlichen Glotzen nicht zu unterscheiden und wer könne schon ununterbrochen ohne jede Vorbereitung in den Augen der anderen die stumme Liebe lesen – kurz, ob es keine anderen Zeichen gebe, die verläßlicher seien?

2

Wir bestellten bei diesen Lebensfragen fünf kleine Schultheiss und lehnten uns abgeklärt zurück.

Hebestreit sagte, in der Liebes-Sphäre existierten massenhaft viele Zeichen, die müsse man eben nur interpretieren.

Das sei schwer, sagte Vahlen. Der große Autor Pittigrilli behaupte sogar einmal in einem Roman, wenn eine Frau JA sage, meine sie untrüglich NEIN, sage sie aber NEIN, so bedeute es ebenso untrüglich JA. Mein Gott, ist das schwierig, sagte Troschütz und kratzte sich am Hinterkopf.

Ich lese nicht viel, sagte Klöncke, aber ich habe einmal in einer Broschüre – aus der Bibliothek meines Vaters – gelesen, daß der Mann die ideale Frau nur dann findet, wenn er seine seelischen Voraussetzungen kennt.

Wieso denn seine, entfuhr es Vahlen. Wir schwiegen. Aus dem Radio ertönte das achte Mal Ankas *You are my Destiny*.

Welche Sorgen machst du dir eigentlich, fragten sie mich.

Keine bestimmten, sagte ich, nur vielleicht Sorgen wegen der gerechten Proportionen zwischen den Geschlechtern im Kampf.

Weil du so klein bist, fragten sie mich, meinst du das?

Sicherlich doch, sagte ich, wißt ihr, ich bin unheimlich drahtig, ich laufe sehr schnell und meine Reaktionsgeschwindigkeit ist gut, aber leider bin ich eher ein Stehzwerg als ein Sitzriese.

Na ja, sagte Vahlen, gottlob bist du ja kein richtiger Zwerg wie mein Großvater, der gerade Tischhöhe erreichte. Aber was hatte der Mann für eine erotische Energie, selbst wenn er zur Kopulation mit Dienstmädchen einen Stuhl besteigen mußte.

Kopulation – fragte Troschütz.

Begattung, sagte Hebestreit lässig, auch Coitus genannt, es gibt noch mehr Synonyme.

Du mußt dir ja keine so gewaltigen Frauen aussuchen, sagte Vahlen, wie der unglückliche Gottfried Keller, der sich in eine Engländerin namens Betty verliebt hatte, die seine 1,51 m um ganze zweiunddreißig Zentimeter überragte.

Hat er sie gekriegt, fragten die anderen.

Nein, sagte Vahlen, und ich sagte, Keller sei furchtbar unglücklich gewesen.

Dann verabschiedeten wir uns, und ein jeder ging in seine Richtung – Vahlen fuhr in die Königsallee, Troschütz ging zu Fuß in die Westfälische Straße, da wohnte er bei seiner Mutter, die sich wie eine Glucke um ihn kümmerte, Klöncke fuhr mit der U-Bahn vom Kurfürstendamm zum Bayerischen Platz, Hebestreit und ich mußten in die Kuno-Fischer-Straße am Lietzensee, wo wir beide zur Untermiete wohnten.

In der Fünfundsiebzig verabredeten wir uns zu 10 Uhr im Drugstore am Kurfürstendamm, das war eine Art Nachtlokal, wo die Getränke nicht so maßlos teuer waren wie in den teuren Etablissements. Berlin war damals noch ein bißchen angebufft, die Geschäftswelt hatte die Welt noch nicht derart uniformiert, und der Kurfürstendamm hatte einen fast urbanen Charakter; es gab dort ein Wettbüro neben einem Geschäft mit Füllfederhaltern zwischen der Uhland- und der Knesebeckstraße, in dem ich ab und zu minimale Summen auf unbekannte, aber hoffnungsvolle Außenseiter setzte; der wunderbare, mit dunklem Holz paneelierte Ballsaal des Hauses Wien existierte noch und das ehrwürdige und traditionsreiche Tabakwarengeschäft Boehnicke neben dem Café Zuntz.

Wir fünf – die Liebesbande – trafen uns jeden Tag oder wenigstens alle zwei Tage an wechselnden Orten des damals angenehmen Boulevards, in den meisten Fällen, wegen der Berufsschule, im Café Merkel und sonst, je nach dem Ernst des Lebens und seiner Wechselfälle, im Drugstore, im Karussell über dem Café Kranzler, in den alten Mampe-Stuben neben der PAN AM-Filiale, zum Essen entsetzlicher, wohl jugoslawischer Gerichte, die billig waren, bei Herrn Kussmaul im Max & Moritz neben Camilla Speth, oder, wenn uns nach Pracht zumute war, alter Pracht, meine ich, im Schilling.

Meine große Liebe war damals eine Servierin im Drugstore, sie hieß Silke D., wollte Geschäftsfrau werden, sprach sachlich und besaß einen indianerbraunen Teint, geschmückt mit einer süßen, winzigen Hakennase über einem kleinen, sehr rosigen, niemals bemalten Mund.

3

Im Kopf meine Traumfrauen – Lana Turner, Gene Thierny, Grace Kelly, die Unnahbare natürlich und nicht die Gattin des Grimaldifürsten, der wie ein dicker Kater mit Staupe aussah, Gina Lollobrigida und Liz Taylor – ging ich in die Tauentzienstraße, einen Anzug kaufen.

Es war Frühling und überall schwebten wie Fallschirme Petticoats, auf dem Asphalt knallten Pfennigabsätze, während die Pumps seriöse, aber vielversprechende Geräusche machten – und die sogenannte Berliner Luft war wirklich gut oder es herrschte Wind oder meine Erinnerung trügt mich.

Ich versuchte, so zu gehen wie Henry Fonda, der den elegantesten Gang hatte. Robert Mitchum ging auch nicht schlecht, aber das Wiegen der Hüften war schwer hinzukriegen. Ein paarmal hatte ich's versucht, aber die Umgebung reagierte ungut darauf, so ließ ich es endgültig. Für leptosome Zwerge wäre es besser gewesen – aber das fand ich erst Jahre später heraus, als der Gang nicht mehr so wichtig war – James Cagney zu imitieren, der nur vorwärtskommen wollte und sonst gar nichts.

Kurz vor dem KADEWE kaufte ich nach langem Anprobieren diverser Einreiher einen mausgrauen Anzug mit wattierten Schultern, eine schwarze Weste und ein Geschäft weiter italienische Schuhe, die vorne extrem spitz waren und an Kanus erinnerten, le dernier cri. Man konnte in den Dingern nur langsam laufen, d. h. mit Würde und Stil, der seinen Eindruck bestimmt nicht verfehlte.

Bei Aschinger aß ich eine Erbsensuppe, stopfte ein paar kostenlose Brötchen in die Plastiktüte und betrat dann eine Parfumerie. Von Mädchen wußte ich exakt, daß sie den Wohlgeruch um den Mann schätzen und honorieren. Nur wußte ich nicht, wonach der Mann von Welt duften mußte. Daß man sich baden mußte, das war klar, trotz der ziemlich schmutzigen Wanne aus Gußeisen im Badezimmer der Vermieter Kuno-Fischer-Straße. Parfum kam nicht in Frage oder billiges Toilettenwasser.

Ich hatte einen Freund namens Robert, von angenehmen Umgangsformen und guten Manieren, der nur immer ins Schwitzen geriet, wenn er Kontakt mit Damen hatte. Und er suchte den Kontakt, er liebte alle Kontakte, und er schwitzte. Unsereiner transpirierte mal, allemal, aber was Robert zustande brachte, war erstaunlich.

Es ist, sagte er oft, eine Nervenschwäche, die man bekämpfen muß. Ein Dermatologe riet ihm zu eiskalten Waschungen, ein anderer zu Wechselbädern und ein dritter sagte, das sei alles psychisch bedingt und ginge von den Füßen aus. So beschmierte sich Robert tapfer mit Braunosan, und alles ging gut, solange kein Mädchen in Sicht oder gar in unmittelbarer Nähe war. Dann schenkte ihm eine mitfühlende Tante eine Familienflasche Eau de Cologne, mit der er alle jene Stellen tränkte, die transpirierten. Jetzt schritt Robert in einer dichten Wolke dieses Duftes; im Grunewald überfielen ihn entzückte Mückenschwärme, und auch andere Insekten wurden schnell zutraulich. Die Mädchen stießen sich nicht am Eau de Cologne, sagten aber, er möge doch bald seinen Anzug in die Reinigung geben oder ein anderes Mottenpulver benutzen.

Die Verkäuferin hatte Sechserlocken und Mandelaugen, ganz herrlich ausdrucksvoll überschminkt. Ich behauptete, ich hätte ein Rendezvous mit einer sehr kultivierten älteren Dame und ob sie ein dezentes Herrenparfum empfehlen könne. Sie riet mir zu einem teuren After Shave. Mit dem Bartwuchs war noch nicht viel los, da war ich auch ein Spätentwickler. Sonst nehme der Herr gern ein dezentes Achselpuder. Wie lange hält das vor, fragte ich.

Kommt drauf an, sagte die mandeläugige Schönheit.

Wir trafen uns wieder im Drugstore, natürlich zu einer großstädtischen Zeit, circa 10 Uhr abends. Ich trug meine neue Rüstung, blutete am Kinn und duftete nach Hermès After Shave. Die neuen Schuhe drückten fürchterlich, aber die Absätze machten mich mindestens drei sehr stattliche Zentimeter größer.

Troschütz war beim Friseur gewesen und hatte jetzt eine kurze Messerschnitt-Frisur à la Brecht, nach vorn in die Stirn gekämmt. Der Hebestreit hatte ja Naturlocken und sah immer leidlich gut aus. Vahlen und Klöncke trugen ihre überlangen Seidenshawls über weißen Hemden.

Vahlen sagte, er habe sich gründlich präpariert und holte aus einer Bilka-Plastiktüte einen Haufen Bücher.

Literatur, sagte Hebestreit verächtlich.

Man müsse über die männliche Seelenlage präzise Bescheid wissen, sagte Vahlen, und auf dem Gebiet liefere die bessere Literatur immer unübersehbare, schöne und beherzigenswerte Winke und Ratschläge, vorzügliche Beschreibungen und phantastische Erklärungen nebst Sätzen für einen jeden Sachverhalt und eine jede Situation zwischen Mann und Frau. Denn wir müßten einmal wissen, welchen männlichen Typus wir verkörperten; hätten wir den erst einmal fixiert, sei es ein leichtes, herauszufinden, welcher Typus von Frau zu uns passe. Dann passierten auch weniger peinliche Versehen, Mißgriffe und andere Enttäuschungen. Und hätten wir dann die stimmigen Kombinationen, könne man sich die Strategien für die Eroberung ausdenken – aber erst die Theorie und dann die Praxis.

Da hatte er nicht unrecht; ohne Theorie keine Praxis.

Ich kannte einen Buchhändler, der hieß Harms oder Herms, enorm belesen, schrieb selbst heimlich Lyrik und besuchte so oft es ging Verlagsempfänge. Der hatte sich eines Tages im Spiegel betrachtet und sich gesagt: Ich interessiere mich wahnsinnig für Frauen, aber die Frauen nicht für mich. Woran liegt das? An der inneren Einstellung. Wenn ich mir jeden Tag sage: Du bist eigentlich ein Don Juan oder ein Casanova, dann werde ich mich kraft Selbstüberzeugung in einen Don Juan verwandeln. Und sollte ich von dieser Verwandlung selbst nichts merken, werde ich die Fortschritte doch an den Blicken der Frauen ablesen können. Bei einem Hanser-Empfang – die Reihe *Prosa Viva* wurde vorgestellt – sah ich ihn einsam in einer Ecke. Er sog mit leidender Miene an seinem Wangenfleisch und fixierte unter extraschweren Lidern Buchhändlerinnen und andere Damen.

Nach 1963 gewöhnte er sich ein attraktives Hinken mit dem linken Bein an und interessierte sich immer noch wahnsinnig für Frauen; aber ob die Frauen sein Interesse erwiderten, das weiß ich nicht.

Ich habe, sagte Vahlen, ein paar Stichworte notiert, die für eine Analyse der Seelenverfassungen nützlich sein könnten.

Du lieber Himmel, sagte Troschütz, ob das nicht zu weit ginge – es käme in diesem Stadium nicht druff an.

Laß das Berlinern, sagte Vahlen, das ist in Gesellschaft unfein. Bei den Abenteuern der Erotik könne man gar nicht weit genug gehen.

Ich mein' ja nur, sagte Troschütz, außerdem kommen meine beiden Cousinen aus Westdeutschland, vielleicht hätte er dann die Tanzstunde gar nicht mehr nötig...

Paß auf, sagte Vahlen und seufzte, da wäre zum Beispiel K., der habe den lästigen Konfirmationsspruch (auf Wunsch seiner meschuggen Mutter), die Kraft sei auch in den Schwachen mächtig – was uns das charakterologisch sage?

Nichts, sagten wir einmütig, absolut nichts.

Falsch, sagte Vahlen in einem belehrenden Tonfall, das heiße nichts anderes, als daß K. Voluntarist sein müsse, das sei Schicksal.

Ist doch nur so'n Konfirmationsspruch, sagte Klöncke.

Da magst du recht haben, sagte ich und beobachtete den rutschenden Spaghettiträger auf der linken, nackten Schulter der Serviererin Silke D.

Das sei alles Humbug, sagte Hebestreit, der süße Feind dufte nach Parfum, das sei die Sache. Literatur führe immer bloß auf Nebenwege, weil das Leben ganz anders sei.

Kraft und Beharrlichkeit, rief er zum Schluß, Coolness und Lässigkeit, darauf kommt's an.

Troschütz fiel Vahlen in den Rücken und stimmte Hebestreit zu. Der Tarzan, sagte er – neben seiner Vorliebe für Hühner und ihre Zucht hatte er eine Schwäche für Bourroughs Erfindung des edlen Urwaldmenschen – der spreche kaum ein Wort außer ICH TARZAN, aber schon nach zwei Tagen lege er Jane auf die Moosmatte.

Nach diesem Satz mußte er erröten.

Tarzan, sagte ich, sei ein schönes, aber zweifelhaftes Idol für Intellektuelle und in der Großstadt gänzlich unbrauchbar.

Na ja, sagte Troschütz, erinnert ihr euch noch an Maureen O'Hara in der Rolle von Jane ... diese tizianroten Locken und die braunen Augen. Wir erinnerten uns alle und seufzten.

Mich erinnert die Haarfarbe der O'Hara immer an Hühner, sagte Hebestreit roh.

Seid doch mal ernst, sagte Vahlen, er habe in den Schriften eines Dichters namens Blei gelesen, Franz Blei, und der habe über den Männertypus des Don Juan folgendes geschrieben: Nimmt man die Frau leicht, erspart man ihr und sich die Komödie, den sogenannten psychologischen Moment der Frau mit sympathischem Ungestüm zum physiologischen zu machen, der er in Wirklichkeit ist.

Ich bat Vahlen, diese Weisheit noch einmal zu erklären, Troschütz erklärte, er habe dieses Zitat über die beiden Momente auch nicht verstanden, und Klöncke sagte, er könne schon gar nicht folgen.

Nur Hebestreit behauptete, das Zitat sei sonnenklar und man müsse es nur eine Zeitlang aufs Gemüt wirken lassen.

Das sei eine unpositive Äußerung von dem Blei gewesen, sagte Vahlen, aber etwas wahrhaftig lebenstechnisch Wichtiges, Praktisches und Positives habe der große Frauenkenner, Sammler und Liebhaber, der Dichter Otto Flake aus Baden-Baden geschrieben: Männliche Männer, sofern sie Geist besitzen, haben ein ausgesprochenes Verhältnis zur Frau, denn alles Geistige und Elementare wird von der Frau verwaltet und weitergegeben. Sie gestaltet es wohl nicht, aber verwaltet es.

Ja, was denn nun, fragte Klöncke, das sei ja wohl nicht präzise, was die Frau da gestalten und verwalten solle.

Warte doch mal ab, sagte Vahlen, das Wichtige käme ja noch: Die Frau ist viel menschlicher als der Mann. Der Mann ist immer am Ende, aber die Frau der eigentliche Mensch. Man kann nicht positiv und bejahend genug zur Frau stehen.

Da ist was Wahres dran, sagte Hebestreit, er habe eigentlich schon immer positiv und bejahend zur Frau gestanden, selbst in zweifelhaften Fällen.

Auch Troschütz fand das Zitat sehr gut bis auf die Stelle, in der unmißverständlich gesagt werde, der Mann sei immer schon am Ende.

Ja, bitte, an welchem denn, fragte Troschütz aufgebracht.

Weil der Mann von Geist immer auch negativ denke, gerade wenn er der Frau das Positivste entgegenbrächte, sagte ich.

Das ist doch Unsinn, sagte Vahlen, ich wüßte kein einziges Beispiel aus der Literatur. Ich schon, sagte ich und erzählte ihnen die traurige Liebesgeschichte von Fiedele, dem Hang zum Stricken und mir.

4

Fiedele war ein Jahr älter als ich, lebte im Mädcheninternat und war eine Klasse über mir. Sie war mollig, hatte ein süßes, bleiches Gesicht, braune Augen, einen Mund, der an üppige Kissen in einem Harem erinnerte, trug einen dunkelbraunen Zopf bis zum Po und strickte obsessiv. Sie war stark kurzsichtig, was den Emailleschimmer ihrer strahlenden Augen noch intensiver machte.

Die Objekte, die sie strickte, waren unförmig und erinnerten zum Schluß immer an Schlafsäcke für sehr kleine Elefanten.

Ich war flammend verliebt. Wenn wir uns trafen, strickte sie. Mehrmals verlor ich durch unbedachte Küsse beinahe mein Augenlicht durch die Stricknadeln. Einmal gelang es mir, ihr für einen gut geplanten Kuß hinter einem Baum das Strickzeug zu entwinden – aber bei der Umarmung umklammerten wir beide das verfluchte Strickzeug und aus der versuchten Nähe wurde wieder nichts.

Ich brachte ihr trotz dieser Störungen alles Positive entgegen und bejahte sie vollständig.

Eine furchtbare Geschichte, sagte Hebestreit, ob sie schon zu Ende sei?

Hast du sie besessen, fragte Vahlen düster; die Strickgeschichte schien nicht in seinen Literaturkanon zu passen.

Geht's tragisch aus, fragte Troschütz, die Geschichte erinnere ihn stark an eine andere Geschichte zwischen Liebenden.

Blöde Kuh, sagte Klöncke pragmatisch, und er, er hätte sie sausen lassen.

Ich stellte ihr dann, sagte ich, nach vergeblichen, immer von Stricknadeln bedrohten oder verhinderten Umarmungs- und Kußversuchen die schicksalhafte Frage: Warum strickst du eigentlich dauernd?

Und sie antwortete: Ich muß.

Sie war, das erfuhr ich, verliebt in unseren Musiklehrer H., ledig, dem sie Strümpfe strickte, weil er immer an den Füßen fror. Da nahm ich Abschied von den wunderbar gepolsterten, sahneglatten und bleichen Lippen, die innen rosig schimmerten, wenn sie lächelte und suchte nach einer neuen Frau. Die hieß Uta und war –

Genug, sagte Hebestreit, das sei ja eine groteske Liebesgeschichte.

Aber lehrreich, sagte Vahlen, K. hat sich in seiner Positivität nicht beirren lassen und hat die Liebe bis zum Schluß ausgehalten.

Und etwas anderes meint der Flake auch nicht mit der Positivität.

Wir tranken noch ein paar Bier, und dann ging ein jeder nach Hause. Bis zur ersten Tanzstunde waren es noch zwei Tage.

5

Der Dienstag brach an, der große Tag. In der Schule hatte ich im Deutschen Aufsatz komplett versagt. Das Thema hieß Über das Tür-Motiv in Franz Kafkas Erzählung *Die Verwandlung*. Wir trafen ein wenig zu pünktlich im Institut Lawin ein, alle in Schale, prachtvoll eingepuppt, und die Schuhe waren sehr spitz.

Im ersten Stockwerk betraten wir eine Wohnung mit Stuck und Parkett. Im Vorzimmer trugen wir uns in eine Anwesenheitsliste ein. Das Fräulein war eine üppige Dame mit einer Hochfrisur, sehr kunstvoll und steif, Frau Lawin selbst, wie wir später erfuhren, eine schöne Erscheinung, die mit gespitzten Lippen unaufhörlich einzuatmen schien. Vor allem Troschütz war ganz weg vom Busen und konnte sich nur schwer von ihm lösen.

In der großen Garderobe standen ein paar Stühle um Resopaltische mit Kristallaschenbechern. Wir rauchten und Hebestreit ließ einen Flachmann mit Chantré herumreichen.

Wir waren überaus präpariert.

Klöncke hatte sich Literatur über die Standardtänze besorgt und die Kommentare zu den Schritt-Folgen auswendig gelernt. Jetzt repetierte er lautlos, und ich konnte nur einen Satz verstehen:

Bei den lateinamerikanischen Tänzen darf geflirtet werden – Blickkontakt ist erlaubt. Dafür halten die Paare körperlich mehr Abstand, damit die Dame problemlos in die Solo-Umdrehungen geführt werden kann.

Du lieber Himmel, dachte ich damals, wenn die Dame ihre Solo-Drehung macht, wo bleibt der Kavalier?

Vahlen schwitzte an den Händen, innen, und seine Ohren glühten.

Er wischte sich immer wieder trocken.

Klöncke repetierte halblaut und sandte hin und wieder einen frommen Blick zur Stukkatur an der Decke. Die war naiv mit fetten Putti und rosa Wölkchen bemalt, die um eine blonde, halbnackte Nymphe tanzten.

Troschütz sah bleich aus und schielte vor Aufregung.

Ich war ganz ruhig, denn ich war mir meiner Liebe zu ihnen gewiß; ich liebte sie alle, die Dünnen und die Blassen, die Dicken wie die Rosigen, die Kleinen und die Großen, ob sie blond, schwarz oder brünett waren, hochmütig oder nicht.

Diverse Konkurrenten erschienen, auf deren reifen Mienen man die Kampfspuren gegen Akne oder Rasierapparate ablesen konnte. Sie standen immer in kleinen, ängstlichen Gruppen und hielten die Hände eisern in beiden Hosentaschen.

Hebestreit rauchte lässig eine Nil und betrachtete die noch sehr kleine Mädchentraube in der Ecke zwischen der Tür zur Damentoilette und dem linken Flügel des Ballsaals. Es wurde nicht laut gesprochen. Die Mädchen kicherten, das klang aber eher exaltiert als spontan. Gott, es gab ja auch nichts zum Lachen. Gleich mußten wir uns dem süßen Feind stellen. Die Mädchen kamen immer paarweise, hielten sich an einer Hand und zerdrückten in der anderen ein Taschentuch.

Ich schnüffelte intensiv, denn in meine private Dunstglocke von Hermès After Shave mengten sich wunderbare Parfums, streng wie Juchten, Soir de Paris war dabei, ein heißer, kobaltblauer Duft, gefolgt von Dior Eau de Cologne fraîche in einer überall präsenten, leichten Wolke.

Die Beklemmung wuchs.

Seid ihr auch präpariert, fragte Vahlen.

Sicher, sagte Troschütz, ich habe alle Pickel gesucht, gefunden und vernichtet – aber, bitte! was spricht man denn mit denen, was soll man denn reden? Was sagt man denn?

Ach Troschütz, sagte Hebestreit, du hast wirklich mehrere Handikaps – erstens Akne, Geißel der Jugend – im Reader's Digest kannst du ein flammendes Pamphlet darüber und dagegen lesen . . . Zweitens – mein Gott, mach Konversation, laß aber deine Hühner aus dem Spiel.

Konversation ist gut, sagte Klöncke, der im Gesicht ein bißchen fleckig war. Unter dem Kinn hatte er ein kleines Pflaster. Er sah ziemlich lädiert aus.

Man sollte immer über Themen sprechen, sagte Vahlen, von denen man wirklich was versteht, also Literatur zum Beispiel.

Da hat der Vahlen recht, sagte Troschütz, aber wie ist das mit den Komplimenten zum Beispiel? Was macht man für Komplimente? Welche sind erlaubt, welche sollte man besser unterlassen?

Kann man sagen: Sie haben phantastische Beine?

Ich finde Ihre Grübchen toll?

Sie duften ganz wunderbar hinter den Ohren?

Nicht in die Details gehen, sagte Hebestreit, allgemein bleiben und nicht über die Kopfnote mosern, wenn sie streng ist.

Die was, rief Troschütz verzweifelt und halblaut, was ist denn das?

Ein Ausdruck aus dem Parfumhandel, glaube ich, sagte Hebestreit, die Aura um den Kopf, die drückt durch die Marke Persönlichkeit aus.

Das ist mir zu hoch, sagte Klöncke, was hast du für ein Konversationsthema, K.?

Improvisation ist alles, sagte ich, ich habe gestern abend aus der Weltliteratur einen Haufen Komplimente gezogen, die ins Mark und ins Herz der Mädchen dringen, das ist aus Stendhals *De L'Amour*.

Gib mir doch 'n paar ab, bat Klöncke.

Nee, sagte ich, auf dem Parkett muß man allein agieren.

Hebestreit sagte träumerisch, er sei bei solchen Gelegenheiten immer gut mit dem sogenannten paradoxen Kompliment gefahren –

Gib doch mal 'n Beispiel, sagte Troschütz.

Hebestreit sagte, das sei nur was für Kenner, für uns kämen vielleicht die verblüffenden Komplimente in Betracht, zum Beispiel könne man ins Ohr flüstern: Halten Sie mich ganz fest, Ihr Duft hat mich so betäubt, daß ich gleich umfalle. Am besten sei es für den Kavalier, vorausgesetzt, es lohne sich, vorzutäuschen, man habe nicht das geringste Interesse.

Das ist gut, flüsterte Vahlen, das ist ausgezeichnet.

Man könne den Zerstreuten spielen, sagte Klöncke, dann müsse man sich nicht so konzentrieren.

Ich wußte noch keine Strategie, aber hatte Erfahrung. Schon im Kinderhort hatte ich Erfahrungen als Kavalier gesammelt. Damals verliebte ich mich, mit vier, glaube ich, in ein zartes Mädchen mit blonden Locken und braunen Augen, die ich unaufhörlich küssen wollte, wo sie auch war. Und wenn ich mich wie ein Neunauge an ihrer Wange festgesaugt hatte, wurde ich von muskulösen Kindergärtnerinnen getrennt und in die Ecke geschubst, in der kleine Knaben mit Blechpanzern aufeinander losgingen.

Er ist ein bißchen frühreif, sagten die Tanten, wenn meine Mutter von der frühen Fixation erzählte, aber besser, als wenn er sich exzessiv für Knaben interessiert, nicht wahr?

In diesem Augenblick – er sollte der letzte vor dem Großen Augenblick sein, der uns vergönnt war – sagte Troschütz, während er seufzte:

Warum machen wir das bloß ...

Na ja, sein Motiv war klar – er wollte in der Tanzstunde in jedem Fall und um jeden Preis die Frau seines Lebens kennenlernen, mit der man eine ordentliche Hühnerzucht anfangen konnte. Auf Hühner war er natürlich nicht allein festgelegt, er hatte eine Schwäche für alles Geflügel der Welt.

Achtung, sagte Klöncke und stand auf.

Kühl bis ans Herz hinan, sagte Hebestreit und drückte seine Zigarette aus.

6

Der Herr Lawin erschien, ein feister, rosiger, mittelgroßer Mann, der sich mit perfekter Grazie bewegte. Er hatte kleine, dicke, sorgsam manikürte Finger. In der Brusttasche seines Samtsakkos, lindgrün, stak ein bourdeauxrotes seidenes Taschentuch.

Mesdames! Messieurs! sagte er – bitte schön, bitte sehr.

Und dann öffnete Frau Lawin beide Flügeltüren zum Ballsaal.

An der gegenüberliegenden Wand stand eine lange Holzbank, zu der die Mädchen strömten und sich sofort setzten, als eroberten sie eine Bastion. Und da saßen sie wie auf einer Hühnerstange – eine Assoziation, die mir kam, als ich Troschütz betrachtete, dessen Kopf sich ruckartig bewegte – die Mädchen, die jungen Damen, das süße Gemüse, die Bienen, les jeunes filles, rosarot, pastell und lavendel-farben, und sie fixierten uns.

Der Geschlechterkampf hatte begonnen.

Eine in rosa Batist starrte mich besonders intensiv an, nicht in die Augen, sondern auf meine Stirn. Mir fiel leider sofort eine Spezial-Zwergengeschichte meines Lieblingshelden Donald Duck ein, der aus unerfindlichen Gründen einmal eine Tanzstunde absolvierte, beobachtet von seinen drei Neffen; und Daisy, die Geliebte, fragt die Kinder, Wo ist denn Donald? – und die Kinder erwidern, Siehst du ihn nicht? Da, am rechten Knie vom zweiten Mann ...

Ich warf mich weiter in die Brust und dann hieß es, die Herren sollten sich auch setzen. Wir blieben aber stehen, wegen der Übersicht.

Außerdem konnte man in der stehenden Haltung schneller lospreschen, wenn man seine Vor-Auswahl getroffen hatte. Auch hier herrschten Darwins Gesetze.

Ein Herr am Klavier, ein junger Mensch mit einer Hornbrille, spielte ein paar Takte. Herr Lawin ging in der Mitte des Saals mit Frau Lawin ›auf Tuchfühlung‹, so lautete der technische Ausdruck, wie Klöncke behauptete, und der Herr Lawin sagte mit einem leicht wienerischen Akzent:

Der Herr bitte schön legt den rechten Arm in Taillenhöhe um die Dame – gell so – aber bitte nicht wie ein Schraubstock, denn das Tanzen ist auch ein seelischer Genuß gewissermaßen, nicht nur ein körperlicher, nicht wahr? Die Hand des Herren hat immer ihren angestammten Platz und nur da! unter dem linken Schulterblatt der Dame, so, nicht wahr. So ergibt es sich harmonisch, daß der linke Arm der Dame – ohne jeden Druck, die Herren! auf dem rechten Arm des Partners liegt, so. Sie legt, die Dame, nicht wahr, ihre linke Hand mit geschlossenen Fingern auf seinen Oberarm, eine Idee unterhalb der Schulterkugel, wenn's beliebt, haben's das verstanden?

Ich nehme die dritte von links, sagte Troschütz, sie sieht wahnsinnig praktisch aus und handlich ist sie auch.

Müssen wir denn schon los, fragte Klöncke. Seine Ohren leuchteten wie Purpursegel im Sturm.

Herr Lawin klatschte in die Hände, und einer stummen Order gehorchend setzten sich die Herren in Trab. Wir erreichten die Bank.

Nun ergab sich eine gewisse Verwirrung. Während der Blickkontakte mußten ein paar schon Verabredungen getroffen haben. Eine hübsche Rotblonde blieb allen Versuchen gegenüber resistent und wartete auf Hebestreit, der lässig geschlendert kam, als alle schon mit ihren Knien an die Bank und die Knie der Mädchen gestoßen waren. Und ich stand nun genau vor der dritten von links, die sich Troschütz ausgesucht hatte. Troschütz, sagte ich, hier ist ... aber er war schon lange in den Fängen einer langen jungen Dame mit kurzen Haaren.

Die dritte von links kriegte dann Klöncke, Vahlen bekam eine Dicke ab, und mich kriegte aus Versehen eine Schönheit, die einen Kopf größer war als ich. Sie fixierte mich unbewegt. Ihre Lippen waren ungeschminkt und die Nasenlöcher dreieckig.

Handkontakt, rief Herr Lawin, und der Flügel schepperte, als wir loslegten.

Sie hieß Jutta und duftete nach Soir de Paris. Ich versuchte, Abstand zu halten, damit ich meine Füße sehen konnte; dabei übersah ich etwas und trat auf ihren linken Fuß. Sie stöhnte und quetschte meine Finger.

Pardon, sagte ich, ich habe X-Beine, daher der Unfall.

Sie lächelte sehr kurz und zeigte zwei schneeweiße Schneidezähne. Und niemand war in der Nähe, der sagte: Daphne, Sie führen wieder, wie der Millionär Osgood.

Ich mußte führen, und es war Arbeit. Man kann sich ja eigentlich bequem hinsetzen, die Hand des Objekts der Begierde halten, elegant stationär Tee oder Bier trinken, rauchen und ab und zu an der Kopfnote riechen, das wäre mein Geschmack. Aber den anderen ging es auch nicht viel besser. Wozu diese Tortur, wo doch alles im Sitzen auch ging.

Klöncke bewegte sich mit seinem Mädchen, als säge er Holz.

Troschütz hing seinen Schädel zwischen die Brüste der Dame, während er mit dem Unterleib mehr als schicklichen Abstand hielt.

Klöncke hatte seine Dame dadurch fixiert, daß er sein Kinn auf ihren Kopf preßte, jedenfalls immer dann, wenn er mit dem Zählen der Schritte aufhörte. Beim Vorbeirauschen hörte ich ihn murmeln: und links, zwei, verdammt, rechts, links zwei, pardon.

Hebestreit tanzte tatsächlich, und die Brünette mit der Schneckenfrisur hing vorschriftsmäßig in seinem Arm.

Die Zeit wollte nicht vergehen, weil ich den Rhythmus nicht begriff, entweder war ich zu schnell oder zu langsam.

Einen Kollegen sah ich, der mit einem großen Mädchen tanzte – er hielt sie wie eine Puppe in seinen langen Armen auf Abstand, zählte die Grundpositionen und beobachtete vorsichtig die Füße des Mädchens. Das war nicht besonders anmutig, aber als Methode brauchbar.

7

Endlich durfte man sich trennen. Die jungen Damen eilten auf die Toilette, vor der bald eine Schlange war; unsere Toilette war schon lange verstopft, d. h. auch hier bildete sich eine Schlange.

Zwei Schlangen, eine weibliche und eine männliche, begünstigten in dieser Situation ganz offensichtlich das Gespräch.

Troschütz war glücklich.

Mein Gott, sagte er, ist das anstrengend, worüber hast du mit deiner geplaudert?

Ich, fragte ich nervös, wieso geplaudert? Wenn du auf tausend Sachen gleichzeitig achten mußt, kann man nicht plaudern.

Meine heißt Gerda, sagte Troschütz, und ich glaube, sie ist es.

Wer, fragte ich.

Die Frau für die Zukunft, sagte Troschütz, ihre Oma hat vierzig Hühner in Wittenau.

Mensch, Troschütz, sagte ich baff, du hast doch nicht etwa über deine Hühner gesprochen ... mag sie denn Hühner?

Nee, nich direkt, sagte Troschütz betreten, aber wenn sie erst einmal in mich verknallt ist, ist das kein Problem.

Klöncke kam.

Ich muß 'ne andere suchen, sagte er. Ich hab meiner viermal auf den gleichen Fuß getreten oder sagt man denselben?

Welche hast du, fragte ich Vahlen, und – ging's halbwegs?

Hast du Konversation gemacht oder mußtest du gegen die Macht des Rhythmus kämpfen ...?

Es war eine Symphonie der Erotik, sagte Vahlen bescheiden, er habe nämlich eine rotbunte Mollige erwischt, die Sache sei technisch einfach, sie heiße Angela und habe gletscherblaue Augen und lese gerade Unmengen von Hesse, eine wahre Halde und man müsse nur den Trick heraushaben; bei jeder Frau, das stehe zu fürchten, immer einen anderen, aber dann könne man ganz gewiß ein zügelloses Triebleben führen, das jedem Libertin in der Literatur würdig sei.

Es war dies keine zusammenhängende Rede, denn er unterbrach sich häufig, zupfte an seinem Krawattenknoten, lutschte rasch ein mentholhaltiges Bonbon, und wenn er eine Hand in der rechten Tasche bewegte, mußte er sich unterbrechen.

Was für ein Trick das sei, fragte ich.

Oh, sagte Vahlen, es ist die Literatur, die Literatur habe doch eine gewisse Macht auf empfängliche Mädchen, ja sogar auf der zweifelhaften Grundlage von H. Hesse. Der Trick, sagte ich, wenn du überhaupt einen hattest.

Zuerst, sagte Vahlen, sagte ich, Hesse ist ein sehr überschätzter Schriftsteller, – und dann habe ich direkt in ihr linkes, sehr kleines Ohr mit einem silbernen Clip, lauter Pudel – Marvells Poem *To his coy Mistress* gesagt, und sie hörte zu, und ein erotisches Fluidum umgab uns, so daß ich mich gefahrlos an das süße Geschöpf klammern konnte, obwohl sie das gar nicht so gern haben, aber sie war derart betäubt von meiner Prononciation, daß sie es gar nicht merkte ... Tja, man darf sich dann einfach nicht von der Stelle bewegen.

Das ist doch kein Tanzen, sagte Hebestreit, der zugehört hatte, aber der Trick ist so übel nicht.

Wie war deine, fragten wir.

So lala, sagte Hebestreit, das Tanzvergnügen werde, wie Hesse, auch überschätzt und außerdem seien ihm die Mädchen zu jung.

Klöncke trat mit feuchtem Gesicht zu uns. Er hatte sich bis zum Waschbecken der Herrentoilette durchgeboxt und roch durchdringend nach Eau de Cologne.

Es sei eigentlich nichts dran, sagte Klöncke, wenn man nur die Füße und den Körper des Mädchens im Auge behalte, aber man käme dabei ins Schwitzen wie ein Schwein.

Hast du Konversation gemacht, fragten wir auch Klöncke.

Nee, sagte Klöncke, man kann nicht alles auf einmal. Entweder man tanzt oder man spricht. Ich schweige lieber. Apropos Genuß – meine roch ein bißchen nach Hackepeter mit Zwiebeln.

Dann ist es eine aus dem Internat, sagte Hebestreit, die jungen Herren bekommen 'ne Dosis Brom, um den Trieb zu dämpfen und die jungen Damen eine Portion Hackepeter mit Zwiebeln.

Dann ging ich auf die Toilette. Immer noch eine Schlange, aber schon leicht verflochten. Klönckes Dame wedelte sich mit einem Taschentüchlein Luft zu und sagte zu einer schönen Hochfrisur mit einem Schildpattkamm im Knoten gerade: Ich hatte einen Volltrottel, so einen kompakten. Der schwitzte wie 'ne Sau und preßte dauernd sein Kinn in meine Haare. Und von oben hörte ich seine Stimme... Mögen Sie John Wayne? Und dann sprach er über Western.

Meiner wollte wissen, wo man Präservative kriegt, sagte die Hochfrisur. Immerhin ein Thema, sagte Klönckes Dame, besser als der wahre Augenblick beim Duell und wie Glenn Ford mal einen Schafzüchter spielte. Nee, so was...

Klöncke hatte doch Konversation gemacht und sich so eisern an sein Lieblingsthema gehalten wie an seine Dame und die Kunst der Schritte.

Neben der Garderobe gab es gottlob eine Bar, wo ich ein Glas Eckes Edelkirsch trank und siehe – da saß schon Freund Troschütz, der an seiner Verführungsmethode feilte, diesmal an einem grazilen Mädchen mit braunen Augen, einer engen Bluse und armiert von einem sehr voluminösen Petticoat, der schon das rechte Knie von Troschütz bedeckte.

Geschützt hinter einem Glas mit Bonbons hörte ich Troschütz sagen: Wie alle Kephalopoden bedient sich auch das weißgestirnte Heupferdchen eines Spermatophors, und Sie heißen Margot?

Das Mädchen nippte mit gesenkten, überlangen Wimpern und hatte einen etwas glasigen Blick.

Wir gingen noch oft in das Institut Lawin, denn in der ersten Stunde kann man nicht alle Mädchen ausprobieren. Unsere Methoden wurden immer besser. Klöncke, wie ich, Sohn einer alleinerziehenden Witwe, variierte mit Vorsicht die Western-Themen, kaprizierte sich aber dann erfolgreich auf die Damen des Wilden Westens wie Calamity Jane oder Winchester-Poppy aus Kentucky.

Vahlen lernte Gedichte auswendig, in denen die Frauen komplett besungen wurden, inklusive der Blasons auf den weiblichen Körper, die er selbstverständlich auf französisch in die lieblichen Ohren sprach.

Hebestreit fiel ein paar Jahre später für derlei Vergnügungen aus, weil er eigentlich doch eher die Männer liebte, aber in denen wieder nur das weibliche Prinzip, was zu gewissen seelischen Verwicklungen führte. Dann verliebte er sich erfolgreich in eine androgyne Dame mit Boxerschultern, die ein Modegeschäft in der Bleibtreustraße betrieb.

Troschütz war allerdings mit seiner Methode am erfolgreichsten, war doch das Liebesleben in der Natur, vornehmlich der Fauna, ein ganz unerschöpfliches Thema voller Beispiele; mit seiner hübschen und sonoren, sanften, zu Herzen gehenden Stimme sprach er vor allem über die kannibalistischen Triebe bei den weiblichen Tieren, vor allem bei dem weißgestirnten Heupferdchen, das von der Gattin gefressen wird, nachdem der arme Gatte sein Spermatophor ausgestoßen hat, nach Troschütz' inniger Beschreibung ein opalisierender Schlauch von der Farbe und Größe einer Mistelbeere, und an dieser Stelle erschauerten die Mädchen jedesmal.

Ich als Sitzriese und Stehzwerg fand das Tanzen sehr angenehm, weil sie wirklich immer anders rochen und sich anfühlten, aber eine Karriere wie die des Eintänzers und Gigolos Kanopke aus den dreißiger Jahren kam nicht in Frage. Der war auch ein Zwerg, nicht viel größer als Napoleon, aber seine physische Geschmeidigkeit, seine akrobatische Kraft und seine Frechheit waren so groß, daß Kanopke alle Damen besinnungslos tanzte, bis sie schmolzen.

Auf dem Barhocker, fand ich, machte ich ein leidlich gutes

Bild. Wenn die Mädchen erschöpft und verschwitzt aus dem Ballsaal in die Toilette gingen und dann wieder zurück zur Beinarbeit strebten, blieb im Durchschnitt immer eine an der Bar hängen.

Ich rezitierte keine Gedichte, ich mußte keine auswendig lernen – ich schrieb eigenhändig welche. Und ich sog ihre Düfte ein und berauschte mich an ihren Farben, den Pearl-Gloss-Effekten auf ihren Lippen und dem zarten Schweißgeruch unter den Achseln, während sie ihren Eckes Edelkirsch oder ihren Eierlikör schlürften.

Tanzen, sagte ich zu den anderen, ist ganz schön wegen des Kontaktes; aber ein Kavalier muß sich nicht immer anstrengen, es geht auch ganz anders.

MONIKA MARON

Schillerpromenade 41

1

Seit ich beschlossen habe, dieses Buch zu schreiben, fragte ich
mich, warum jetzt, warum erst jetzt, warum jetzt noch. Die
Geschichte kenne ich, seit ich denken kann. Es ist die Geschichte meiner Großeltern, und ich hatte sie zu keiner Zeit
vergessen. Das erste Kapitel meines ersten Buches gehört ihnen, Pawel und Josefa. Josefa heißt auch die Heldin dieses Buches, und ihr Nachname ist die deutsche Übersetzung des Fa-
miliennamens meiner Großeltern: Nadler, auf polnisch Iglarz.

Warum habe ich überhaupt das Gefühl, erklären zu müssen,
daß ich diese Geschichte, an der wenig sicher ist, schreiben
will, jetzt noch, nachdem die Schicksale dieser halbvergesse-
nen Generation von der Verallgemeinerung längst aufgesogen
sind, selbst die ihrer Kinder.

Nachdem über Lebensläufe wie die von Pawel und Josefa
Iglarz wenig Neues zu sagen ist, schon gar nicht von jemandem, der ihnen aus sicherer Entfernung nachspürt. Zeitgenos-
sen und Leidensgenossen meiner Großeltern haben berichtet, – den Unglauben darüber, daß *das* geschehen konnte und
daß man *das* überleben konnte, noch in der Stimme.

Erinnerungen haben ihre Zeit. Es gibt zurückliegende Ereignisse, von denen wir nur ungenau erfahren und von denen
wir wissen, daß wir eines Tages ihrer in Ruhe gedenken und
sie genauer ergründen wollen. Irgendwann, denken wir, muß

ich das genau wissen. Es kann sein, daß Jahre, sogar Jahrzehnte vergehen, während derer uns immer wieder einfällt, daß wir uns eines Tages um diese eine Sache kümmern und uns an etwas oder an jemanden genau erinnern wollen. So, glaube ich, ist es mir mit der Geschichte meiner Großeltern ergangen.

Erinnern ist für das, was ich mit meinen Großeltern vorhatte, eigentlich das falsche Wort, denn in meinem Innern gab es kein versunkenes Wissen über sie, das ich hätte zutage fördern können. Ich kannte die Umrisse der Geschichte, der das Innenleben und erst recht meine innere Kenntnis fehlten. Das Wesen meiner Großeltern bestand für mich in ihrer Abwesenheit. Fest stand nur, daß es sie gegeben hatte. Sie hatten der Welt vier Kinder beschert, von denen drei noch lebten. Es gab Fotos und ein paar Briefe. Vor allem aber gab es ihren Tod, der sie immer mehr sein ließ als meine Großeltern. Sie waren der gute, der geheiligte Teil der furchtbaren Geschichte. Der konvertierte Jude und die konvertierte Katholikin, polnische Einwanderer in Berlin, deren Leben sonst vielleicht nur als mühsam und liebenswert überliefert worden wären, lebten in mir als der kleine, vorstellbare Ausschnitt der unvorstellbar grausamen Geschichte. Und sie vererbten mir mit ihrem Tod die Geborgenheit der Unschuld. Die Angst, von Mördern und Folterknechten abzustammen, blieb mir für meine Kinderjahre erspart. Ich weiß nicht, ob alle, oder wenigstens viele Kinder sich zuweilen wünschen, Nachkommen anderer Eltern zu sein, als sie nun einmal sind und nur um den Preis der eigenen Nicht-Existenz nicht sein müßten. Ich jedenfalls war von solcher Undankbarkeit in manchen kindlichen Krisenzeiten ganz erfüllt. Ich wollte anders sein, als meine Abstammung mir zugestand. Und weil die Fotografie meiner Großmutter, die schmal gerahmt in meinem Zimmer hing, sie allzu deutlich als die Mutter meiner Mutter auswies, fiel meine Wahl als einzigen Ahnen, von dem abzustammen ich bereit war, auf meinen Großvater. Daß er seiner Herkunft, nicht seinem Glauben nach, Jude war, spielte für meine Entscheidung keine Rolle. Ich glaube, ich wußte damals nicht mehr über Juden, als daß die Nazis sie ermordet hatten. Aber daß mein Großvater als Jude umgekommen war, daß er dem Leben etwas schuldig bleiben mußte, weil man ihn gehindert hatte, es zu Ende zu leben, und daß darum ich ihm etwas schuldete, mag für meine Wahl, wenn auch nicht so bewußt, den Ausschlag gegeben haben.

Vielleicht war es auch nur mein erster Versuch, dem eigenen Leben einen Sinn und ein Geheimnis zu erfinden.

Ich war nicht oft in Polen, auch nicht vor 1981, als die Bewohner der DDR dorthin noch reisen durften. Das Bedürfnis, meinen Großeltern näherzukommen, indem ich die Straßen nachging, die sie vielleicht auf ihrem Schulweg oder zum Einkauf mit ihren Eltern gegangen waren, oder die sie sich später in ihrem Elend, einmal dann zum letzten Mal, entlanggeschleppt hatten, stellte sich höchstens als vager Gedanke ein, der schon im Augenblick seines Entstehens in eine unbestimmte Zukunft verwiesen wurde; ich müßte einmal, eines Tages werde ich ...

Warum hatte das ungefähre »eines Tages« plötzlich ein Datum?

Im Sommer 1994 kam ein junges holländisches Fernsehteam nach Berlin und suchte Antwort auf die Frage: Wann werden die Deutschen endlich normal? Sie befragten verschiedene Menschen aus verschiedenen Berufsgruppen, unter anderen mich, und aus verschiedenen Generationen, so auch meine Mutter. Bei der Suche nach alten Fotos, um die das Fernsehteam gebeten hatte, stieß meine Mutter auf einen Karton mit Briefen, den sie elf Jahre zuvor aus dem Nachlaß ihrer Schwester geborgen und ungesichtet verwahrt hatte. Es waren Briefe meines Großvaters aus dem Getto und Briefe seiner Kinder an ihn, die in meiner Mutter nicht nur die vergrabene Trauer weckten, sondern sie auch in eine ratlose Verwirrung stürzten. Diese Briefe waren ihr unbekannt. Sie konnte sich nicht erinnern, sie je gelesen oder gar selbst geschrieben zu haben. Sie erfuhr Details, von denen sie, wie ihr schien, nie etwas gewußt hatte, und die sie dennoch gekannt haben mußte, denn es war unmöglich, daß sie die Briefe nicht gelesen hatte, so wie es unmöglich war, daß sie die in ihrer eigenen Handschrift nicht geschrieben hatte.

Meine Mutter nahm die Spur ihres Vergessens auf und suchte weiter in den alten Papieren, die offenbar zuverlässiger waren als ihre Erinnerung, und fand einen Briefwechsel, geführt zwischen ihr und einer deutschen Behörde, in dem die damals vierundzwanzigjährige Helene Iglarz gegen ihre drohende Ausweisung nach Polen kämpfte.

Kannst du dir vorstellen, warum ich nichts, aber auch gar nichts mehr davon weiß? Meine Mutter Hella saß auf dem Sofa mir gegenüber, klein, aber, wie sie immer beteuert, entschieden größer als ihre Mutter, zwanzig Jahre älter, als diese geworden war, und sah aus, als hätte sie sich am liebsten den Schädel geöffnet, um in ihrem Hirn nach dem verlorenen Wissen zu suchen.

Unsere Fähigkeit zu vergessen empfinden wir oft nur als die Unfähigkeit, uns zu erinnern. Das Vergessen steht unter Verdacht, dem Bösen und Schlechten in uns dienstbar zu sein. Vergessen bedeutet Schuld oder körperliches Versagen. Die Willkür, mit der etwas über unser Wollen hinweg entscheidet, ob eine Erinnerung in uns auffindbar oder in den Kellern unseres Gedächtnisses für eine Zeit oder sogar für immer verschlossen bleibt, erscheint uns unergründlich und ist darum unheimlich. Als meine Mutter sich an einen Briefwechsel, in dem es um ihr Leben ging, nicht erinnern konnte, war das Vergessen in der öffentlichen Meinung gerade zu einem Synonym für Verdrängung und Lüge geschrumpft. Aber das Vergessen meiner Mutter war unschuldig, jedenfalls mußte es in den Augen der Welt dafür gelten. Trotzdem empfand meine Mutter es als schuldhaft, wenigstens als unzulässig. Damals beschlossen wir, nach Ostrow-Mazowiecka zu fahren, wo mein Vater geboren wurde.

Kurz zuvor hatte mir eine Zeitung vorgeschlagen, an einen beliebigen, nur von mir zu bestimmenden Ort auf der Erde, den ich schon immer einmal habe sehen wollen, zu fahren oder zu fliegen und darüber zu schreiben. Das Reisen an sich ist keine Sehnsucht von mir. Am liebsten reise ich dorthin, wo ich Freunde und Bekannte habe und weiß, wo im Supermarkt die Milch steht. Mir fiel keine Stadt zwischen Nord- und Südpol ein, die eine würdige Antwort auf das großzügige Angebot gewesen wäre. Aber langsam dämmerte das alte Versprechen auf, das ich mir oder meinen toten Großeltern immer wieder einmal gegeben hatte: nach Kurow bei Łódź und nach Ostrow-Mazowiecka zu fahren, um dort nichts Bestimmtes zu finden, nur hinzufahren, mir vorzustellen, wie sie dort gelebt hatten und den Faden zu suchen, der mein Leben mit dem ihren verbindet.

Zwei Wege führten zur gleichen Zeit an denselben Ort, nachdem jahrzehntelang alle Wege an ihm vorbeigeführt und ihn höchstens für Minuten am Horizont hatten aufscheinen lassen.

Erinnerungen haben ihre Zeit. Um als Ort meines tiefsten Interesses ein kleines Kaff in Polen nördlich von Warschau zu benennen, mußte ich in New York, London, Rom und Paris gewesen sein. Ich mußte aufgehört haben, meine Eltern zu bekämpfen, um mich über das Maß der eigenen Legitimation hinaus für meine Großeltern und ihre Geschichte wirklich zu interessieren.

So ließe sich, wenn man sich der Sucht nach kausaler Eindeutigkeit überhaupt beugen will, erklären, warum ich dieses Buch erst jetzt schreibe.

Ich neige dazu, den Zufällen und spontanen Entscheidungen der Vergangenheit zu unterstellen, sie seien insgeheim schon immer einem sich viel später offenbarenden Sinn gefolgt, und ich befürchte, es könnte ebenso umgekehrt sein: weil man das Chaos der Vergangenheit nicht erträgt, korrigiert man es ins Sinnhafte, indem man ihm nachträglich ein Ziel schafft, wie jemand, der versehentlich eine Straße ins Leere gepflastert hat und erst dann, weil es die Straße nun einmal gibt, an ihr beliebiges Ende ein Haus baut.

2

Mein Großvater wurde 1879 geboren. Ein Schriftstück, das dieses Ereignis belegt, fand sich unter den Papieren meiner Mutter.

Amtlicher Auszug
Der Standesbeamte für nichtchristliche Bekenntnisse der Stadt Ostrow-Mazowiecki der Wojewodschaft Bialystok der Republik Polen bestätigt hiermit, daß in dem Buch der Unikate für das Jahr 1886 befindet sich eine folgenden Inhalts
Geburtsurkunde
N.109 Stadt Ostrow. Es ist geschehen in der Stadt Ostrow am neunten (einundzwanzigsten) September im Jahre achtzehnhundert sechs und achtzig um acht Uhr morgens. Es ist erschienen Juda Lejb Sendrowitsch Iglarz, ein Schneidermeister, vierundvierzig Jahre alt, wohnhaft in der Stadt Ostrow und in der Gegenwart des Zeugen Leisor Schkolniks zweiundfünfzig Jahre alt und Chazek Berenholzens sechsundvier-

zig Jahre alt beide wohnhaft in der Stadt Ostrow, stellte ein
Kind männlichen Geschlechts vor, wobei er erklärte, daß es in
der Stadt Ostrow am dritten (fünfzehnten) Januar achtzehn-
hundert neunundsiebzig um neun Uhr abends von seiner Frau
Etke geborener List zweiundvierzig Jahre alt geboren ist, wel-
chem der Name Schloma gegeben ist. Die Versäumung des
Termins dieser Anzeige dieses Akts war nicht gerechtfertigt.
Dieser Akt ist den Anwesenden vorgelesen worden, von uns
und den Zeugen unterschrieben. Der Anzeigende kann weder
lesen noch schreiben. Leisor Schkolnik, Chazek Berenholz,
Beamte des Bürgerlichen Standes, der Bürgermeister, ein ver-
abschiedeter Rittmeister (Unterschrift unleserlich). Die Über-
einstimmung dieses Auszugs mit dem Original bestätige ich
amtlich. –

Ostrow-Mazowiecki, den 20. Februar
Der Standesbeamte
Bürgermeister in Ostrow-Mazowiecki
(Unterschrift unleserlich)

Das Schriftstück liegt in russischer Sprache und in der deutschen Übersetzung eines Poznaner Pastors vor. In der russischen Fassung heißt das Kind männlichen Geschlechts
Schljama, in der deutschen Schloma. Diese Urkunde, die an-
mutet wie eine Nachricht, nicht nur aus einem anderen Jahrhundert, sondern aus einer anderen Welt, in der man Juda
Lejb Sendrowitsch hieß, nicht lesen und nicht schreiben
konnte und die Geburt eines Kindes der Behörde mit sie-
benjähriger Verspätung bekanntgab, hat Hella im Jahr 1939
beantragt, als sie und ihr Freund Walter, der später mein Vater wurde, heiraten wollten. Sie muß sie damals also gelesen
haben. Aber daß ihr Vater Pawel, der sich auch Paul nannte,
als Schljama oder Schloma geboren wurde, ist ihr so neu, als
hätte sie es nie gewußt.

Ich weiß gar nicht, was das für eine Zeit war damals, sagt sie, wahrscheinlich war man immerzu so getrieben von einer Sache zur nächsten und hat sich alles, was damit nichts zu tun hatte, einfach nicht gemerkt.

Die Abschrift der Urkunde stammt vom 20. Februar 1939. Hella war damals dreiundzwanzig Jahre alt. Ihren Vater hatten die Deutschen drei Monate vorher, im November 1938, wie alle polnischen Juden des Landes verwiesen. Seitdem kampierten sie in Eisenbahnwaggons, Zelten und ähnlichen Notunterkünften, weil die polnische Regierung den polnischen Juden die Einreise in ihr Land verweigerte. Hella und Walter beschlossen zu heiraten. In Hellas Unterlagen finden sich Geburts- und Heiratsurkunden von Vater und Vatersvater, von Mutter und Muttersmutter, alle beschafft und übersetzt, um die schützende Ehe mit einem Arier zu schließen, was nicht gelang. Gleichzeitig versuchte sie, die deutschen Behörden davon zu überzeugen, daß ihr Vater, der als junger Mann zu den Baptisten konvertiert war, kein Jude war, was auch nicht gelang.

Ob die Geburtsurkunde meinen Großvater als einen geborenen Schljama, Schloma oder Pawel auswies, ob man seine Geburt rechtzeitig oder zu spät vermeldet hatte, war, da sie ihm keine christliche Herkunft bescheinigen konnte, für seine Lebensrettung und die seiner Familie ganz und gar unwichtig.

Aber vielleicht hat der jüdische Name ihres Vaters Hella auch erschreckt, weil sie in der Geburtsurkunde zum ersten Mal von ihm erfuhr und weil ihre Hoffnung, sein früher Übertritt zum Christentum könne ihren Vater retten, durch diesen eindeutigen und verhängnisvollen Namen Schloma zerstob, weil ein Paul oder sogar ein Pawel Iglarz vielleicht noch eine Chance gehabt hätte, ein Schloma aber nicht, wie man der Tochter eines Paul vielleicht eine Heirat gestattet hätte, der Tochter von Schloma aber nicht. Das kann der dreiundzwanzigjährigen Hella sekundenschnell durch den Kopf gejagt sein, und sie mag gewünscht haben, diesen Namen tilgen und einen anderen dafür einsetzen zu dürfen. Und weil das nicht möglich war, hat sie ihn in ihrem eigenen Kopf getilgt. Vielleicht hat sie aber auch nur einen schnellen Blick auf Datum, Stempel und Unterschriften geworfen, hat geprüft, ob die Urkunde alles enthielt, was die Behörde forderte, hat das Papier in die Mappe zu den übrigen Papieren gelegt und abgezählt, was ihr für die Heiratsgenehmigung noch fehlte. Ihr Vater war Jude, ob er nun Schloma oder Pawel hieß, ob er den Glauben gewechselt hatte oder nicht. Für sie blieb er, der er ihr ganzes Leben gewesen war, Pawel Iglarz, der sich Paul nannte.

Hätte Hella nicht ein ungewöhnlich gutes Gedächtnis, so gut, daß sie in meinen Augen manchmal in den Verdacht gerät, nachtragend zu sein, ließen sich ihre Erinnerungslücken durch die überlagernde Zeit und Hellas Alter erklären. So aber stehen sie als ein Erklärung verlangendes Warum über den Jahren ab 1939. Denn Hella behauptet, sich bis dahin genau erinnern zu können. 1937 ist ihr Bruder Bruno zweiunddreißigjährig an den Folgen einer Gallenoperation gestorben, 1937 lernte sie Walter kennen und hatte ihre erste Abtreibung bei einem jüdischen Arzt, der drei Jahre später, als ich nicht geboren werden sollte, nicht mehr auffindbar war. Und an alles, sagt Hella, könne sie sich genau erinnern. Aber glaubte sie nicht auch, sich an das Jahr 39 genau zu erinnern, bis sie die Briefe fand? Ihre Geschwister sind tot. Es ist niemand mehr da, der ihr durch die eigenen Geschichten oder auch nur durch die eigene Existenz helfen könnte, den Weg des Vergessens zurückzugehen. Wir können uns erklären, warum wir uns an etwas erinnern, aber nicht, warum wir vergessen, weil wir nicht wissen können, was wir vergessen haben, eben weil wir vergessen haben, was uns zugestoßen ist.

3

Das Bild, das ich mir von meinem Großvater mache, ist schwarzweiß wie die Fotografien, von denen ich sie kenne. Selbst wenn ich mich anstrenge und versuche, mir meine Großmutter und meinen Großvater als durchblutete farbige Menschen mit einer Gesichts-, Augen- und Haarfarbe vorzustellen, gelingt es mir nicht, die farbigen Bilder zu fixieren. Immer schieben sich in Sekunden die schwarzweißen Fotogesichter über die farbigen Fragmente. Wenn Hella von den Abenden in der elterlichen Wohnküche erzählt, sehe ich meine Großeltern schwarzweiß zwischen ihren farbigen Kindern sitzen. Nur Bruno, den ich auch nur von Fotos kenne, ist ebenso schwarzweiß. Ich weiß nicht, warum ich geglaubt habe, mein Großvater habe rötliches Haar gehabt; vielleicht wegen einiger braunstichiger Fotos, die in einem Atelier und nicht von Paul aufgenommen waren. Oder weil Marta, Hellas sechs Jahre ältere Schwester rothaarig war, weshalb sie manchmal auch »die Reute« genannt wurde, und weil ich gehört hatte, es gebe in fast jeder jüdischen Familie einen Rothaarigen. Hella sagt, ihr Vater sei dunkelhaarig gewesen, ob schwarz könne sie gar nicht genau sagen, vielleicht einen kleinen rötlichen Schimmer darin, aber nur einen Schimmer.

4

Einen Tag vor ihrem Tod, am 10. Juni 1942, schrieb meine Großmutter ihrem Mann diesen Brief:

Mein lieber Mann!
Ich habe Deine Karte erhalten, für die ich Dir herzlichst

danke. Du fragst mich, was der Arzt gesagt hat? Er sagte mir, daß ich einen angeschwollenen Magen habe; das weiß ich alleine, daß dies der Fall ist. Lieber Mann! Ich teile Dir weiter mit, daß ich mich sehr schwach fühle und sehr elend bin, mit einem Wort, es steht schlecht mit mir.

Von den Kindern habe ich am Montag, dem 8. einen Brief bekommen und am 9. 6. RM 50,–.

Du bittest mich um die Schnitte. Paul hat mir diese nicht geschickt, darum schreibe Du an ihn, daß er Dir diese direkt zuschickt. Du weißt ja, daß ich mich damit nicht mehr quälen kann, weil ich mich mit mir selbst genug herumquäle.

Schreibe bitte an die Kinder, daß mein Magen geschwollen ist und seit den Feiertagen sogar mein Leib und daß meine Krankheit sich sehr verschlechtert hat.

Mein lieber Mann. Die Kinder fragen mich, ob ich das Paket und das Geld schon erhalten habe. Schreibe Du ihnen, daß ich alles im vergangenen Monat erhielt.

Nun bitte ich Dich sehr, ob Du Dich nicht bemühen könntest, einmal herzukommen, vielleicht würde man es Dir doch erlauben. Ich möchte mich so gern noch einmal mit Dir sehen; es wird sicherlich schon das letzte Mal sein. Vielleicht läßt man Dich doch zu mir, denn ich möchte Dich wirklich noch einmal sehen.

Ich sende Dir herzliche Grüße – bleibe gesund – bis zum Wiedersehen verbleibe ich

Deine Frau

Meine Großmutter war Analphabetin. Sie muß den Brief diktiert haben, und es ist unwahrscheinlich, daß sie ihn in deutscher und nicht in polnischer Sprache diktiert hat. In Hellas Papieren ist er deutsch und mit der Schreibmaschine geschrieben. Hella weiß nicht, ob sie ihn damals so bekommen hat, oder ob sie ihn hat übersetzen lassen und später mit der Maschine selbst abgeschrieben hat. Sie nimmt an, daß der Brief nicht mehr abgeschickt wurde, sondern daß er Josefas Kindern, als sie zur Beerdigung nach Kurow kamen, mit der übrigen Hinterlassenschaft übergeben wurde. Mein Großvater durfte an der Beerdigung seiner Frau nicht teilnehmen. Er telegrafierte seinen Kindern, sie mögen ihn auf keinen Fall im etwa dreißig Kilometer entfernten Getto Belchatow besuchen.

Vielleicht wollte er nicht, daß wir ihn so sehen, sagte Hella, vielleicht hatte er auch Angst, daß sie uns gleich dabehalten. Wir sind nicht hingefahren.

5

Im Sommer 1939, nach neun Monaten im Niemandsland, kehrte mein Großvater für zwei Wochen nach Berlin zurück. Um seine Angelegenheiten zu regeln, hieß es. Meine Großmutter wurde vor die Wahl gestellt, sich von ihrem Mann scheiden zu lassen oder mit ihm ausgewiesen zu werden. Sie zogen gemeinsam in Josefas Geburtsort, nach Kurow, Kreis Lask, in der Nähe von Łódź, wo fast alle Einwohner hießen wie meine Großmutter vor ihrer Heirat: Przybylski. Drei Jahre wohnten sie bei Josefas älterer Schwester Jadwiga, bis mein Großvater im Frühjahr 1942 zur Klärung eines Sachverhalts in das Getto Belchatow bestellt wurde und nicht mehr zurückkehrte. Der Denunziant soll, wie eine Verwandte uns viel später erzählte, ein versoffener Mensch gewesen sein, ein zugezogener Städter.

Jadwigas Haus bestand aus einem einzigen kleinen Raum, Küche und Zimmer in einem. Sie muß darin auch gekocht haben, sagt Hella, obwohl sie sich nicht mehr vorstellen könne, wie und wo. Ihre tote Mutter lag in einer Ecke auf Stroh, das man auf den blanken Lehmboden geschüttet hatte; so klein, sagt Hella, sie war so klein.

Auf dem Foto, das in meinem Zimmer hing, ist meine Großmutter nicht älter, als ich jetzt bin, vielleicht sogar einige Jahre jünger. Sie sieht aus wie eine richtige Großmutter, oder besser: wie meine Generation meint, daß eine richtige Großmutter aussieht: runde kräftige Arme, die sie gerade in eine Spülschüssel taucht, eine gestreifte Schürze über einer dicken Wolljacke, wahrscheinlich war es kalt in der Küche, der Bauch, die Hüften rund und weich; das dunkle Haar zu einem schweren Dutt gesteckt, wenn sie ihn öffnete, fiel der Zopf ihr bis in die Kniekehlen, sagt Hella. Ich bin sicher, daß meine Großmutter sich niemals die Haare gefärbt hätte wie Hella und ich. Sie hat auch nicht geraucht und Alkohol getrunken. Um den Zopf habe ich meine Großmutter beneidet; auch meine Mutter und meine Tante Maria habe ich um die Zöpfe beneidet, die sie als Kinder trugen durften, sie sagten: tragen mußten. Natürlich hat Hella mir nicht verboten, das Haar wachsen zu lassen, aber sobald es auch nur so lang war, daß es rechts und links über meinen Ohren mittels Zopfspangen zu kleinen Pinseln gerafft werden konnte, setzte sie das ganze mütterliche Folterinstrumentarium von Bitte, Spott und Drangsal ein, bis ich meine Sehnsucht nach den Zöpfen aufgab und ihr gestattete, die Haare abzuschneiden, um danach zu weinen. Hella hatte sich mit vierzehn Jahren ihren Bubikopf erkämpft und meinen auch. Zöpfe an ihrer eigenen Tochter hätte sie nicht ertragen können. Meine Großeltern reisten in den vierunddreißig Jahren zwischen ihrer Einwanderung und ihrer Ausweisung ein einziges Mal nach Polen. Mein Großvater, der, wie Hella sagt, immer Sinn fürs Neue hatte, steckte seiner Tochter kurz vor der Reise Geld für den Friseur zu. Und meine Großmutter rief bei der Rückkehr in ihrem gebrochenen Deutsch: Jerre eine du, was soviel heißt wie: du Göre, du!

6

Um mir das alltägliche Leben meiner Großeltern vorstellen zu können, muß ich vergessen, wie sie gestorben sind. Ich muß mir einreden, sie seien gestorben, wie Menschen eben sterben, an Krankheit, Alter oder durch einen Unfall, zwar zu früh, als daß ich sie hätte kennenlernen können, aber an einem Tod, der im Leben vorgesehen ist. Im Schatten ihres wirklichen Todes hat kein Detail Bestand, es wird banal oder mystisch. Daß mein Großvater ängstlich war und ungern allein in den Keller ging, mag seinen Kindern noch Anlaß für vorlaute Späße gegeben haben. Aber sein Tod, in dem seine Angst die schlimmste Erfüllung gefunden hat, deutet Ereignisse und Eigenschaften um. Wie unsinnig seine Angst vor dem Keller vielleicht auch war, nachträglich ist es mir unmöglich, ihr nicht eine Ahnung zu unterstellen, in ihr nicht das Erbe ewiger jüdischer Erfahrung zu sehen. Aber mein Großvater kannte den Tod, der ihn erwartete, nicht; und er hat – dafür spricht alles, was ich über ihn weiß – gern gelebt.

7

Hella sagt, sie habe eine schöne Kindheit gehabt, eine sehr schöne Kindheit sogar. Ich habe sie um diese Kindheit immer beneidet. Die wichtigste Kulisse für Hellas Kindheit ist in meiner Phantasie die große Küche der elterlichen Wohnung. 1907 waren meine Großeltern mit ihren Söhnen Bruno und Paul als erste Mieter in das Haus Schillerpromenade 41 eingezogen. 1910 wurde Marta geboren, 1915 Hella, 1941 ich, aber da war Bruno schon gestorben, Paul ausgezogen, und meine Großeltern lebten schon in Kurow. 1947 zogen

Marta, Hella und ich aus, ein paar Häuser weiter in der gleichen Straße.

Erst jetzt fällt mir auf, daß es für ein Stadtkind ungewöhnlich ist, im selben Haus aufzuwachsen wie die eigene Mutter. Vielleicht sind mir Martas und Hellas Erzählungen auch darum so lebendig und einprägsam gewesen, weil ich immer genau wußte, wie die Ecken, Höfe, Treppenhäuser und Kellerräume, von denen berichtet wurde, aussahen, wie es darin roch und wie die Geräusche zwischen den Fenstern rund um den Hinterhof hin- und herflogen.

In der Küche meiner Großeltern standen ein rechteckiger, ausziehbarer Eßzimmertisch, eine Schneiderplatte, die Nähmaschine, manchmal, wenn meine Großmutter beim Nähen half, sogar eine zweite, außerdem natürlich der Herd, ein Geschirrschrank und was sonst in eine Küche gehört. Die Wohnung hatte zwei Zimmer, eine Innentoilette, kein Bad. Vom Leben in den Zimmern habe ich keine Vorstellung, in den Zimmern standen die Betten. Hellas Geschichten spielen alle in der Küche.

Mein Großvater stand jeden Morgen als erster auf und servierte jedem seiner Kinder ein Frühstück; für Bruno Tee, Kaffee für Marta, Milch für Hella, Kakao für Paul. Auch als seine Kinder erwachsen, sogar wenn sie arbeitslos waren und er selbst Arbeit hatte, kochte mein Großvater ihnen, sofern sie früh genug aufstanden, ihre Getränke und das, wie Hella beteuert, nicht nur an den Sonntagen, sondern wirklich an jedem Tag. Ob der Kakao nicht zu teuer war, frage ich. Hella weiß es nicht, nur daß es Kakao gab, sie glaubt für Paul.

Wenn ich jemandem von meinem Großvater erzähle, erwähne ich die vier Getränke am Morgen fast immer. Diese Szene aus dem Leben meiner Mutter gehört seit jeher zu meiner Vorstellung von Glück.

Am schönsten, sagt Hella, war es in der Küche an den Abenden, wenn Tee gekocht wurde. Jeder durfte mitbringen, wen er wollte, ohne vorher zu fragen, Bruno und Paul ihre kommunistischen Freunde, Hella und Marta ihre Freundinnen. In der Küche wurde getanzt, geturnt und über Gott und die Welt geredet, wobei meine fromme Großmutter auf Gott nichts kommen ließ.

Meine Großeltern waren Polen in Deutschland, Baptisten katholischer oder jüdischer Herkunft, sie waren tief religiös und von entschiedener Toleranz. Sie sind unabhängig voneinander sehr jung konvertiert und haben sich in der Baptistengemeinde von Łódź kennengelernt.

Was hat ein des Lesens und Schreibens unkundiges Mädchen vom Lande bewogen, sich seiner streng katholischen Erziehung zu widersetzen und den Glauben zu wechseln? Warum hat Schloma Iglarz, ein junger Schneider aus einem Kaff im östlichen Polen, sich lieber von seiner jüdischen Familie verstoßen lassen, als Jude zu bleiben?

Hella kann sich nicht erinnern, daß je darüber gesprochen wurde. Es habe auch niemand danach gefragt, weder ihre älteren Brüder noch sie selbst. Überhaupt habe der Vater niemals von seiner Familie und seinem Geburtsort gesprochen, aber das sei ihr erst viel später aufgefallen, als sie ihn nicht mehr fragen konnte.

An die Ostrower Zeit meines Großvaters erinnert nur ein Foto. Mein Urgroßvater Juda Lejb Sendrowitsch Iglarz sitzt in dem Fotoatelier von D. Mostowitsch vor einer gemalten Kulisse, einem schweren gerafften Vorhang, auf einem Stuhl aus Bambusrohr; auf dem Bild rechts neben ihm ein kleiner Tisch, darauf ein offenes Buch. Auf dem Buch die Hand meines Urgroßvaters, die vier Finger leicht angewinkelt und dicht beieinander, als hielten sie die Zeile fest, bei der er seine Lektüre für dieses Foto unterbrochen hat. Aber Juda Lejb Sendrowitsch Iglarz konnte nicht lesen, wie die Geburtsurkunde meines Großvaters amtlich bescheinigt. Wenn ich einem Mann mit dem Gesicht meines Urgroßvaters heute begegnete, würde ich ihn wahrscheinlich für einen Bibliothekar halten oder für einen Apotheker, vielleicht auch für einen Künstler, jedenfalls nicht für einen Analphabeten. Er hat einen schwarzen Kaftan an und Stiefel, deren Schäfte sich in weichen Falten zusammenschieben. Sein Bart und die Schläfenlocken sind fast weiß. Auf dem Kopf trägt er ein Barett. Der Mann auf dem Bild hat mir immer Respekt eingeflößt. Er wirkt klug und schön und streng. Er sieht aus, als wüßte er genau, wie er aussehen will, die Augen gerade und ernsthaft auf den Betrachter gerichtet, ein würdiger Mann, der seinen Platz in der Welt kennt. Sooft ich das Gesicht meines Urgroßvaters betrachtet habe, glaubte ich, ein sehr feines Lächeln darin zu finden. Erst seit ich ernsthaft darüber nachdenke, warum mein Großvater seinen Glauben und damit seine Familie verlassen hat, bin ich unsicher, ob das Lächeln nicht eine Täuschung ist. Selbst wenn ich eine Lupe zu Hilfe nehme, kann ich es nicht entscheiden. Manchmal lächelt er, und manchmal lächelt er nicht. Wenn er nicht lächelt, kann ich mir vorstellen, daß er unerbittlich ist, daß sein Ernst und seine Würde von einer Gewißheit herrühren, die ihm als unantastbar galt.

Ostrow-Mazowiecka liegt ungefähr hundert Kilometer nordöstlich von Warschau, ein ödes Städtchen mit 13000 Einwohnern. Von den 6000 Menschen, die um die Jahrhundertwende in dem Ort lebten, waren mehr als die Hälfte Juden, die meisten von ihnen kleine Händler und Handwerker. Die Ostrower Schneider, zu denen mein Urgroßvater gehörte, sollen sogar den Warschauer Uniformschneidern Konkurrenz gemacht haben. Mehr Glanz als dieser ist von Ostrow-Mazowiecka, das nach der polnischen Teilung erst unter preußische, dann unter russische Herrschaft gefallen war, wohl nie ausgegangen. Fotos aus einem Buch in hebräischer Schrift bezeugen ehrbares Kleinstadtleben: eine Schulabgängerklasse, eine Fußballmannschaft aus dem Jahr 1926, zwei mehrsprachige Zeitungen, »Ostrower Leben« und »Ostrower Tribüne«, die Familie Lichtensztejn vor ihrer Eisenhandlung, dürftige Holzhäuser und vereinzelte Bürgervillen. Heute leben in Ostrow keine Juden mehr. Als wir, Hella, mein Sohn Jonas und ich, im Sommer 1996 dort nach Spuren der Familie Iglarz suchten, kam es uns vor, als hätten wir einen trostlosen Ort nie gesehen.

Hella glaubt, ihr Vater sei zwanzig gewesen oder einundzwanzig, vielleicht auch erst neunzehn, als er Ostrow verlassen hat, also in den Jahren zwischen 1898 und 1900. Sie weiß nicht, ob er im Streit aufgebrochen ist, oder ob er einfach, wie viele Söhne armer Handwerker, in der Stadt sein Glück suchen wollte, wenigstens sein Auskommen. Ich nehme an, daß er Ostrow gern verlassen hat. Auf einem Foto aus dem Atelier Wereschtschagin in Łódź blickt ein sehr junger zarter Mann mit flaumigem Bart auf einen imaginären Punkt links neben der Kamera, als erwarte er etwas aus der Richtung, in die er schaut. Ein bißchen verträumt wirkt der junge Mann und sehr gefaßt. Am Revers seines dunklen Jacketts steckt eine kleine weiße Blume.

Damals muß er meine Großmutter schon gekannt haben, denn von ihr gibt es, ebenfalls aus dem Atelier Wereschtschagin, eine ebensolche, auf feste Pappe gezogene Fotografie. Wahrscheinlich haben sie sich eines Tages beide ihre Festtagskleider angezogen, sind gemeinsam zu Wereschtschagin gegangen und haben sich für einander fotografieren lassen. Die Bilder wirken kostbar, Einzelstücke wie Miniaturgemälde; aber Jonas, mein Sohn, der Fotograf, sagt, seit 1888 habe es die Kodak-Box gegeben, und die Fotografie sei um die Jahrhundertwende ihrer Kostbarkeit schon beraubt gewesen. Trotzdem suggerieren die Bilder meiner Großeltern dem Betrachter das Gefühl, etwas Gültiges, nicht Austauschbares zu sehen, was allein schon durch den Ernst der Abgebildeten hervorgerufen wird. Das ist ihr einziges, jeder Beliebigkeit entzogenes Gesicht. So wollten sie vom anderen gesehen werden, so und nicht anders.

Josefa und Pawel haben sich, als sie den Glauben ihrer Vorfahren ablegten, für eine freie Religion entschieden. Baptisten wählen ihren Glauben als Erwachsene, die Gemeinden sind autonom und kennen keine Hierarchie der Ämter. Jeder Gläubige ist berechtigt, die Bibel auszulegen. Ich nehme an, daß Josefa und Pawel unter der orthodoxen Religiosität ihrer Elternhäuser gelitten haben. Die Ausgrenzung der Ostjuden durch Russen, Polen und Deutsche beantworteten die Juden mit der strengen Abgrenzung gegen die nichtjüdische Welt. Und die bäuerliche Prägung des Katholizismus traf Josefa, die mit vier Jahren ihre Mutter verloren hatte, vermutlich mit der ganzen unbeholfenen väterlichen Strenge. Einen Glauben oder eine Weltanschauung abzulegen, in der man erzogen wurde, verlangt mehr als ein gewisses Maß an Mut und Charakterstärke; es erfordert eine andauernde intellektuelle und emotionale Anstrengung, denn den Relikten seiner Erziehung begegnet der Mensch, der sich einer solchen Umwandlung unterzieht, noch nach Jahren und Jahrzehnten. Bis in die kleinsten Verzweigungen seines Gedächtnisses finden sich immer wieder frühe Einübungen des Lebens und Denkens, die sich der Überprüfung bis dahin entzogen und darum als gültig fortgelebt haben. Wenn diese Metamorphose zudem den vorhersehbaren Bruch mit allem, was das bisherige Leben ausgemacht hat, bedeutet, mit Eltern, Geschwistern, Freunden und Verwandten, mit der geographischen und der kulturellen Heimat, und wenn sich ein gerade erwachsener Mensch trotzdem dazu entschließt, muß ihm die Welt, mit der er bricht – und ich sage das aus Erfahrung – etwas angetan haben. Ich selbst war fast vierzig, als ich es aufgegeben habe, die Vermeidung des endgültigen Bruchs zum heimlichen Kriterium meiner Entscheidungen zu machen.

Als Pawel und Josefa sich 1905 entschlossen, nach Deutschland auszuwandern, ließen sie wenig zurück. Ihre Familien hatten sich von ihnen losgesagt, und Łódź, wo Josefa als Dienstmädchen arbeitete und Pawel sich als Schneider durchschlug, war neben Warschau der Ort größter sozialer Not und heftiger politischer Unruhen.

Wie heute war Berlin auch damals die erste Stadt in westlicher Richtung, mit der sich Überlebensträume verbinden ließen. Heute würde man meine Großeltern als Wirtschaftsflüchtlinge bezeichnen. Die religiöse Toleranz, deren sich Preußen seit Friedrichs des Großen Versprechen, es möge ein jeder selig werden nach seiner Fasson, rühmen durfte, mag für ihre Wahl eine Rolle gespielt haben, den Ausschlag aber gab die Hoffnung, diese Millionenstadt hielte auch für sie einen bescheidenen Platz zum Überleben bereit.

8

Das Fensterbrett in der Küche war so breit, daß meine Großeltern, wenn sie nähten, darauf sitzen konnten, jeder in einer Ecke. Sie saßen im Fenster, nähten Jackenfutter ein oder hefteten Säume und sprachen miteinander. Eines Tages wurde Hella von einer Nachbarin gefragt, was ihre Eltern sich denn nur immerfort zu erzählen hätten. Offenbar hatte sie die beiden seit fast zwanzig Jahren im Fenster sitzen sehen und konnte in ihrem eigenen Leben keine Erklärung für diese Redseligkeit finden.

Und was haben sie sich denn erzählt, fragte ich Hella.

Ja, was werden sie sich erzählt haben, sagt sie, über uns Kinder werden sie sich unterhalten haben und über Politik, sicher auch übers Geld, wir hatten ja nie welches.

Haben sie deutsch oder polnisch miteinander gesprochen? Wenn sie allein waren, bestimmt polnisch.

Also, mein Großvater und meine Großmutter sitzen auf dem Fensterbrett in der Küche ihrer Neuköllner Wohnung. Juschu, sagt mein Großvater, das ist die polnische Koseform für Josefa, Juschu, sagt er. Und was weiter? Ich weiß nicht, wie seine Stimme klingt, ich weiß nicht, wie er aussieht, wenn er lacht, weil es kein Foto gibt, auf dem er lacht. Ich kenne nichts von dem Leben, das ich mir vorstellen will, weder die Armut noch die Enge, noch die Frömmigkeit. Meine Großmutter hat bis zum Ende gebrochen Deutsch gesprochen und nicht mehr schreiben können als den eigenen Namen. Und Hella erinnert sich an einen Tag, an dem ihre Mutter ihr das Frühstück in die Schule brachte, weil sie erst Garn für Brot hatte tauschen müssen.

Juschu, sagt mein Großvater, gibst du mir bitte mal die Schere?

9

Die Schillerpromenade ist eine anheimelnde Straße mit ihrer breiten Grünanlage zwischen den Häuserreihen und der Genezarethkirche am Herrfurthplatz, auf dem sich die Herrfurthstraße und die Schillerpromenade kreuzen. Jedesmal wenn ich hier bin, streiten die Bilder in meinem Kopf miteinander. In meiner Erinnerung sind die Häuser höher, die Straßen breiter, die Wege länger; die Bilder der Kindheit drängen sich unbelehrbar durch das, was ich sehe, und sobald ich die Gegend verlassen habe, gelten wieder nur sie. Sie wollen sich nicht korrigieren lassen. Das Pflaster unter meinen Füßen könnte dasselbe sein, an dem ich mir vor mehr als fünfzig Jahren die nackten Zehen blutig gestoßen habe; oder auf dem meine Großeltern vor neunzig Jahren den Umzugskarren von der Weisestraße in die Schillerpromenade gezogen haben; oder auf dem meine Mutter, als sie vier Jahre alt war, von einem Pferdefuhrwerk überfahren wurde.

Ein profaner Ort, zwei Querstraßen vom östlichen Ende des Tempelhofer Flughafens entfernt, mit Kneipen an jeder Ecke und einem Edeka-Markt am Platz, und mir schlägt das Herz schneller, für mich verströmen die Häuserwände Weihevolles, das Geheimnis meiner eigenen Kindheit und der verschollenen Erinnerungen wölbt einen Raum nur für mich, unsichtbar für die beiden türkischen Mädchen, die gerade aus der Schule kommen, und für den bärtigen Mann, der, eine Einkaufstüte im Arm, umständlich in sein Auto steigt.

Beunruhigen mich die erinnerten oder die vergessenen Tage?

Sind es die Geisterbilder, mein kindliches Ich, das heulend auf dem Rinnstein hockt, das beim Eisladen ansteht, das mit der Schultüte fotografiert wird, das verzweifelt den verlorenen Schlüssel sucht? Oder sind es die dreitausend vergessenen Tage, an denen ich einfach nur gewachsen bin, das Einmaleins und das Alphabet gelernt habe und von denen ich nicht mehr weiß, als daß sie gewesen sein müssen.

Was haben Sie am 3. Juni 1945 gemacht? Sie wurden vier Jahre alt, und es war seit vier Wochen Frieden. Mein erster Friedensgeburtstag, an einen solchen Tag müßte man sich doch erinnern können. Aber man kann nicht; er ist verschwunden, mit ein paar tausend anderen Tagen zur Kindheit vermodert.

Als Hella schon lange in einem geräumigen Haus mit sechs oder sieben Zimmern lebte, träumte sie immer wieder, sie müsse zurück in die enge Neuköllner Wohnung, die mit Möbeln, Kartons und Schneidergerätschaft so vollgestopft war, daß man sie nur durch den Schornstein betreten oder verlassen konnte. Wenn sie mir von der Enge erzählt, dann eher, wie sie ihre Fähigkeit, dem Chaos der Wohnküche eine äußere Ordnung aufzuzwingen, ihren Brüdern, wenn diese eine Freundin erwarteten, für eine halbe Sonntagsroulade verkaufte.

Was war das Schöne in deiner Kindheit, frage ich.

Es hat alles soviel Spaß gemacht, sagt Hella.

Ich habe viele Menschen aus der Generation meiner Mutter von der Armut ihrer Kinder- und Jugendjahre erzählen hören. Ich bin unter Kommunisten aufgewachsen, die meisten von ihnen stammten aus Arbeiterfamilien, und fast niemand ist vom sozialen Elend im ersten Drittel dieses Jahrhunderts verschont geblieben. Heute scheint es mir, als hätte niemand so unpathetisch und ohne Wehleid über seine Armut gesprochen wie Hella. Wenn sie die Armut ihrer Familie erwähnte, hieß das immer »obwohl«: Obwohl wir arm waren, haben wir ... Bei den anderen hörte ich immer ein »weil«: Weil wir arm waren, konnten wir nicht ... Hella erklärt den Unterschied mit der Abwesenheit preußischer Lebensnormen in ihrer Familie und mit dem polnischen Geschick zu improvisieren. Vielleicht waren Pawel und Josefa auch größerer Not entronnen, so daß ihnen ihr Leben in Deutschland, verglichen mit dem, das sie in Polen erwartet hätte, eher als Glücksfall denn als Grund zur Klage erschien. Armut ist ein so relativer Begriff wie Krankheit; wer nicht daran gestorben ist, kann sich damit trösten, daß es ihm besser ergangen ist als den Toten.

In Neukölln, das bis 1912 Rixdorf hieß, wohnten zu 80% Industriearbeiter. Zwischen 1885 und 1915 war die Bevölkerung auf das Zwölffache angewachsen, von 22 785 auf 268 411. Das Wohnviertel um die Schillerpromenade entstand in den Jahren zwischen 1905 und 1912. Der Anteil von 1–2 Zimmerwohnungen betrug 91%. 52% der Rixdorfer Steuerzahler verdienten weniger als 1500 Mark im Jahr. Bei den Wahlen von 1912 wählten 83,3% die SPD.

Vor vierzig Jahren, als ich fünfzehn war und das Jahr 1912 fünfundvierzig Jahre zurücklag, gehörte es für mich zu einem vorzeitlichen Früher, in dem es Könige gab, die Frauen Mieder trugen und die Männer Monokel. Fünfundvierzig Jahre waren dreimal soviel wie mein eigenes Alter, unvorstellbar viel Zeit. Die fünfundachtzig Jahre, die uns inzwischen vom Jahr 1912 trennen, sind nicht einmal mehr das Doppelte meiner Lebenszeit, zwei Drittel davon waren auch meine Jahre. Die Zeit ist vergangen und gleichermaßen geschrumpft. So besehen erscheint es mir plötzlich ganz unbegreiflich, warum uns die Armut jener Jahre in eine gestaltlose Ferne gerückt ist, obwohl sie nicht länger zurückliegt, als durch eigene Erfahrung zu durchmessen ist; warum wir unser Wohlergehen für so normal halten, daß uns Nachrichten aus ärmeren Ländern je nach Temperament in Empörung oder Mitleid stürzen, als wäre es nicht gerade ein paar historische Minuten oder gar Sekunden her, als auch in Deutschland Säuglinge starben, Kinder unterernährt waren und die hygienischen Verhältnisse zum Himmel stanken.

Kurier

Sanne ist im Knast, sagt Steffie.

Sanne, sage ich.

Was, du hast sie schon vergessen, sagt Steffie. Ich höre ihre Stimme schneller werden. Sie mißbilligt meine Antwort.

Was, sage ich verwirrt in den Hörer. Ich sitze auf dem Bett, ziehe die Beine an. Eine Verlegenheitsgeste.

Na, die Party. Am Treptower Park, letzten Monat.

Ach so, sage ich.

Die Rothaarige, sagt Steffie. Sanne. Ihr habt doch die ganze Zeit zusammengehockt. Dachte, du findest sie gut.

Ja, das stimmt. Jetzt erinnere ich mich wieder. Es ist mir peinlich.

Klar, Steffie, sage ich, klar find ich sie gut.

Mrrr, Steffie ist sauer. Sie hält mich jetzt für eine Totalopportunistin. Mir ist, als wäre ich Sängerin bei Tic Tac Toe.

Wieso Knast, sage ich. Ich sage es, um wieder Boden unter den Füßen zu kriegen. Drehe mich um, liege auf dem Bauch. Heut ist kein guter Tag. Die Nacht war zu lang.

In London, sagt die Steffiestimme. In London. Sie sagt es noch einmal. Als hätte ich das überhören können.

Ich weiß, wo London liegt, sage ich spitz.

Weiß mans, kontert Steffie. Manchmal könnte man meinen, du weißt überhaupt nichts.

Warum redest du dann noch mit mir, werfe ich ein. Es ist unser Ton. Unser gemeinsamer Ton. Wir sind Freundinnen.

Sie ist am Flughafen verhaftet worden. In Heathrow.

Am Flughafen, sage ich. Was wollte sie denn am Flughafen?

Ich höre Steffie am anderen Ende der Leitung seufzen.

Ist dämlich, sage ich, vergiß es.

Keine Einwände mehr, scheppert es aus dem Hörer.

Keine, sage ich und hebe die imaginäre Schwurhand wie in Kindestagen.

Sie haben sie eingelocht, sagt Steffie. Aber warum erzähl ich dir das alles am Telefon? Nein, das geht nicht.

Das geht wirklich nicht, sagt sie wie zu sich selbst.

Bist du noch dran, fragt sie.

Klar bin ich noch dran.

Was machst du heute abend, sagt sie.

Ich denke scharf nach: Nichts, sage ich dann. Noch nichts.

Laß uns in den »Würgeengel« gehen, und ich erzähl dir alles.

Okay, sage ich. Um acht im »Engel«.

Wir legen auf. Ich drehe mich wieder um, liege jetzt auf dem Rücken. Den Blick zur Decke. Als gäbe es da was zu sehen.

Sanne. Ich habe sie auf der Party kennengelernt. Waren massenhaft Leute da, aber nichts los. Lauter so komische Studenten. Redeten wie Studenten, blieb aber unklar, was sie studierten. Einer fingerte an mir rum. Ich sagte, er solls lassen. Mir werde schon bei seinem Anblick so merkwürdig kalt. Vielleicht erwürge ich dich heute abend noch, sagte ich mit leuchtenden Augen, und er wandte sich mit dem bedeutungsvollen Wort Zicke von mir ab. Schlaffer Cowboy.

Dann sah ich Sanne. Eigentlich heißt sie Susanne. Aber alle sagten Sanne zu ihr. Schon seit ihrer Kindheit, am Wehrbelliner See, erzählte sie später. Sanne, komm ans Wasser.

Sanne. Wir standen plötzlich voreinander, das Glas in der Hand. Wir lächelten uns an. Sie gefiel mir. Da rauschte Steffie vorbei, den rechten Arm um den Hals eines dieser Studenten, als wollte sie an seiner Schulter davonfliegen in den Takten von depeche mode. Sie schwebte an uns vorbei, und während sie sich bereits wegdrehte, rief sie mir über die Schulter zu: Sanne. Das ist Sanne, und das, rief sie und zeigte auf mich, während sie Sanne ansah, das ist Mel. Und damit war sie abgeschleppt. Wahrscheinlich trieb der Kerl ihr im Nebenzimmer seine Odolzähne in den weißen Hals. Steffie hat einen auffallend weißen Hals. Sie trägt stets dunkle, weitausgeschnittene Blusen und Pullover, damit der weiße Hals zur Geltung kommt.

Ich bin dein Engel, pflegte sie zu den Typen beim Küssen zu sagen. Ich bin dein Engel, als wäre sie deren Verhängnis. Die zitterten dann wie in einem wohligen Schauer. Steffie hat es mir erzählt. Und einmal, sie hat es mir erzählt, habe sie so ein Jüngelchen in ihrem Bett gehabt. Steffie steht auf schmächtige blonde Jungs mit staunendem Gesicht. Sie hätten sich geküßt und sie habe ihm ins Ohr geflüstert, ich bin dein Engel, und er sei erschauert, dann habe sie noch eins draufgesetzt und habe gesagt, ich bin dein schwarzer Engel, und in diesem Augenblick ging sein Ding zwischen ihren Beinen los, der Kerl war fertig.

Sie hat es mir erzählt. Wir sind vor Lachen fast vom Stuhl gekippt. Wir saßen im »Würgeengel«. Es war so voll, daß man fast brüllen mußte, um sich verständigen zu können. Wir lachten uns kaputt. Wir erzählen uns immer diese Sachen. Immer.

Ja, ich heiße Mel. Alle nennen mich so. Nur meine Eltern nicht. Die sagen Melanie. Die sagen den vollen Namen. Das ist ihnen offenbar wichtig. Haben sie aus den sechziger Jahren. Ist damals ne Sängerin gewesen. Melanie. Mit ner Klampfe und so. Äußerst populär. Ruby Tuesday. Und da dachten wohl meine Eltern, sie möchten sich doch immer an Melanie erinnern. Wenn sie alt und doof sind.

Ich glaube, sie haben sich auf ner Party kennengelernt. Bei einem Song von Melanie. Wahrscheinlich hat mein Vater meiner Mutter bei einem dieser Songs zum ersten Mal an die Muschi gefaßt. Muß was in der Richtung sein. Die stehn nämlich bis heute drauf. Auf Melanie, meine ich. Und deshalb mußte ich dann so heißen. Damit sie sich zeitlebens daran erinnern können.

Kann sein, daß Melanie sie überhaupt zusammenhält. Jedenfalls sind sies immer noch. Zusammen, meine ich. Wahrscheinlich haben sie mich bei so einem Song gezeugt. Die Platten haben sie ja immer noch. Die hören sie im Schlafzimmer. What have they done to my song Ma? Und anfassen darf ich die überhaupt nicht. Könnten ja kaputt gehen. Ich hab mal überlegt, eine davon aufzulegen. Als Partygag. Nickel song. Aber sie waren dagegen. Haben sie nicht rausgerückt. Na dann eben nicht. Fürchten wohl, ohne Melanie läuft bei ihnen nichts mehr.

Wie auch immer, ich bin Mel. Und die einzige Melanie, die ich kenne, ist Melanie Griffith. Auf die steh ich, auch wenn Steffie lacht, wenn ich das sage. Eines Tages, sagt Steffie, wirst du wie Melanie Griffith sein. Blond, sagt sie. Oben und unten blond.

Ich bin nicht blond, ich bin ganz unauffällig. Manchmal habe ich das Haar blond. Und unten, zwischen den Beinen, blau oder grün. Lagune oder Moos. Da haben die Kerle was für ihre Phantasie. Hätten sie. Hätten sie am Treptower Park haben können. Aber ich stand nicht auf diese Studenten.

Ich setzte mich mit Sanne in die Couchecke. Echter Ostchic. Es war so eng, mit den vielen Leuten, daß ich ihr immer wieder in die Augen sehen mußte. Sie hatte Schieferaugen und feuerrotes Haar. Partyhaar. Und sie hatte schon einiges getrunken. Ich auch. Wir verstanden uns auf Anhieb und kamen vom Hundertsten ins Tausendste.

Ja, ich erinnere mich. Klar, ich mochte sie. Aber in dem Augenblick, als Steffie auf sie zu sprechen kam, muß ich ein Blackout gehabt haben. Ich hab mich einfach nicht an sie erinnert. Es war keine Verstellung gewesen. Sie war in meinem Kopf buchstäblich nicht anwesend, als Steffie auf sie zu sprechen kam. Ganz genauso. Steffie beobachtete immer sehr aufmerksam meine neuen Bekanntschaften, selbst wenn sie sie vermittelte. Oft hatte ich den Eindruck, Steffie wolle mich auf die Probe stellen.

Sie ist meine beste Freundin. Manchmal denke ich mir, sie ist eifersüchtig. Und dann denke ich mir wieder, sie will den Zustand unserer Freundschaft prüfen. Als zweifelte sie am Bestand dieser Freundschaft. Es war, als führte sie mir absichtlich neue Bekanntschaften zu, um die Haltbarkeit unserer Freundschaft prüfen zu können. Als wollte sie sehen, ob ich untreu werden könnte. Es fällt mir immer ein, wenn sie mir jemand neues vorstellt. Ich sehe dann ihren Blick aus den Augenwinkeln und glaube ihn deuten zu können. Wir haben nie darüber gesprochen, aber ich denke, wir wissen beide Bescheid. Jedenfalls habe ich diese Vorstellung. Es ist wie ein Spiel zwischen uns beiden. Sie prüft mich, und ich lasse mich prüfen, und wir zögern den Ausgang der Geschichte absichtlich hinaus. Ich verhalte mich uneindeutig. Ich tue gern so, als würde mich die neue Bekanntschaft interessieren, auch wenn das nicht stimmt. Ich tue es, weil ich merke, daß Steffie mich zu einer klärenden Antwort zu veranlassen sucht. Dann wiederum lasse ich kaum was von meiner Haltung erkennen. Verhalte mich abwartend. Ich lerne jemanden durch Steffie kennen, und sie ruft an, erwähnt die Person nicht. Es ist uns aber beiden klar, daß sie am liebsten sofort gefragt hätte: Mel, was hältst du von ihr? Aber sie sagt nichts, und ich sage auch nichts, und so geht das hin und her, ein paar Tage lang geht das so hin und her, und dann hält sies nicht mehr aus und stellt ihre Frage, und ich stelle mich taub und sage: wer? Wer ist Sanne, sage ich dann.

Ja, Sanne. Die Geschichte mit dem Knast jetzt. Nicht schlecht, denke ich mir und kann mir tatsächlich vorstellen, daß Steffie die Knastfrage nur eingesetzt hat, um mir meine Meinung über Sanne zu entlocken. Es hat schließlich eine Woche gedauert, bis sie den Namen abgedrückt hat. Eine geschlagene Woche. Bis sie endlich direkt geworden ist, die süße Verliererin.

Ich eile in den »Würgeengel«, und sie sitzt schon da. Du bist eindeutig auf der Looserseite, murmele ich, als ich sie sehe. Sie sitzt an der Bar, im kürzesten Rock aller Zeiten, das Biest, und die Männerwelt liegt ihr zu Füßen. Alles Fußerotiker. High-Heels-Lecker. Die Ungeduld ist groß, denke ich mir und küsse sie auf den weißen Hals, und tausend neidische Blicke hängen an meinen Lippen. Diese Lippen hätten die Flachwichser jetzt gerne. Ich nehme den Hocker neben Steffie, setze mich mit einem Ruck darauf und strecke beim Sitzen meinen Po nach hinten. Ich habe eine Stretchhose an, schwarz und arscheng, was für die Kerle. Motto: Ihr könnt mich mal.

Steffie gibt dem Barmann das Zeichen für einen weiteren Pinot Grigio, ich ordere eine Caipirinha.

Du siehst toll aus, sagt Steffie. In ihren Augen ist keinerlei Schalk. Jedenfalls kann ich keine Fußangel entdecken.

Die Rote ist tatsächlich im Knast, sagt Steffie.

Die Rote, sage ich.

Sanne, sagt sie. In Treptow nennt man sie die Rote.

Ach so, wegen den Haaren, sage ich, die sind doch gar nicht echt. Oder ist sie zwischen den Beinen auch so rot?

Laß die Haare, sagt Steffie, laß den Quatsch. Die läuft doch immer am ersten Mai vom Oranienplatz zum Kollwitzplatz und wieder zurück. Bullen ärgern, oder wie heißt das Spielchen gleich?

War auch schon mal spannender, werfe ich ein.

Ja, sagt Steffie mit Glitzerblick. Als wir noch die Kids waren und unsere Eltern die Revolutionäre, die Revoluzzer, setzt sie hinzu. Ich weiß, der Glitzerblick ist falsch. Es ist der Glitzerblick der Achtundsechziger-Tochter. Hü.

Lampenputzer, sage ich. Wir lachen. Es ist ein Ritual zwischen uns. Das Elternritual. Wir haben das aus einem Lied. War son Dichter. Mühsam, glaub ich. Hieß wirklich so. Haben wir mal gefunden, bei den Oldieplatten. Unter lauter jiddischen Liedern. Nannten sich Zupfgeigenhansel. So klang das auch. Aber die Alten hörten sich das an: Revoluzzer, Lampenputzer.

Sie sagen die Rote zu ihr. Weil sie bei der PDS mitläuft.

Ist ja auch nicht mehr so geil, sage ich.

Ach was, sagt Steffie, du solltest mal ihre Eltern sehen. Dann wärst du auch bei der PDS.

In diesem Opaladen? sage ich. Nie. Seit wann bin ich denn Altherrenknie-Lolita? Ich bin echt verärgert. Steffie ist ne Tussi. Jetzt streichelt sie mir über die Wange.

Ach Gott, sagt sie, ist ja wieder gut. Heileheile. Wir greifen gleichzeitig zum Glas. In solchen Augenblicken gibt es nichts zu sagen.

Also, die Rote ist im Knast, sagt Steffie. Sie haben sie am Flughafen Heathrow mit Drogen erwischt.

Was für Drogen, sage ich, hatte sie was im Geldbeutel, Stückchen Scheiße vielleicht? Oder die letzte Ecstasy aus dem Tresor nicht verdaut?

Halt mal an, sagt Steffie, und laß mich vielleicht ausreden.

Es war nicht ihr Zeug, sagt Steffie.

Nicht ihres, sage ich und habe das dämlichste Gesicht seit

Menschengedenken. Jetzt fallen den Kerlen, die mich von allen Seiten anstarren, bestimmt die Schwänze ab. So dämlich sieht mein Gesicht aus. Ich sehe es nämlich in dem Spiegel der Bar. Drehe es nach allen Seiten, damit sich die Wirkung verstärkt.

Sie hat sehr viel dabei gehabt. Viel mehr als der Eigengebrauch erlaubt. Und sie kam aus Bogotá. In Kolumbien, sagt Steffie bedeutungsvoll.

Ich weiß, wo Bogotá liegt, sage ich und betone jeden Buchstaben.

Friedlich bleiben, sagt Steffie. Schön friedlich bleiben. Sie will sich das Thema erhalten. Aber wo Bogotá liegt, weiß ich wirklich. Nicht, daß ich schon mal dagewesen wäre. Hab ich Null Bock drauf. Ich hab keinen Lateinamerika-Tick. Aber meine Mutter hat den ganzen Marquez im Regal stehen. Den sollte ich immer mal lesen. Und der ist aus Kolumbien. Ein toller Schriftsteller, sagt meine Mutter. Hundert Jahre Einsamkeit. So heißt ein Buch von dem Schnauzbart. Ein Foto hat sie natürlich auch. Gerahmt, im Regal. Mit einer Signatur des Meisters. Als wäre er Brad Pitt oder Banderas, aber er ist nur ein Schnauzbart. Hundert Jahre Einsamkeit. Meine Mutter kriegt regelmäßig das große Leuchten in die Augen, wenn sie diesen Titel ausspricht. Es ist, als wäre sie selber dabeigewesen. Hundert Jahre Einsamkeit mit meinem Vater.

Hörst du überhaupt zu, sagt Steffie.

Aber selbstverständlich, sage ich und blicke brav zu ihr auf, denn ich hatte in meiner Jackentasche gerade nach neuen Zigaretten gesucht. Ich rauche heute diese schönen schwarzen, die Engelzigaretten. Die Kerle stieren schon wieder. Gleich fallen ihnen die Augen raus. Die Kontaktlinsen.

Sanne kam also aus Bogotá mit dem Zeug, und sie haben sie hochgenommen. Wahrscheinlich hat einer geplaudert. Oder die haben jemanden im Netz sitzen, sagt Steffie fachmännisch, ohne fachmännisch zu sein. Sie kann es. Im Augenblick ist sie Dealerin. Könnte man meinen. Gar nichts ist sie. Sie ist Steffie.

Und wie kommt Sanne zu der ganzen Sache, frage ich.

Durch einen Typen, nehme ich an. Sagt Steffie. Sie sagt es achselzuckend. Da war einer, der scheint mit drin zu hängen.

Ich kenne ihn nicht, sagt Steffie. Ich kenn ihn nur flüchtig. Ein Latino. Sanne ist manchmal mit ihm aufgekreuzt. Sie haben auch mal zusammen was geraucht.

Ich denke, er wars, sagt Steffie. Jedenfalls ist er verschwunden. Vom Erdboden verschluckt. Wahrscheinlich am anderen Ende der Welt eingegraben. Wohnsitz Tahiti. Der Schlag soll ihn treffen.

Ich hab bei ihm angerufen, sagt Steffie. Aber es ging keiner ran. Dann bin ich selber hin. Die Bude ist tot. Keiner weiß was. Ende.

Sanne wird sich bei dir melden, sagt Steffie.

Wieso bei mir, sage ich.

Sie hat mir geschrieben, sie wird sich bei dir melden, sagt Steffie trotzig.

Wieso bei mir, wiederhole ich. Und Steffie sagt: Ihr habt euch doch so gut verstanden.

Steffie, sage ich.

Sie wird sich bei dir melden, sagt Steffie und blickt in Richtung Barmann. Jemand muß sich ja um sie kümmern.

Sie mag dich, sagt Steffie. Und du hast mit der Sache ja nichts zu tun.

Mit welcher Sache, sage ich.

Die Bullen können mit dir nichts anfangen, setzt Steffie ungerührt fort. Wir greifen wieder gleichzeitig nach unseren Gläsern.

Am nächsten Tag habe ich einen Kater, aber das ist nicht weiter schlimm. Ich liege schon wieder im Bett, muß mich aber an den Computer setzen, denn die Abgabe für die Übersetzung ist verdammt nahegerückt. Ich übersetze Fachtexte. Aus dem Deutschen, ins Deutsche, englisch, französisch. Macht keinen großen Spaß, aber das Konto kann es vertragen. Diesmal ganz besonders. Denn ich tummele mich schon seit einer kleinen Weile im Minusbereich. Zum Vergnügen meiner Bank, die sich demnächst die Zinsen bei mir abholen wird.

Ich habe einen Kater, und dann treffe ich Mike, und dann habe ich einen noch größeren Kater. Ich könnte Blütenblätter zupfen. Ich liebe ihn, ich liebe ihn nicht.

Wir waren im Kino und unsere Laune war nicht besser als der Film. Danach rollte er mich auf sein Bett, aber ich zog mich nicht aus. Komm laß uns träumen, sagte er. Aber darauf fiel ich schon lange nicht mehr herein. Ich gähnte mehrmals hintereinander, und dann beschloß ich doch, gut zu ihm zu sein. Ich war ein kalter Engel über ihm, und meine Kleider hingen auf dem Sessel. Wir zogen uns wieder an, er küßte mich ein bißchen.

Ich sitze am Computer und komme gut voran. Das Telefon geht, aber ich lasse den Hörer liegen. Meine Freundin, die Anrufmaschine, ist ebenfalls zu Hause. Soll sie sich mit den lieben Mitmenschen unterhalten.

Ich gehe runter zum Inder, es ist Mittag, ich nehme die Post mit. Bis meine Bestellung da ist, öffne ich schon mal die Briefe, das neueste von der Lotterie und der Hammer von der Telekom, meine letzte Telefonrechnung. Ich weiß nicht, wie die hochkarätigen Betrüger abrechnen, aber soviel kann ich unmöglich geredet haben. Schon um diese Rechnung zu bezahlen, müßte man zwangsläufig Dealer sein.

Eine Karte, nicht vom anderen Ende der Welt, nein, es ist eine Karte von Mike. Er schickt mir gern Karten, aus Spaß.

Alte Postkarten. Diesmal ist eine Sängerin drauf. Man sieht es auf den ersten Blick: Sängerin, sechziger Jahre. Ich drehe die Karte um, tatsächlich, es ist Melanie. Hallo Melanie, steht da in Mikes Handschrift. Wußte gar nicht, daß Du so'n scharfes Vorbild hast. Es grüßt mit.

Das ist Mike. Ich bin gerührt. Aber da ist noch ein Brief. Ich öffne ihn, während der Inder den Teller mit dem Chicken Curry vor mich hinstellt. Ich sehe sein immerwährendes Lächeln nicht.

Hallo, Mel, lese ich. Ich denke öfter an dich. Habe ja Zeit dazu. Es ist ein Brief von Sanne. Humor hat sie. Ich lese weiter. Ich werd ja noch länger hier bleiben, wie es aussieht. Für Unterkunft ist also gesorgt.

Ich lege den Brief neben den Teller. Fange mit dem Essen an. Sonst wird es kalt. Ich esse und lese weiter vom Blatt ab. Sanne will, ich soll ihren Haushalt auflösen. Die Wohnung kündigen. Die Schlüssel hat Steffie. Und warum macht Steffie das nicht? Ich esse weiter. Im Hintergrund läuft Santur-Musik. Shivkumar Sharma oder so ähnlich. Dann wieder hoch und an den Computer. Keine Lust, aber das Konto. Der Tag vergeht.

Gegen Abend rufe ich Steffie an. Ich habe einen Brief bekommen, sage ich.

Komm in den »Würgeengel«, sagt sie. Um zehn.

Als ich die Bar betrete, ist sie bereits da. Hat sogar einen Zweiertisch ergattert. Küßchen. Ich setze mich zu ihr.

Sie ist bereits verurteilt, sagt Steffie übergangslos. Fünf Jahre hat sie bekommen. Wird hart. Allein, in diesem britischen Knast.

Ich weiß nicht, sagt sie. Steffie ist nachdenklich, wie selten. Sie wirkt resigniert. Ich lege den Brief auf den Tisch. Sie liest ihn und nickt mehrmals beim Lesen. Blickt auf.

Scheint dich ja ins Herz geschlossen zu haben, sagt sie. Ganz die alte, denke ich mir.

Und warum, sage ich. Warum soll ich den Haushalt auflösen? Steffie sieht mich schweigend an.

Dich kennt doch keiner, sagt sie dann. Du hast mit dem Ganzen nichts zu tun.

Also, sagt sie. Wer weiß, wer dort alles rumsteht. Sie redet geradezu professionell.

Hier sind die Schlüssel, sagt sie.

Wieso hast du die Schlüssel, sage ich. Sie liegen vor mir auf dem Tisch, aber Steffie verdeckt sie mit der Hand.

Steck sie ein, sagt sie. Ich nehme sie unauffällig.

Gut gemacht, sagt Steffie und lacht, aber sie blickt sich dabei um.

Steffie, was ist, sage ich. Sie sagt nichts.

Ich habe den Latino getroffen, sagt sie. Er hat mir die Schlüssel gegeben.

Und warum macht er das nicht, sage ich.

Geht nicht, sagt Steffie, sie suchen ihn. Sagt er jedenfalls, fügt sie hinzu. Arschloch. Ein richtiges Arschloch. Der hat Sanne gefehlt. Steffie ist wütend. Will sie sagen, daß der Latino an allem schuld ist?

Und warum machst du es nicht, sage ich. Steffie blickt mir ins Gesicht. Dann nimmt sie einen Verlegenheitsschluck aus dem Weinglas. Es ist, als überlege sie.

Nerv doch nicht so, sagt sie. So kenn ich Steffie gar nicht.

Ich kann da nicht hin, sagt sie. Sie hat einen hilfesuchenden Blick. Der Abend ist kurz und lang und närrisch und laut. Es ist wie immer, und doch bleibt ein ungutes Gefühl.

Am Morgen arbeite ich, am Mittag fahre ich in die Wohnung. Ich sehe mich um: eine Wohnung. Viel ist nicht da. Ich leere die Schubladen. Papiere und Bücher und CDs packe ich ein. Ein paar von den Klamotten. Ich habe den Brief dabei, gehe nach Sannes Anleitungen vor. Rufe eine Firma an. Eine zweite. Haushaltsauflösungen. Nachlässe. Ja, Freitag mittag kämen sie alles abholen. Okay.

Ich bin wieder zu Hause. Sannes Sachen habe ich in der Abstellkammer untergebracht. Den Rest. Ich sitze am Tisch und überlege, was ich ihr nach London schicken könnte. Erinnerungsstücke vielleicht. Es sind Fotos dabei. Ich sehe sie mir an. Aber ich kenne ja niemanden von den Leuten. Außer Sanne. Auf einigen ist sie ganz sicher drauf, auf anderen vermute ichs. Ich gebe auf. Sanne, liebe, schreibe ich, es ist alles in Ordnung, die Sache ist geregelt. Sei stark.

Ich setze mich an meine Übersetzung, da klingelt das Telefon, und der Anrufbeantworter ist nicht eingeschaltet. Ich gehe also ran. Es ist Steffie.

Warst du dort, fragt sie.

Ja, Auftrag ausgeführt, sage ich.

Gut, sagt sie. Aber sie klingt nicht gut.

Was ist, Steffie?

Nichts, sagt sie, sag ich dir ein andermal, sagt sie. Ciao. Wir sehn uns bei Celia.

Bei Celia ist Samstag Party. Ich mag Celia nicht. Ich gehe wegen Steffie hin. Sitze rum, nach einer Weile kommt sie. Ihre Augen sind gehetzt. Wie bei ner Film-Tussi. Ich sage nichts.

Ich muß mit dir sprechen, sagt sie. Wir verziehen uns in eine Ecke. Die Musik ist laut, die Leute sinds auch. Easy Listening. Rammstein und Rosenstolz.

Was ist, sage ich.

Sie waren da, sagt Steffie.

Wer, sage ich, die Polizei?

Ach die, nee, sagt Steffie, die Typen warens, sie suchen Sanne. Sie suchen sie bei mir. Die warten, daß sie rauskommt. Steffie schweigt.

118

Vielleicht glauben sie auch gar nicht, daß Sanne im Knast ist, sagt sie. Ich denke, sie suchen den Stoff.

Wer sind die Typen, sage ich.

Ich muß umziehen, sagt Steffie. Ich sehe sie an.

Du kannst mein Gästezimmer haben, sage ich, bis du was findest. Sie nickt.

Und Sanne, sagt sie.

Was ist mit Sanne, sage ich.

Wir küssen uns, als wäre alles wieder gut. Alles.

HANS-ULRICH TREICHEL

Der Lieblingsberliner

»Einen schönen Tag noch!« Erst war es der Zeitungsmann, dann die Verkäuferin in der Bäckerei, die mir an diesem Morgen einen schönen Tag wünschten, und schließlich auch noch die Dame in der Bank. Seit einigen Jahren wird mir in dieser Stadt beständig ein schöner Tag gewünscht, und dies nicht nur morgens, wenn ich die Zeitung oder Brötchen hole, sondern auch mittags und manchmal noch am Nachmittag, wenn der Tag schon so gut wie vorüber ist. Wobei es vorkommen kann, daß mir besonders aufmerksame Verkäufer auch einen schönen Nachmittag wünschen, wenn ich mittags ein Geschäft betrete, daß mir aber so gut wie niemand, wenn ich nachmittags ein Geschäft betrete, einen schönen Abend wünscht, sondern weiterhin und wie auch am Morgen einen schönen Tag. Ich hätte nichts dagegen, wenn man mir, so wie das früher üblich war, ein schönes Wochenende wünschte. Aber ein schönes Wochenende wünscht mir seit einiger Zeit niemand mehr. Alle Welt wünscht mir einen schönen Tag, und dies an jedem Tag der Woche. Auch am Sonnabend. Dabei will ich gar nicht aus jedem Tag einen schönen Tag machen. Die meisten Tage der Woche sind für mich ganz normale Tage und sollen es auch bleiben. Warum sollte beispielsweise aus einem ganz normalen Montag, der mit Brötchenholen anfängt und mit Schreibtischarbeit fortgesetzt wird, ein schöner Tag werden? Ich will keinen schönen Montag und auch keinen schönen Dienstag. Ich will allenfalls ein schönes Wochenende. Das beständige Einen-Schönen-Tag-noch-Gewünsche überfordert mich, und dies nicht etwa, weil ich ein lebensunfroher oder verdrießlicher Mensch bin. Das Gegenteil ist der Fall. Ich bin immer auf der Suche nach dem schönen Tag. Doch ich weiß, daß der schöne Tag etwas ist, das sich nur selten einstellt. Und wenn es sich einstellt, dann stellt es sich zumeist erst im nachhinein ein. Der schöne Tag ist der gelebte Tag, von dem wir erst am Abend wirklich wissen, daß er schön war und wie schön er war. Doch alle Welt führt ihn schon morgens im Munde. Das hatte es früher nicht gegeben. Als ich in diese Stadt gezogen war, da hatte mir niemand einen schönen Tag gewünscht. In Berlin wünschte man sich nichts. Der Berliner war ein Mensch, der immer darauf aus ist, niemanden mit irgendwelchen Höflichkeitsfloskeln zu belästigen. Ging man in einen Zeitungsladen und sagte »Guten Tag« oder auch »Danke« oder »Bitte sehr«, dann konnte man sicher sein, nicht mit langen Gegenreden aufgehalten zu werden. Gleiches galt für Wurstbuden, Linienbusse, Kinokassen und Kneipentresen. Auf ein »Guten Tag« oder ein »Danke« folgte in neunundneunzig Prozent aller Fälle so gut wie keine Reaktion. Ich hatte das immer als typisch berlinerisch verstanden, mich daran gewöhnt und auch mir selbst einen ökonomischen Umgang mit Höflichkeitsfloskeln angewöhnt. Doch eines Tages war es damit zu Ende. Es muß vor ungefähr zehn Jahren gewesen sein, als ich gerade einen Zeitungsladen grußlos verlassen wollte und mir aus heiterem Himmel dieses »Einen schönen Tag noch!« nachgerufen wurde. Ich weiß noch, wie ich zusammenzuckte, als hätte mir jemand einen leichten Handkantenschlag ins Genick versetzt, und wie ich mich, während ich mit einem Fuß schon aus dem Laden herausgetreten war, noch einmal umdrehte.

Doch ich sah nichts als den Zeitungsmann, der hinter dem Tresen stand und mir in bester Laune förmlich nachstrahlte. Seit diesem Tag war ein neuer Gruß in die Welt getreten, der sich wie ein Virus ausbreitete. Woher das Virus kam, weiß ich nicht. Vielleicht hatte es mit der Einführung des Privatfernsehens zu tun. Oder mit Amerika. Oder mit beidem. Mir ist bekannt, daß man in den USA die Formel »Have a nice day« benutzt. Ich kenne Amerika nicht, war nur ein einziges Mal in Seattle gewesen, wohin ich mit einem Freund geflogen war, der in der Reisebranche arbeitet und von einer amerikanischen Fluggesellschaft zwei sogenannte Informationsflüge geschenkt bekommen hatte. Der Freund hatte mich zu dem Gratisflug eingeladen, und ich hatte nicht gezögert, die Einladung anzunehmen, obwohl der Flug im Winter stattfand und mit der Verpflichtung verbunden war, während der äußerst knapp bemessenen Aufenthaltszeit in Seattle an einem Informationsseminar der besagten Fluggesellschaft teilzunehmen. Das Informationsseminar fand im Flughafenhotel statt, so daß für die Besichtigung der Stadt nur noch zweieinhalb Stunden blieben, bevor wir den Rückflug antreten mußten. Doch hatte ich bereits während der wenigen Stunden, die der Gratisaufenthalt in Amerika währte, immer wieder die Formel »You're welcome« gehört. Bei jeder sich bietenden Gelegenheit, an der Flughafenbar, in den Tagungsräumen des Flughafenhotels oder während der Bustour, hat mir jemand ein »You're welcome« zugerufen, was einerseits sehr freundlich war, mir andererseits aber auch übertrieben schien. Ein »Have a nice day« hatte mir in Amerika niemand gewünscht. Entweder benutzte man diese Formel in Seattle nicht, oder es lag daran, daß alle Welt wußte, daß vor mir und meinen Mitreisenden auch kein ganzer und zudem noch guter Tag mehr lag, sondern nur der nächtliche und anstrengende Rückflug.

Glücklicherweise beschränkte sich die neue Berliner Freundlichkeit auf die Verkäufer, Bankangestellten und Kioskbesitzer. Kellner, Bademeister, Platzwarte oder Kartenabreißer blieben weiterhin mürrisch und unwirsch, wie ich es von ihnen gewohnt war. Einzig bei den Busfahrern schien sich eine Wende bemerkbar zu machen, die mich schon fürchten ließ, sie würden sich den Kioskverkäufern und Ladeninhabern anschließen. War es in den siebziger und frühen achtziger Jahren üblich und ganz normal gewesen, daß die Busfahrer jedem Menschen, der einen Bus betrat, eine Art Hausfriedensbruch unterstellten und sich auch nicht scheuten, sowohl einzelne Fahrgäste wie auch die gesamte Passagiergemeinschaft über das Busmikrophon zu maßregeln, so konnte ich nun deutliche Anzeichen einer Änderung beobachten: Immer öfter kam es vor, daß die Busfahrer mir schon beim Eintritt in den Bus entgegenlächelten. Anfangs hatte ich ein wenig irritiert reagiert und an mir heruntergeschaut, um zu sehen, ob etwas mit meiner Kleidung nicht in Ordnung war oder ich vergessen hatte, die Hose zu schließen. Doch die Busfahrer lachten mich nicht aus, sie lächelten mich an, und sie taten es auch dann noch, wenn ich das Fahrgeld nicht abgezählt bereithielt, sondern mit einem Zehnmarkschein bezahlte. Wer in den siebziger Jahren im Bus mit einem Zehnmarkschein bezahlen wollte, der mußte mit einer harschen Zurückweisung von seiten des Busfahrers rechnen. Einmal war es mir sogar passiert, daß ein Busfahrer gar nicht reagierte, als ich ihm einen Zehnmarkschein hingehalten hatte. Ich hielt den Schein hin und der Busfahrer reagierte nicht. Der Busfahrer erstarrte vielmehr und verwandelte sich in eine Art Busfahrerskulptur, von der auch nicht das geringste Lebenszeichen ausging. Nachdem ich ein zweites und ein drittes Mal mein »Einmal einfach bitte« gesagt hatte, tat die Busfahrerskulptur schließlich den Mund auf und sagte: »Nein.« Dann schwieg der Busfahrer wieder und auch ich wußte nichts anderes, als mit der nicht unbedingt eleganten Gegenfrage »Wie Nein?« zu reagieren. Darauf sagte der Busfahrer erst einmal nichts, um dann noch einmal »Nein« zu sagen. »Gut«, sagte ich darauf und wollte ohne Fahrschein den Bus betreten. Doch noch ehe ich die Sperre passieren konnte, klappte der Arm des Busfahrers wie eine Bahnschranke herunter und legte sich auf die Sperre, die die Fahrerkabine vom Fahrgastraum trennt. Ich wollte es nicht auf einen Konflikt ankommen lassen und fragte den Busfahrer, was ich nun tun sollte. »Aussteigen«, sagte daraufhin der Busfahrer, »dies ist ein Bus und keine Wechselstube.« So etwas würde heutzutage nicht mehr passieren. Schon in den achtziger Jahren hatte sich die Lage entspannt und die Busfahrer akzeptierten Zehnmarkscheine, ohne mit der Wimper zu zucken. Lediglich bei Zwanzigmarkscheinen konnte es noch zu Unmutsäußerungen kommen, was aber mit der Zeit, der fortgesetzten Geldentwertung und der Erhöhung der Fahrpreise immer seltener wurde. Wer heute einem Busfahrer einen Fünfzigmarkschein hinhält, der muß damit rechnen, daß sich der Busfahrer auch noch dafür bedankt. Die Freundlichkeit der Busfahrer geht gelegentlich soweit, daß einzelne Fahrer besonders fahrgastfreundliche Ansagen ins Busmikrophon sprechen. Statt wie früher Einschüchterungen und Beschimpfungen, kann man nun gelegentlich Ansagen hören, die eher an einen Linienflug mit der Air France als an eine Busfahrt mit dem 119er, 148er oder 183er erinnern. Speziell im 183er, der aus Dahlem kommt, über Steglitz fährt und sich irgendwo in Lankwitz verliert, mußte ich mich daran gewöhnen, daß der Busfahrer »den neu zugestiegenen Fahrgästen eine angenehme Fahrt« und denjenigen, »die am Rathaus Steglitz umsteigen, eine gute Weiterfahrt« wünscht. All denjenigen, »die am Rathaus Steglitz ihr Fahrtziel erreicht haben«, wird nicht nur »ein guter Heimweg«, sondern selbstredend auch »ein schöner Tag noch« gewünscht.

Ich hätte es schon im 183er merken können, aber wirklich bewußt wurde es mir erst im 148er, der ebenfalls aus Dahlem kommend über die Potsdamer Straße zur Philharmonie fährt, daß die neue Freundlichkeit der Busfahrer doch nicht der zivilisatorische Fortschritt war, für den ich ihn gehalten hatte. So bedachte ein Busfahrer die an der Haltestelle Philharmonie aussteigenden Passagiere regelmäßig mit der gesungenen und tonleiterartig ansteigenden Ansage »Phil-har-mo-nie« sowie verschiedenen scherzhaften Bemerkungen, die mir vor allem darüber Auskunft gaben, daß hier keine höflichen Busfahrer am Werk waren, sondern Spötter und Lästerzungen. Und hier, im 148er, ging mir auf, daß auch alle anderen Busfahrerfreundlichkeiten nichts anderes waren als Freundlichkeitsparodien. Die Busfahrer waren gar nicht freundlich. Sie imitierten die Freundlichkeit bloß und machten sich darüber lustig. Seit ich das begriffen habe, lasse ich mich von keinem Busfahrer mehr auf diese unverschämte Weise anlächeln. Und auch die freundliche Akzeptanz eines Fünfzigmarkscheins verstehe ich nun genauso, wie sie gemeint ist: als bloße Parodie auf die freundliche Akzeptanz eines Fünfzigmarkscheins. Wohl lächelt der Busfahrer, doch in Wahrheit denkt er nach wie vor, daß der Bus ein Bus und keine Wechselstube ist. Die heuchlerische Freundlichkeit der Busfahrer ist in Wahrheit eine perfidere Art der Aggression als ihre ehemals offene Unfreundlichkeit. Gegen letztere konnte man sich wehren, doch ersterer ist man schutzlos ausgeliefert. Insofern bin ich fast schon dankbar dafür, daß sich die Berliner Kellner, Kartenabreißer, Bademeister und Platzwarte weiterhin so verhalten, wie sie sich immer schon verhalten haben. Speziell die Berliner Kellner, die aus allen Ländern der Welt stammen können, in Berlin aber sogleich zu Berliner Kellnern werden, laufen nicht Gefahr, sich dem Vorwurf auszusetzen, ein heuchlerisches Verhalten an den Tag zu legen. Auch habe ich unter den Berliner Kellnern noch keinen einzigen Freundlichkeitsparodisten angetroffen. Die Berliner Kellner sind grundehrliche Menschen, die dem Gast offen zeigen, daß sein Erscheinen ein Problem darstellt, auf das man im Grunde nicht vorbereitet ist. Wobei ich darüber hinaus immer wieder die Erfahrung machen muß, daß die Berliner Kellner speziell auf mein Erscheinen nicht vorbereitet sind. Anders kann ich es mir nicht erklären, daß jedesmal, wenn ich ein Berliner Restaurant betrete, der Kellner, der eben noch an meinem Tisch bedient hat, nun nicht mehr an meinem Tisch bedient. Wohl räumt er noch die Reste des letzten Gastes ab, doch meine Bestellung will er nicht entgegennehmen, da dieser Tisch nun von einem anderen Kollegen bedient werde. »Revierwechsel« nennt das der Berliner Kellner. Allerdings besteht der Revierwechsel allein darin, daß der für meinen Tisch zuständige Kellner aus meinem Revier in ein anderes wechselt, daß aber kein Kellner aus einem anderen Revier in mein Revier wechselt. Insofern ist der sogenannte Revierwechsel nichts anderes als die Flucht des Kellners vor dem Gast beziehungsweise vor mir. Einige Male habe ich versucht, dem Revierwechsel der Kellner durch einen Revierwechsel meinerseits zuvorzukommen, indem ich mich erst an einen Tisch und, sobald ich sicher war, daß der Kellner mich bemerkt hatte, an einen anderen Tisch setzte. Ich mußte allerdings feststellen, daß immer dann, wenn ich selbst einen Revierwechsel vornahm, die jeweils zuständigen Kellner nicht im Traum daran dachten, ihrerseits einen Revierwechsel vorzunehmen. Was zur Folge hatte, daß mich der Kellner des ersten Reviers nicht bediente beziehungsweise die Bestellung aufnahm, weil ich ja nicht mehr in seinem Revier saß, daß mich aber auch der Kellner des zweiten Reviers nicht bediente beziehungsweise die Bestellung aufnahm, da er anscheinend davon ausging, daß der Kellner im ersten Revier die Bestellung bereits aufgenommen hatte. Inzwischen habe ich mich insofern an die Situation gewöhnt, als ich davon ausgehe, daß jeder Restaurantbesuch auf den prinzipiellen Widerstand der dort beschäftigten Kellner stößt, mir auch nur die geringste Aufmerksamkeit zuteil werden zu lassen. Was zur Folge hat, daß ich schon beim Betreten eines Restaurants eine nicht geringe Wut auf die dort tätigen Kellner verspüre, es in Wahrheit auch für eine Zumutung halte, auf das Wohlwollen dieser mir gänzlich fremden Menschen angewiesen zu sein und mich am liebsten, noch ehe ich mich hingesetzt habe, über sie beschweren würde. Da ich weiß, daß mich die Kellner wiederum am liebsten gar nicht bedienen würden, neige ich dazu, die übliche Anstandsfrist, die man normalerweise wahrt, ehe man einen Kellner ungeduldig zu sich an den Tisch ruft, gar nicht erst einzuhalten und den jeweiligen Kellner sofort, nachdem ich Platz genommen habe, an meinen Tisch zu rufen, was die Stimmung noch zusätzlich verspannt. Es herrscht, kurz gesagt, offene Feindschaft zwischen den Berliner Kellnern und mir. Der Berliner Kellner ist der Hauptfeind, während der Berliner Platzwart der Nebenfeind ist. Der Berliner Kellner ist eine Art Wutgegner, während der Berliner Platzwart eine Art Angstgegner ist. Wobei ich speziell an den Platzwart des Wilmersdorfer Stadions denke, das sich gleich neben dem Wilmersdorfer Sommerbad befindet. Der Platzwart des Wilmersdorfer Stadions war viele Jahre überhaupt nicht in Erscheinung getreten, falls es damals überhaupt einen Platzwart gegeben hat. Der Rasen des Stadions war ungeschnitten, die Sitzbänke verwittert und zum Teil gar nicht mehr vorhanden, die Aschenbahn voller Unebenheiten und Unkraut. Allerdings hatte jemand in der Südostecke des Stadions die terrassenförmig angelegten Sitzreihen über mehrere Reihen hinweg mit Weinstöcken bepflanzt und einen kleinen Weinberg angelegt, der im Unterschied zum Rest der Anlage auch sorgfältig gepflegt wurde. Obwohl ich regelmäßig meine Runden auf der Aschenbahn drehte, habe ich nie jemanden bei den Weinstöcken gesehen, und ich habe auch niemals erfahren, ob die Trauben geerntet und zu Wein gemacht wurden. Aber der Wilmersdorfer Weinberg hat ganz ohne Zweifel dazu beigetragen, daß besonders an warmen Sommerabenden eine mediterrane Atmosphäre über dem Stadion lag. Man brauchte nur das Rauschen der Stadtautobahn und den leicht bitteren Geruch, der von der Zigarettenfabrik an der Forkenbeckstraße herübergeweht wurde, zu ignorieren, um sich einbilden zu können, nicht mehr in Wilmersdorf seine Runden zu drehen, sondern auf dem zypressengesäumten Weg nach Marathon zu sein. Das änderte sich mit dem Tag, als der Rasen komplett erneuert wurde. Mit dem neuen Rasen kam auch ein neuer Platzwart und mit dem Platzwart das Ende der südlichen Seligkeit. Merkwürdigerweise wurde nur der Rasen des Spielfeldes erneuert, ansonsten aber geschah nichts. Auch durften wir Läufer weiterhin die Aschenbahn benutzen, allerdings durfte niemand den Rasen betreten. Bis zu seiner Erneuerung hatte ich es mir angewöhnt, nach dem Lauf noch ein paar gymnastische Übungen auf dem Rasen zu machen oder mich dort einfach nur auszustrecken, durchzuatmen und in den Himmel zu schauen. Nun wachte der Platzwart über den Rasen, und er tat dies von seinem gleich links neben dem Weinberg und oberhalb der Sitzreihen gelegenen Häuschen aus. Obwohl die Stadionanlagen weitgehend verrottet waren, funktionierte die Lautsprecheranlage noch, und der Platzwart bediente sich ihrer, um den Rasen vor dem Betretenwerden zu schützen. Sobald ich auch nur einen Fuß auf das Grün setzte, dröhnte die Stimme des Platzwartes aus allen vier auf dem Gelände verteilten Lautsprechern: »Runter vom Rasen!« Die Anlage schien noch aus den dreißiger, vierziger Jahren zu stammen. Sie rasselte, rauschte und verlieh der Stimme des Sprechers einen metallenen, schneidigen Klang. Wenn die Stimme des Platzwartes aus dem Lautsprecher dröhnte, war der Platzwart selbst nicht zu sehen. Der Platzwart zeigte sich erst, wenn er mehrere Male hintereinander genötigt wurde, sein »Runter vom Rasen!« zu brüllen. Normalerweise befolgte ich die Aufforderung sofort, denn die anonyme Stimme war beeindruckend genug. Andererseits ließ der Eindruck der Stimme mit der Zeit nach, so daß ich gelegentlich wagte, mich nach der ersten Ermahnung ein zweites Mal auf den Rasen zu begeben, was aber sofort wieder mit einem Lautsprecherbefehl geahndet wurde. Der Platzwart schien einen genauen Überblick über jeden meiner Schritte zu haben, obwohl ich, wenn ich den Rasen betrat, dies immer nur an der Stelle tat, die am weitesten vom Häuschen des Platzwartes entfernt war. Nachdem ich mich mit der Zeit auch an die wiederholte Lautsprecheraufforderung gewöhnt hatte, versuchte ich meine Handlungsmöglichkeiten insofern zu erweitern, als ich nach absolviertem Lauf und nach wiederholter Ermahnung die Schuhe auf den Rasen stellte, um mich noch ein wenig mit bloßen Füßen auf der Bahn zu bewegen. Doch auch dies quittierte der Platzwart mit einem donnernden »Schuhe vom Rasen!« Das »Schuhe vom Rasen!« war die dritte Aufforderung, und die dritte Aufforderung bedeutete, daß der Platzwart nun aus seinem Häuschen trat, sich eine Zigarette anzündete und mich mit Hilfe eines Fernglases beobachtete. Ich nahm sofort die Schuhe an mich, hüpfte aber noch ein wenig auf der Bahn herum, um mich nicht als zu willfährig zu zeigen. Da das persönliche Erscheinen des Platzwartes mich einerseits wohl beeindruckte, es andererseits aber auch keine weiteren Konsequenzen nach sich zog, suchte ich bald darauf noch einmal meinen Spielraum zu erweitern, indem ich nicht nur drei Ermahnungen und damit das persönliche Erscheinen des Platzwartes provozierte, sondern den Auftritt des Mannes zugleich ignorierte und die Schuhe nicht vom Rasen nahm. Statt dessen legte ich mich neben die Schuhe und begann mit meinen Atemübungen, die ich allerdings durch sogenannte Sit ups unterbrach, um den Platzwart im Blick zu behalten, der mich weiterhin durch das Fernglas betrachtete. Letzteres konnte ich in Kauf nehmen, das waren mir der Rasen und die gymnastischen Übungen wert. Ein paar Tage später versuchte ich mit der gleichen Methode mein Bewegungsprogramm zu absolvieren. Auch jetzt wurde ich dreimal ermahnt und widerstand den Ermahnungen. Ich stellte die Schuhe auf den Rasen, machte meine Übungen und bemerkte während eines Sit ups, daß neben dem Platzwart zwei Polizisten standen, die ebenfalls, allerdings ohne Fernglas, in meine Richtung blickten. Ich erstarrte für einen Moment, setzte dann aber die Sit ups fort, denn auch die Polizisten schienen wie erstarrt. In dem Augenblick aber, als sie erste Anstalten machten, die Tribüne in Richtung Aschenbahn hinabzusteigen, nahm ich die Schuhe vom Rasen und verschwand durch den rückwärtigen Ausgang des Stadions, der sich in unmittelbarer Nähe vom Eingang des Wilmersdorfer Sommerbades befindet. Ich hatte genug Zeit, um einigermaßen gelassen zum Schwimmbad hinüberzugehen und in aller Ruhe und mit beruhigtem Atem eine Eintrittskarte zu lösen. Die Dame an der Kasse gehörte zu den typischen Berliner Schwimmbadkassiererinnen alten Stils, denn sie zeigte auf meine Bitte nach einer Eintrittskarte keinerlei Reaktion. Statt dessen wandte sie den Kopf nach links und begann ein Gespräch mit einem der Bademeister, der neben der geöffneten Tür des Kassenhäuschens seinen Dienst als Kontrolleur und Kartenabreißer versah. Nachdem ich meinen Wunsch nach der Eintrittskarte mit etwas lauterer Stimme wiederholt hatte, erhob sich die

Kassiererin und verließ ihren Platz. Verärgert und da ich jederzeit mit dem Eintreffen der beiden Polizisten rechnen mußte, wollte ich ohne Eintrittskarte das Freibad betreten, was aber der Bademeister verhinderte, der, ganz ähnlich wie der Busfahrer, seinen Arm wie eine Schranke ausklappte und auf berlinerisch zu mir sagte: »Wo solls denn hingehen, Meister?« Der Bademeister war ein übergewichtiger Mensch mit alkoholgeröteter Gesichtshaut, der ein ärmelloses T-Shirt mit der Aufschrift »Arnold« trug. Wenn mich etwas an den Berlinern ärgert, dann ist es die Anrede »Meister«. Die Berliner pflegen jeden, dem sie ihre Mißachtung zeigen wollen, mit »Meister« anzureden. Am liebsten hätte ich dem Bademeister handgreiflich gezeigt, wer hier der Meister ist. Aber in körperlichen Auseinandersetzungen war ich unerfahren, außerdem konnten die beiden Polizisten jeden Moment erscheinen, und eine Eintrittskarte hatte ich auch nicht. Statt dessen sagte ich zu dem Bademeister: »Ihr blödes Berlinerisch können Sie sich sparen«, worauf dieser unsicher hinter sich blickte, als hätte ich mich mit jemand anderem unterhalten. Dann sagte ich nichts mehr. Und auch der Bademeister sagte nichts mehr. Er hielt den Arm weiterhin heruntergeklappt, ich starrte über seine Schultern in die Wipfel der Pappeln, die das untere Ende der Liegewiese säumten. Wir schwiegen und wußten nicht, was zu tun war. Das wäre der rechte Moment für die Polizisten gewesen. Doch die Polizisten kamen nicht. Statt dessen erschien die Kassiererin mit einer großen Rolle Eintrittskarten in der Hand. »Die Eintrittskarten«, sagte sie zu dem Bademeister, der seinen Arm wieder einklappte und mich mit einem leicht angeekelten Anheben des Kopfes an die Kasse zurückverwies. Hier kaufte ich, nachdem die Kassiererin die Rolle in die Zählmaschine eingefädelt hatte, eine Eintrittskarte, reichte sie dem Bademeister, der sich aber weigerte, sie auch nur anzuschauen, und mich mit einem weiteren, ebenso angeekelten Anheben des Kopfes in Richtung Umkleidekabinen schickte. Ich ging aber nicht zu den Umkleidekabinen, sondern setzte mich auf die Steinterrassen, die sich am oberen Rand des Fünfzigmeterbeckens befinden und wo die meisten der Stammgäste ihre bevorzugten Plätze haben. Es war ein bewölkter Dienstag vormittag, das Schwimmbad war schwach besucht, und auf den Steinterrassen hatte sich, neben zwei, drei mir völlig unbekannten Personen, bei denen es sich um Zufallsbesucher handeln mußte, nur einer der Stammgäste eingefunden. Bei diesem Stammgast handelte es sich um einen Mann, der für mich nicht nur einer der typischen Berliner Schwimmbadbesucher war, sondern in gewisser Weise auch mein Lieblingsberliner. Der Mann war ungefähr zwischen vierzig und fünfzig, doppelt so dick wie der Bademeister und jeden Tag im Schwimmbad. Außerdem hatte er schon vom ersten und zumeist noch kühlen und regnerischen Öffnungstag an einen tiefroten Sonnenbrand auf Rücken, Schultern und Armen. Wie viele der typischen Berliner Schwimmbadbesucher ging er nur selten ins Wasser und lag die meiste Zeit auf den Steinterrassen. Was ihn aber für mich interessant machte, war die Tatsache, daß er im Unterschied zu allen anderen niemals ein Handtuch dabei hatte und es ganz offensichtlich liebte, mit weit von sich gestreckten Armen und Beinen auf den rohen Steinen zu liegen. Und zwar auf dem Bauch. Ich habe noch niemals einen Menschen so sehr am Boden liegen sehen wie diesen Mann. Er lag so dicht und fest am Boden, daß man die Schwere, die ihn an den Boden drückte, gewissermaßen noch unter den eigenen Füßen spüren konnte. Und ich habe auch noch niemals einen Menschen so lange am Boden liegen sehen wie ihn. Er legte sich am Vormittag hin und stand am späten Nachmittag wieder auf. Ich schätze, daß er im Durchschnitt und wenn das Wetter gut war und die Steine einigermaßen warm waren, sechs bis acht Stunden am Boden lag. Und er lag nicht nur sehr fest, sehr dicht und sehr lange am Boden, sondern auch sehr ruhig, fast bewegungslos. Ab und zu jedoch konnte es passieren, daß ein wenig Wasser von den Duschen am Beckendurchgang zu ihm herübergeweht wurde. Dann ging ein leises und lustvolles Zittern durch seinen Körper, das sich aber sofort wieder beruhigte und um das ich ihn, meinen Lieblingsberliner, auf ehrliche Weise beneidete.

Das Nichtgelebte

Noch immer gehe ich in diesem brennend sehnsüchtigen Leib umher und glaube zu ersticken vor Traurigkeit; ruhelos und zu nichts entschlossen, ganz verloren und lebendig. Aber genug. Jetzt die Maskerade.

Georg wollte den Platz überqueren, aber eigentlich war es ihm nicht ernst damit; es zog ihn das ungewohnte Leben an, er lenkte seine Schritte, in stummer Verabredung mit seinem absurden Gefühl, zur Weltzeituhr hin. Er erwartete keinen, nichts und keinen: und diese Belebung rings! diese neue Lust! Die Kaufhäuser und Läden waren von einer fremden, ausschweifenden Macht erobert, deren Fahnen an den Fronten wehten und Leuchtreklamen die Häuserfirne okkupierten. Die Waren quollen aus den Eingängen auf herausgerückten Stellagen, zum Getöse von Musik; und die Schreie der Straßenhändler unter den Stadtbahnbrücken, hinter Tischen voller Früchten oder Plunder, und selbst die Müßiggänger, die sich in den Weg warfen, gaben sich als ambulante Schwengel zu erkennen, die irgend etwas loswerden mußten, ein Zeug. Veräußern, sagte er sich, *alles veräußern.* Er war eben noch froh, absichtslos mit lose schlenkernden Armen seinen Weg zu nehmen, als ihn die begeisterte Rede zweier Griechen oder Türken an einen Stand band, die, in Verzückung geraten über ihr Angebot, große Beutel füllten: *Alles für zehn Mark* (sieche, wie er nicht wissen konnte, Pfirsiche und Bananen, fauler Blumenkohl), ein prächtiges Geschenk für eine kinderreiche Geliebte, dachte er berauscht und schleppte verlegen den Ballast. In eine Ansammlung lauter, gelenkiger Männer, Betrüger, die vor kleinen Schächtelchen hockten, Klappmesser in den Jacken; die Ansässigen, noch wirr in ihrer Fremde, waren unrettbar verlockt, und er selbst von unmenschlicher Gier erhoben! Er riß sich los und trat unter die mächtige Uhr, zu der beliebigen Zeit, die hier galt, und sah auf die Uhren der Welt. Sie gingen hier alle falsch.

Hierher hatte sich Georg vor langem, vor Tagen, mit Luise verabredet: 12 Uhr MEZ, um mit ihr fortzufahren. *Fortzufahren*... in der Liebelei oder in das Leben. Er hatte sich das nicht gefragt, es war ihm nicht erlaubt erschienen. Sie war allzu jung, so daß sie neben Georg als Kind gelten mußte, aber eine stürmische, begehrliche Person. Der er sich jungenhaft überlassen hatte ... für eine ernste Strecke, einen Ausflug in fieberhafter Freude, auf seiner Landkarte, die er bereitwillig glattstrich.

Als er näher gekommen war, hatte er Luise Hand in Hand mit einem Jungen ihres Alters stehn gesehen, er hatte nicht von ihm gewußt, aber die beiden hatten sichtlich unzertrennlich dagestanden. Georg vor den Kopf geschlagen; was war denn los zu dieser Zeit in der Welt? Er hatte, statt sie zu reichen, auf seine heillose Hand gestarrt, die gestern auf der Brust des fremden Wesens lag und jetzt über das Bißmahl an seinem Hals fuhr, das deutlich, wie eine Auszeichnung, angebracht war, jetzt von seinen Fingernägeln restauriert. Ihr Blick aber hatte offen das Unglück bekannt, mitleidig blinzelnd, und Georg hatte gelassen finster hinauf auf seine Uhr geschaut. Sie war abgelaufen.

Es war ihm augenblicklich bewußt geworden, wie dumm

und unbedenklich er tickte. Denn erst in diesen Sekunden hatte er vermocht, sie zu lieben.

Der Platz war im übrigen zu groß, seit man ihn umgestaltet hatte für irgendeinen gewaltigen Aufmarsch eines riesenhaften Volks in seiner veranschlagten Emphase. Windig und zugig, und der einzelne verlor sich.

Georg hatte Luise nämlich, als er sie kennenlernte, gar nicht wahrgenommen. Sie hatten, in einem Ferienheim, beim Essen an einem Tisch gesessen, er hatte sie täglich betrachtet, ihr Appetit gewünscht und sie übersehen. Ein Kind mit einer kleinen Brille, glattgebundenem Haar, in einem unförmigen Pullover. Das Essen war fade, einerlei gewesen. Er hatte auf die halb aufgeschlagene Zeitung gelinst, seine rohe Kost. Am letzten Abend war er ihr, aus Langeweile, vorsätzlich begegnet auf der Gasse. Er hatte sie zum Schlendern eingeladen: und sie einen hohen Berg bestimmt. Außer Atem, in genügender Höhe, hatten sie sich umarmt, oder jeder sich im andern, der zugegen war, und Georg hatte überrascht den festen Busen Luises unter seinem Arm gespürt. Er war beim Abstieg mehrmals in einem Taumel vor ihr stehngeblieben, um sich gegen sie zu lehnen, und Luise hatte ihn ernsthaft, mit geschlossenem Mund, geküßt. Sie hatte ihm ihre Adresse auf einen Zettel geschrieben, aber er hatte ihn von einer Tasche in die andere geschoben, bis ihm, nach Wochen, eingefallen war, jetzt bei ihr zu liegen. Ein Abrißhaus, zerbrochene Treppe, unverschlossene Türen; ein günstiges Quartier. Er hatte sie nicht angetroffen, doch seine Nummer (ohne seinen Namen) an die Tür gekritzt, worauf sie sofort, aus einem Krankenhaus, aus dem Nachtdienst, angerufen hatte. Georg war am übernächsten Morgen zu ihr geeilt, hatte Brötchen und Milch erstanden und war durch die Türe in den Bau getappt. Luise hatte in dem leeren großen Raum bei offenem Fenster schlafend auf einer breiten Matratze gelegen. Ein Laubstrauß, zwei

Teetassen vor dem Lager die Einrichtung, die Georg anstößig vorgekommen war. Er hatte die Schuhe abgestreift und still dagestanden, wartend, ob sie erwache: Sie hatte aber nicht im Traum daran gedacht. In ihr Zimmer hatte er treten können, aber in ihren Schlaf – da hätte sie ihm rasend gefallen müssen, dies war nicht der Fall; er hatte die Atzung hinterlassen und war zufrieden hinausgeschlichen. Am folgenden Tag hatte Georg sie wieder schlummernd ausgestreckt gefunden, und er hatte sich rasch entkleidet und war unter den Rand der Decke gedrungen. Er hatte seinen Leib, auf Schwanzes Länge Abstand, ihrem warmen Rücken genähert, mit Fuß und Kniekehle das bloßliegende Gesäß umstellt, und seine nicht gelagerte Hand hatte über dem schlafnassen Gesicht gehalten, eben den Flaum erspürend. Luise hatte einmal die Augen geöffnet (die Wimpern stachen in seine Fingerkuppen), aber röchelnd fortgeatmet in erschöpftem Schlaf. Es war ihm am nackten Kreuz kalt geworden, und obwohl er die Distanz hatte verringern dürfen, war er bald durchfroren gewesen, er hatte sich aufgesetzt, ihren Kopf zu seinen Füßen, ihr Mund offen, nackte Lippen. Er hätte Luise, um aus seiner armen Lage zu kommen, Gewalt antun müssen, aber es hatte ihm der rohe Mut gefehlt. Er hatte nur *ihren Schlaf bewacht,* und, bei dem Gedanken, Zärtlichkeit empfunden, die er wie einen Raub aus der Höhle trug.

Der Platz war – der riesige Platz, auf dem er sich befand – eines Tages wirklich voll gefüllt gewesen. An diesem sonnigen kalten Samstag hatte eine genehmigte Demonstration für Presse- und Meinungsfreiheit mit ihren ungenehmigten Spruchbändern und satirischen Plakaten das weitläufige Areal überschwemmt. Zwischen dem Haus des Buches, dem Haus des Lehrers und dem Haus des Reisens (die gefährlichsten Angelegenheiten des Landes waren verwirrenderweise in öffentlichen Gebäuden betrieben worden) hatte sich die unabsehbare Menge gestaut, angstlos angesichts ihrer Zahl, und unbehelligt von einem Kommando. Es hatte der Witz der Reden regiert von einem Pritschenwagen herüber, und im Gelächter, im Applaus hatte die Menge in glücklicher, unangreifbarer Ruhe verharrt. Sie war unvermutet zu einer kühnen Feier geladen. Sie hätte, an diesem Tag, die Macht zu unglaublichen Dingen gehabt, aber es hatte ihr genügt, hier zu sein. Zugehörig dieser herrlichen, nichtsachtenden Heiterkeit. Sie war ein Souverän gewesen, der sich begnügte mit diesem Beieinanderstehn, dem Gefühl einer ungeheuren Möglichkeit.

Georg hatte die Zärtlichkeit über mehrere Tage gerettet, und so heimlich er sie sich angeeignet, bei einer ahnungslosen schlafenden Person, so offen hatte er sie nun zeigen wollen. Er war in einer Morgenfrühe zum Krankenhaus gefahren und hatte sie Luise, als sie endlich, weit nach der Zeit, aus dem Nachtdienst kam, vorgeführt; Luise hatte sie zur Kenntnis genommen. (Seine Arme erhoben vorgestreckt, die Schritte zu rasch auf sie zu.) Und war mit Georg, an den Blicken der Pforte vorbei, noch einmal nach oben gestiegen, aufgeregt jetzt, und hatte ihn in dem langen Flur in die Zimmer lugen lassen. Die Alten hatten hier, weiter sonst nicht beachtet, in ihren armen Betten gelegen. Sie waren gewaschen, gefüttert worden und, hatte sie gesagt, mit guten Worten bedacht, und Georg hatte gesehen, wie sie zu Luise hergeschaut hatten und Licht in die Augen dieser Verlassenen gekommen war. In zwei Betten war in der Nacht gestorben worden.

In der Gasse milde, duftende Luft, die einen heißen Tag versprochen hatte, blühende Kastanienbäume, der sausende Verkehr auf den Ausfallstraßen – alles hatte sie überredet, den Tag zu verleben (und die freie Nacht). Er war mit ihr im Wagen ziellos losgefahren. Während sie zusammengekauert, schon wieder, geschlafen hatte, war er, selber träumend, durch zahllose Ortschaften geprescht, ungeduldig unschlüssig, welche ihr gefallen könnte, welche die richtige wäre, um zu *bleiben.* So war er unweigerlich in die flachste schimmerndste Ferne gelangt, wo die Autobahn geendet, die Landstraße sich verloren hatte und der Weg versandet war. Luise hatte blinzelnd in den blendenden Himmel gesehn und Georg sich gefreut, auf die Frage: wo sie seien? zu antworten: nirgends. Kein Ort weit und breit. Sie hatten aber eine menschliche Spur entdeckt, einen Grenzverhau, der seiner menschlichen Bestimmung verlustig war; im Streifen zwischen dem doppelten Zaun hatte hohes Gras gewuchert, in das friedlich eine Schafherde gemengt war. Sie waren durch den zerschnittenen Maschendraht gestiegen, glücklich verwirrt in dem unheimlichen Gelände. So ist es *nirgends*, hatte Georg gedacht; *überall.* Und entsetzlicherweise hatte er sich jetzt gänzlich zuhause gefühlt, in der Heimat, es hatte nichts gefehlt. Er war vor Luise hermarschiert, betäubt von der Totenstille oder dem Wiesenduft, wunderbar erschossen.

Luise hatte sich aber, blökend: vor Hunger, in Erinnerung gebracht, und sie hatten den Unort aufgegeben und in einer Schenke einen Tisch im Freien gefunden, Bewirtung, Kerzenlicht in der kalten Dämmerung. Die Messerspitze auf den Tisch setzend, eben so, daß sie keine Spur hinterließe, hatte Georg zum erstenmal von dem gesprochen, was er aufgeben würde; eine Frau, eine gewohnte, gehaßte Geborgenheit, das Gutsein, das er zerstören müßte, ohne Grund. Es hatten ihm wider Willen Tränen in den Augen gestanden, die der Schmerz oder die Seligkeit dieses Gedankens, oder die Reue hervorriefen – Luise hatte auf das Messer gestarrt und mit einem Schlag auf seine Hand die Spitze im Tisch befestigt.

Das erinnernd ist er in der Nacht; dem dunklen Zeitraum,

dem er eigentlich, auf dem belebten Platz, wie spät es immer war, nachsann; in dem Doppelzimmer des Strandhotels. Luise hatte sich wortlos ausgezogen und selbstverständlich, wie man sich in einem Zelt einrichtet, beider Betten aufgeschlagen, sie hatte ihm Zutritt unter die Dusche gelassen, er hatte ihren dünnen, sie seinen dicken Leib geseift, die Brüste, den Schwanz: als wäre es eine gewöhnliche Tätigkeit, die man mit Ernst vollbringt. Sie waren, noch naß, auf das Lager geraten, er rücklings, und seine Handgelenke von ihren Händen auf dem Laken festgehalten, so daß er nicht hatte hindern können, daß sie sich mit ihrer feuchten Öffnung auf ihn schob und er, unwillkürlich, unter ihrem Gewicht in sie eindrang. Als sie dann aufgerichtet auf ihm gesessen und er ihr glühendes Gesicht erblickt hatte, war ihm wieder bewußt gewesen, wie jung sie war, unerreichbar in einer anderen Zeit. Er war, neben ihr, ein alter Mann, er hatte die Augen geschlossen und versucht, ihre Gestalt zu vergessen, die über ihm atmete, und die Schenkel für irgendeine Mechanik zu halten, die eine Gegebenheit war. Er hatte gewünscht, unbeteiligt, unbemerkt zu bleiben und minutenlang still gelegen ... aber das eine Teil von ihm war wider Erwarten in die Auseinandersetzung einbezogen. Eine unbedenkliche Rauferei, deren Ende er zerknirscht erwartet hatte, da er dann die Augen öffnen und sie ihn erkennen müßte; er hatte kein Recht auf sie. Als sie aber, ihr Aufbäumen signalisierte es, am Ziel gewesen war, war Georg, schweißnaß, auch eben dort angekommen. Sie hatte den Komplizen umarmt, und ohne sein elendes Dasein anzuerkennen war sie, Nabel auf Nabel, herumgeschwenkt, nun seine Schienbeine fassend und, mit den Lippen, seinen (ansprechbaren) Schwanz berührend; so daß Georg, in gegenteiliger Lage, die seinen in ihrem Schamhaar gespürt hatte und er, verzweifelt alle Rücksicht aufgebend, zu handeln begonnen hatte. Wie ein freier

Mann, in einem glücklichen Leben, das vor ihm lag. Er hatte sich darüber geworfen ... und Luise, seinen Nacken umspannend, hatte den Mund an seine Kehle gepreßt und, mit immer festerem Druck, zugebissen: eine Mitteilung, die ihm wichtig war (und, wie sich zeigte, in dauerhafter Schrift) – er hatte, den Schmerz ertragend, das Tosen des Meers gehört; ein brausendes Gefühl von Angst und Lust; er war zu seiner Bestimmung gekommen. Am Morgen: 4.05 MEZ, als das erste Licht Wasserfläche und Himmel auseinanderschied, sie hatten über die Reling des Balkons gebeugt gestanden, hatte Georg, von unerklärlicher Unruhe erfaßt, zum Aufbruch gedrängt. Luise war die Eile abscheulich gewesen – Termine, Verpflichtungen in seinem Kopf kursierend, Ausreden alles, die ihn aber fortbefahlen, er hatte die schlimmsten Spuren im Zimmer beseitigt und, unbemerkt von ihr, in sich, und endlich, auch wenn sie ruhig gefrühstückt und gemächlich das Meer besucht hatten, wie im Wahnwitz, überstürzt den Tatort verlassen.

Georg wandte sich, auf dem Platz, unter seiner abgelaufenen Uhr, unter Luises erinnertem mitleidigen Blick, die Fingernägel wieder in das Bißmahl grabend, weg und erkannte zwischen den dreisten Hütchenspielern einen Mann. Der stierte auf die Schächtelchen, unter denen sie kleine Kugeln aus Stanniol hielten, die sich mit Leichtigkeit orten ließen, aber, wenn der Einsatz gezahlt war, niemals aufzufinden waren. Er hatte eben 100 Mark verloren und setzte, seiner Sache äußerst sicher, ein zweites Mal; und verlor wieder. Der Mann richtete sich, weiß vor Wut, auf, ein heulender Ton entwich seinem hageren Leib, er sah mit einem wehen Blick um sich, in die unverständige Menge. Dann fand der Blick, erstarrend und sogleich zerschmelzend, Georg; ein feines, demütiges Leuchten; und der Hagere glitt auf ihn zu, seine wehrlose Hand packend und mit einem Ruck hart an den Leib ziehend (eine Gewohnheit, die Georg oft versöhnt hatte), aber plötzlich den Kopf zurückgebeugt herzlich grinsend. Wer war das!

Es war natürlich Schaber, sein verborgener Vorgesetzter, den er am wenigsten erwartet hatte in dem Gewühl: das sonst durchaus sein Platz nicht gewesen war; und der jetzt, mit bestaubten Schuhen, eine Staude Bananen mit der Aktentasche im Griff, augenscheinlich abgehalftert, sich an ihn lehnte und mit weicher Stimme sprach: Liebster Georg!

Was denn; was habe ich mit ihm gemein, dachte Georg, meinem alten Peiniger ... *Liebster!* rief er lautlos verblüfft und sah die Zeiger der Uhren rasen, in Sekunden, in denen er ihn plötzlich haßte.

In der Mitte des Platzes war, auf geheimnisvolle Weise, ein mannshohes Lehmhaus entstanden: ein einfacher, sehr einsamer Ort. Umgeben von den schmutzigen Glasfassaden der alten Großbauten, durch deren undurchsichtige Scheiben die Staatssicherheit das Zentrum observiert hatte.

Georg hatte zu Schaber jedoch, ehe er ihn noch kannte, innig aufgeschaut. Die Weisungen, die er überbracht hatte, im Flur des Instituts wie ein Massiv erscheinend, waren verbindliche Botschaften gewesen, nach denen man sich sehnte. Die knappen, raschen Sätze, hinter vorgehaltner Faust, hatten alles geklärt; und alles war unerklärlich: welches Geständnis ihm Schaber immer machte. Es war nur alles hinzunehmen. In der aufregenden letzten Zeit war Georg, interessehalber, zu einem Vortrag Schabers gegangen. Der hatte sich mit dem Thema weit hinausgewagt – und es dann, wie Georg am Ende dazwischenwarf, gedankenfeig umgangen. Schaber hatte ihn, oder eigentlich sich, zurechtgewiesen, und Georg verblüfft die brüchigen Argumente gemerkt. Er hatte sich auf dem Heimweg in seiner Wutlust an ihn gehangen; und Schaber hatte lächelnd geraten: sich bedeckt zu halten.

Es war noch die Epoche der Sitzungen gewesen, und Georg hatte sich seit Wochen vorgenommen *aufzutreten*. Ehe er sichs versah, war er durch einen Aushang ins Institut befohlen worden. Ein kolossaler Bau aus dem vorigen Jahrhundert, mit Marmortreppen und vielen mächtigen Türen, an den sich der Trakt eines Gerichts anschloß, der vergitterte Fenster aufwies; in einem der Höfe hatte man mitunter für Minuten Häftlinge an der Luft sich ergehen gesehn. Georg hatte sich in den engen Saal gedrückt, wo ein kleiner Ausschuß schon, mit Schaber in der Mitte, bei geschlossenen Vorhängen an einem rotbespannten Tisch gesessen hatte; Schaber redend. Eine Marxbüste, ein übel geschmückter Tannenbaum, die Wanderfahne im volkseigenen Ständer: komisches Inventar; Georg, seine Fragen auf den Lippen wälzend, hatte belustigt mit dem Stuhl gekippelt. Und Schaber war nicht zum Schluß gekommen, und es war immer dumpfer im Raum geworden. Bis Georg alles nicht mehr erheblich gefunden hatte und auch sein Grimm ermattet war, und als gefragt worden war, ob es Fragen gäbe, hatte Georg blöde blickend nichts herausgebracht. Zur nächsten Versammlung hatte er sich wider seine Neigung vorn postiert und, während Schaber noch sprach, sich schon zu Wort gemeldet. Er war der Rede kalt gefolgt und hatte zu den Sätzen sogleich eine Brut von Gegensätzen auf der Zunge, die seine Backen blähten. Schaber hatte einmal aufgeschaut und die lästige Hand mit einem wirschen Satz gekappt, Georg war die Hitze ins Gesicht gestiegen, Zischen und Prusten in den Reihen hinter ihm, so daß die Unruhe allgemein geworden war. Er hatte sich nun aber zusammengezogen und den eklen Vortrag ertragen; hätte er aufstehn und speien sollen? Es hatte ihm der rohe Mut gefehlt. Schaber war also ans logische Ende gelangt: daß man *die Wachsamkeit erhöhen* müsse, und Georg hatte unversehens Verachtung gelernt.

Auf dem riesigen Platz hatte man an das eine Entsetzliche gedacht – nachdem kurz zuvor an dem sogenannten Feiertag die Volkspolizei die kleinen Aufläufe aufgefangen hatte, ungewohnte Verrichtung für ungeübte Mannschaften, nachdem sich die Regierung oben entschlossen hatte, den Anblick unten wegzuwischen, das störende Volk in die Kastenwagen zu laden und in aller Abgeschiedenheit seine Einwände zu vernehmen, nachdem die Polizei das Volk aus ihrem Namen los war und man in Garagen und Kellern wie überall in der Welt mit dem Gesicht zur Wand gestanden hatte, nachdem die unbekannten Handgriffe und Fußtritte, im Handumdrehen, begriffen worden waren, Gebrüll, Gebell, Verhöre bis zum Tag … nachdem man auf den Platz gekommen war, hatten alle, auf dem Platz, an das eine ungeheure Unmögliche gedacht, die Lösung, die auf einem andern Platz geprobt worden war, die entsetzliche, alles zunichtemachende, die Chinesische Lösung.

Das Gefühl der Verachtung, das Georg beschlichen hatte, hatte er leicht, an der nächsten Plakatwand, abgestreift. Es war der öffentlichen Vernunft Schabers geschuldet, er hatte doch aber persönlichen Verstand, auf den man setzen mußte. Und richtig war Georg wiederum, ehe er sich gemeldet hatte, von Schaber vorgeladen worden, in sein Wohnhochhaus in Mitte.

Georg war am Abend in dem Silo erschienen, und Schaber, im Treppenhaus wartend, hatte ihn mit einem langen kritischen Blick umfaßt (das Manuskript, das Georg vor der Brust hielt, stockenden Schritts). Und war durch die Gänge vorangeeilt, in denen sich ungewaschene, hungrig dreinblickende Kinder gejagt hatten, die Wohnungsschlüssel am Hals, ohne Aufsicht; Schaber hatte sie mit lauten, dumpfen Schreien weggescheucht, so daß sie mit verkniffnen Gesichtern in die

Fahrstühle gesprungen waren. Sie hatten ein Neugeborenes mit herumgeschleppt.

Im Heizungskeller war sogleich das gefährliche Klima zur Sprache gekommen, die Wetterfront aus dem Osten, die verregneten Pläne. Sie waren beide überzeugt gewesen, daß man sich auseinandersetzen müsse. Schaber hatte den Kellerraum verschlossen und den Gegner gebeten, stillezuschweigen: während er nun das Manuskript aus dem Packpapier geschlagen und mit leiser, erstickender Stimme darin gelesen hatte, Passagen, die verwerflich klangen (daß falsch sei, was sich nicht *ändere*), bis die Widersprüche, auf einem zitternden Blatt, auf den Punkt gebracht waren. Georg hatte ins Dustere gegrinst, in dem sich, geschlossenen Munds, die Debatte erhob. Was wollte er ändern! alles. Alles auf einmal. Sie hatten ja, der Suada folgend, gefühlt, daß sie an eine Grenze kamen, hinter der die Wahrheit lag; vor den Palisaden ihrer Gewißheiten die rohen, nackten Tatsachen. Sie waren ins unbewachte Offene hinausgeraten, ängstlich bewußt ihres herrlichen Vergehens. *Alles* wird anders, hatte Georg gewußt, es ist *nichts*. Auf die verstaubten Säulen Altpapier gestützt, ja sie umklammernd, war er plötzlich in einer Fremde gewesen, dem eigenen Denken; Schaber gleichgültig; er, er elend vorhanden.

Doch Schaber hatte wimmernd aufgelacht: vor Überdruß, und sie waren aus dem Verlies hinauf in Schabers Etage gewichen, ins überheizte Wohnzimmer, unter den Kronleuchter, der am Tage brannte. In den Sessel gedrückt, in den er am liebsten versunken wäre, hatte Georg für sich bedacht, was gewonnen war ... der Bruch, mit seiner gewohnten gehaßten Freundlichkeit, der Gemeinsamkeit, die zerreißen würde wie ein Gespinst. Er hatte versucht, den Übermüdeten zu spielen, um den Zorn und die Traurigkeit ruhig auszukosten, den Trotz; aber Schaber hatte ihn endlich aufgegriffen und wortlos aus der Tür gedrängt. Die andere Szene, an die er sich deshalb erinnerte (ohne den Platz zu verlassen, in der angegebenen Zeit), war der Tag des sogenannten persönlichen Gesprächs, im leeren Leitungszimmer. Schaber hatte ihn säuberlich heruntergeputzt und sich von dem Abweichler abgegrenzt, Georg hatte die Zähne zusammengebissen mitsamt seinen Witzen, er mußte das über sich ergehen lassen wie Gewäsch. Man war zur Sache gekommen: der eisernen Disziplin, in die sich sein Nischel fügen müsse – den Georg verzweifelt gesenkt hatte; worauf sich Schaber aufs Drohen verlegt hatte, alles in ihm zum Widerstand reizend. Er hatte an diesem ihm vorgesetzten Gegenüber, der hämisch unbeteiligten Fresse vorbeigesehn. Wie alt und elend waren diese Methoden, aus einer aschgrauen Zeit. Er war ein erwachsener Mensch. Er konnte dieses Fossil vexieren, das ihn erpreßte, und kühl seine Winkelzüge studieren, den leibhaftigen Apparat. Nichts hielt Georg hier als sein eigener verträumter Wille. Er war imstande, sofort, mit Getöse, aufzustehen, die Türen schlagend. Es war aber in seinem Wesen ein widersetzlicher Zipfel, der sich nicht heraushalten konnte, auf dem er sich hineinritt, das Weitere wütend ersehnend; wer Ohren hat zu hören der soll sehen; es war ihm recht gewesen. Schaber war endlich, mit Triumphgeheul, zu seiner Entscheidung gelangt, und Georg ganz erblaßt zur selben Einsicht. Er hatte sich auf den Genossen geworfen und, als könnte er ihn widerlegen, die Handballen auf seine Zähne geschlagen; der aber war reflexartig abgetaucht, mit der Körpermasse den Angreifer aushebelnd, so daß Georgs Kopf vor Schabers Füße geflogen war, der nun bedächtig, mit der breiten Sohle zugetreten hatte. Und ihn in ein anderes ehrloses Leben beförderte, da im Drecke ... es konnte jetzt beginnen. Und Georg, hinter dem Vorgesetzten kniend, hatte die Hände an seinen Hals gelegt und ihn, rasch verzagend, gewürgt; er konnte sich

146

ihm nicht verständlich machen (Schaber zeigte am nächsten Tag das Würgemahl). Es hatten, in Georgs Bewußtsein, die altbekannten Schlachten gehallt – ein trampelnder Haß; die jetzt endgültig verloren waren. Gegen Abend (18 Uhr MEZ), die Dämmerung nahm die Gebäude ringsum schon in Schutz, hatten sie nebeneinander am Panzerschrank gelehnt, Georg von vollkommener Trägheit erfaßt, festgelötet. Schaber hatte ungeduldig gestöhnt – morgen, alle Tage, befahl die Pflicht sie wieder her; Georg hatte die Räumlichkeit in sich aufgesaugt und das Geschehene darin, und war freilich, obwohl er rücksichtslos weiterschrieb und herrlich weiterdachte, wie ein Verblödeter eine Arschruhe habend in der Sphäre verblieben.

Der Platz, den Georg jetzt sah, und auf dem er Schaber stehenließ, der sich brüsk entfernte, war von lauter einzelnen Leuten überlaufen, die, ohne etwas miteinander im Sinn zu haben, die große Distanz ausmaßen, wie von einem mächtigen Würfler zwischen die Werbeflächen gejagt. Es war eine andere Zeit; die alte, Schabers Zeit, war vorbei. Georg dämmerte ein böser Gedanke: der hatte sie nicht gewollt, die Gemeinsamkeit, es war ihm nicht ernst gewesen. Nun mußte er damit leben . . . es geschah ihm recht, daß er verschwand dahinten, nur noch an der Bananenstaude zu erkennen. – Aber wer war *er*?

Georg war ein pünktlicher Mensch, der nur nicht verabredet war, nicht mehr. Es war 12.15 MEZ. Er konnte ohne Schrecken auf die große Uhr sehen, und mit unendlicher Trauer, seine Plastetüte in der Hand: *Alles für zehn Mark.* Hätte er Luise halten können? – Er würde es nie wissen. Wer nicht liebt zur rechten Zeit, der muß sehn was übrig bleibt. Hätte er sich von Schaber trennen können? – *Wer zu spät geht, den bestraft das Leben.* Warum hat er sie nicht gefreit? Warum hat er sich nicht befreit? fielen die Sätze in seinem Kopf übereinander und narrten ihn mit ihrem Gleichsinn, und er hatte nur die eine arme Antwort bereit: Ich habe es nicht gewollt. – Indem der Gedanke ihm ins Herz schnitt, wußte Georg, daß es ein glücklicher war, ein unausweichlich wahrer. Er war ein einzelner hier, aus einer großen berühmten Menge, die hier gewesen war mit ungeheuren Transparenten. Wir haben es nicht gewollt, sagte er vor sich hin, wir haben es nicht gewollt, wir haben es nicht gewollt. Es ist uns nicht ernst gewesen. Wir hatten Zeit genug. *Wollen wir unsere Uhren vergleichen, es sind so viele Zeiten. Wir wollen uns nicht verfehlen. Wenn die Uhren der Welt eine Stunde schlügen, das sollte ein Hochzeitsläuten sein, daß die Welt in die Wochen kommt.* Wir werden es nie wissen. Es geschieht uns recht. Nun müssen wir damit leben, in diesem Universum des Nichterlebten. Und für den einzelnen, nur für ihn, wächst die Vergangenheit zu einem riesigen Raum, und die Zukunft wird immer kleiner, die Zukunft, die doch beginnt! Beginnt und endet, in dem besinnungslosen Treiben, der ewigen Lauferei hier, etwas Unwiederbringliches suchend, die Möglichkeit.

Genug. Georg wollte den Platz überqueren, aber da es ihm nicht ernst damit war, wandte er sich nur nach der anderen Seite herum und erblickte eine groteske Gestalt, die mit gestrecktem Bein auf ihn losging, ihn mit beiden Händen grüßend: die eine aufwärts gereckt, die andere neben dem Ohr verlegen zur Faust geballt, das übrige Bein aber schien dem Boden verhaftet; so daß der Kerl wie ein Zerrissener wirkte, der doch blindlings einen Schritt wagte: auf das Schaufenster des Kaufhofs zu.

INGO SCHULZE

Büchsen

Schwesternschülerin Jenny und eine Patientin
sprechen über einen Mann. Ein anderer will gern
zuhören. Vergängliche und ewige Werte.

»Warum erzählen Sie mir das?« fragte die Frau.

»Damit Sies wissen.«

»Ich glaube Ihnen nicht.«

»Das ist Ihre Sache«, sagte Jenny. Sie saßen nebeneinander an der Bar. Es war noch früh und sie die einzigen Gäste. Der junge Kellner hinter dem Tresen hatte ihnen Kaffee gemacht, für Jenny noch einen Gin Tonic, und dann die Stühle von den Tischen genommen. Danach war er verschwunden. Ab und zu tauchte er auf, um den Aschenbecher zu wechseln. Er schien niedergeschlagen oder einfach nur übermüdet. Das Licht drang kaum durch die Fenster, weil vor dem Haus ein Gerüst stand, von dem lange Planen herabhingen.

»Sie müßtens doch wissen«, sagte Jenny.

»Was?«

»Daß es stimmt, was ich sage.«

»Nein«, erwiderte die Frau und sah lange in ihre leere Tasse.

»Er hat mir gesagt, daß zwischen ihnen ...«

»Hören Sie ...«

»... nichts mehr ...« Jenny drückte die halbe Zigarette aus. »Deshalb habe ichs doch erzählt, damit Sie sich keine Gedanken machen, daß es an Ihnen ...«

»Ich will – das alles nicht mehr. Ich habe nie über so etwas gesprochen. Mit niemandem. Ich will nicht, auch jetzt nicht.«

Jenny trank. Im Glas blieben Eisstücke zurück. »Entschuldigung«, sagte sie, »ich dachte, Sie wollten es wissen.«

»Nein«, sagte die Frau und sah über die Schulter in den leeren Raum. »Sie phantasieren sich ein Zeug zusammen.«

»Warum haben Sie mich dann angerufen? Sie hätten den Brief in den Kasten werfen können und fertig.«

Die Frau schloß für einen Moment die Augen. »Die Polizei gibt mir seine Sachen, ad eins.« Sie stellte ihren rechten Daumen auf. »Ad zwei, ich finde den Brief in der Reisetasche, ohne Marke. Ich kenne keine Jenny Ritter in Berlin. Die Adresse sagt mir nichts. Ich nehme das Telefonbuch und rufe Sie an.«

»Sie wollten wissen, wer das ist.«

»Nein.« Die Frau blickte auf ihre abgespreizten Finger. »Ich wollte nicht, daß mein verstorbener Mann Briefe verschickt.«

»Verstehe. An der Stimme haben Sie mich nicht erkannt?«

»Über so etwas spricht man nicht am Telefon. Das müßten Sie doch wissen, Schwester Jenny. Ich merkte erst hier, daß Sie es sind. Woher soll ich Ihren Nachnamen kennen.«

»Wollen Sie nicht wissen, was drin steht?« Jenny zog ein dunkelgraues Kuvert aus ihrer Lederjacke und legte es zwischen die Kaffeetassen. »Außerdem bin ich Schwesternschülerin. Ich hätte es wissen wolln. Ich will immer die Wahrheit wissen.« Sie zündete sich eine Zigarette an und wedelte das Streichholz aus.

»Ich will das nicht mehr«, sagte die Frau und sah wieder über die Schulter, als der Kellner erschien.

»Noch einen«, sagte Jenny und schob ihr leeres Glas vor.

»Und Sie?« fragte er. »Kaffee?«

»Nichts«, sagte die Frau. »Oder ein Wasser, ohne was, Leitungswasser, geht das?«

»Na aber«, sagte er. Für einen Moment hellte sich sein Gesicht auf. Sie schwiegen, bis er den Gin Tonic vor Jenny gestellt hatte und mit einem Glas nach hinten gegangen war.

»Was wissen Sie denn noch?« fragte die Frau leise.

»Ihren Vornamen.«

»Und?«

»Sylvia?«

»Ja«, sagte die Frau. »Gefiel Ihnen das, ein Mann mit Glasauge? Ich könnte mir vorstellen, daß Sie andere Männer . . . Ich meine, wenn Sie wollten.«

»Dieter wäre mir nicht aufgefallen – was ist?«

»Nichts. Er wäre Ihnen nicht aufgefallen . . .«

»Er schob sich vorsichtig über drei Stühle ans Fenster, statt einen zurückzuziehen und sich zu setzen. Dann stand er wieder auf, um den Mantel abzulegen. Den behielt er zusammengerollt auf dem Schoß, und als er die Speisekarte bekam, wußte er nicht, wohin mit dem Mantel. Dann rückte er vom Tisch weg und dann wieder heran – eine Menge überflüssiger Bewegungen, verstehn Sie? Außerdem sprach er zu leise, und die Kellnerin mußte ein paarmal nachfragen. Er aß vorsichtig und starrte auf seinen Teller, damit wir uns nicht immer ansehn. Er saß genau vor mir, einen Tisch weiter. Als er fertig war, bezahlte er am Tresen und lief davon.«

»Bitte«, sagte der Kellner, »ist nicht eiskalt, nur kalt, wenns recht ist?«

»Danke«, sagte die Frau.

»Sonst nichts?«

»Sehr liebenswürdig«, sagte sie und suchte in ihrer Handtasche. Der Kellner blieb unschlüssig stehen, sah nach dem Aschenbecher und wandte sich wieder ab. Jenny umfaßte ihre Ellenbogen. »Den Mantel zog er draußen an. Am nächsten Mittwoch trafen wir uns wieder. Ich dachte, er kommt öfter her, und er dachte, ich sitze immer hier. Er lud

151

mich ein. Es war alles Zufall.« Jenny drehte ihr linkes Handgelenk, bis die Uhr gegen das Ginglas stieß. »Nahm ich eine Zigarette«, sagte sie, »ging sein Feuerzeug an. Sprach ich weiter, ging es aus. Er wartete auf die nächste Gelegenheit, sehr aufmerksam. Als ich merkte, worauf es hinausläuft, sagte ich, daß ich im Friedrichshain aufgewachsen bin.«

»Worauf hinausläuft?«

»Er dachte, weil wir hier im Westen sitzen, müssen auch alle aus dem Westen sein. Ich habs ihm gesagt. Aber entweder wußte er nicht, wo der Friedrichshain ist oder er glaubte mir nicht.«

»Er hat Berlin nie gemocht. Wir waren nie hier. Nicht mal in Sanssouci. Dresden gefiel ihm besser, das Italienische.« Über dem Glas riß sie die Verpackung auf und ließ eine Aspirintablette ins Wasser fallen.

»Ich fand das erst nicht wichtig«, sagte Jenny. Sie kratzte sich gleichzeitig an beiden Unterarmen. »Und später wars zu spät. Da konnte ichs nicht mehr sagen. Ich weiß auch nicht.«

»Daß Sie aus dem Osten sind?«

»Ja. Wir tranken, und plötzlich bot er mir dreihundert Mark an. Er wolle nichts weiter, sagte er, als neben mir liegen und so wieder aufwachen.«

Beide Frauen beobachteten die Aspirintablette, die am Glasboden herumtorkelte, sich dabei aber weiter aufstellte, bis sie, kurz bevor sie die Senkrechte erreichte, zeitlupenartig auf- und niederhüpfte.

»Er wußte, daß ich Krankenschwester werde. Ich sagte es, aber er lächelte, als würde ers nicht glauben.«

»Hat er offensichtlich auch nicht. Und warum haben Sie nicht abgelehnt?«

»Ja«, sagte Jenny, »hätte ich.« Sie betrachtete den Vorhang, sah zum Regal mit den Whiskyflaschen und der verspiegelten Rückwand und dann wieder auf die Tablette.

»Er gefiel Ihnen?«

»Als er merkte, daß ich überlegte, kam er mit fünfhundert. Ich hatte keine Angst.«

»Aber zuletzt ...?«

»Das hatte mit Angst nichts zu tun.« Jennys Hand tastete nach dem Gin Tonic.

»Darüber wollen Sie nicht reden.«

»Ich habs doch erzählt.«

»Nur, daß er brutal war.«

»Reicht das nicht? Sie glauben mir ja nicht.« Jenny nippte an ihrem Glas. »Pervers«, flüsterte sie, »pervers ist besser.«

»Bitte?«

»Pervers ist besser als brutal. Wie Brausepulver«, sagte Jenny und wies mit dem Kinn auf die Tablette. »Das einzige, was ich danach wollte – ich wollte sein Gesicht sehen. Wenn er Sie besuchen kommt, wenn wir uns auf Station begegnen oder wenn ich die Tür zu Ihrem Zimmer öffne, und er an Ihrem Bett sitzt, wenn ich frage, ob Sie Wurst oder Käse zum Abendbrot nehmen. Sein Gesicht wollte ich sehen.«

»Sie wollten ihn erpressen?«

»Ich wollte sein Gesicht sehen. Ich stellte mir vor, was er denken würde.«

»Und?«

»Panik.«

»Sie wollten ...«

»Daß er in Panik gerät, ja.«

Die Frau nickte und dann schüttelte sie gleich den Kopf. »Da hätte er dann mit seiner Hure an meinem Bett gesessen.«

»Ich bin keine Hure, das wissen Sie.«

»Sie nehmen Geld.«

»Das war zufällig. Er wollte das. Sie glauben mir nichts.«

»Sie waren fünfmal zusammen, haben Sie gesagt. Da haben Sie fünfmal kassiert.«

»Nein«, sagte Jenny, »das letzte Mal nicht.«

»Sie haben Geld genommen.«

»Damit hat es nichts zu tun. Sie müssen mich nicht beleidigen.«

Die Tablette erschien an der Oberfläche. Nacheinander lösten sich einzelne Stücke ab und trieben zum Rand. Aus dem Glas sprühte es auf den Handrücken der Frau und auf den Briefumschlag.

»Nun ist er Ihnen entwischt«, sagte sie. »Als man ihn fand, beim Angeln, war es zu spät.«

»Ich weiß«, sagte Jenny. »Sie haben uns auf Station informiert. Er hat viel davon erzählt, vom Angeln. Er hat ja andauernd erzählt. Erzählen konnte er ja.«

»Er ist Lehrer gewesen. Das mußte er können.«

»Er wollte mir den ganzen Osten erklären.«

»Er war einfach verbittert.«

»Ich kenne seine Geschichten, alle, von der Abendschule, vom Zeichenzirkel, Studium, Schule und wann sie ihn rausgeschmissen haben ...«

»Wegen nichts und wieder nichts«, sagte die Frau.

»Ja doch, und wann er bei der HO als Fahrer angefangen hatte, und warum sie ihn jetzt nicht mehr als Lehrer wollten oder zumindest nicht gleich und seine Büchsengeschichten und der ganze Kram.«

»Bitte?« sagte die Frau. »Welche Geschichten?« Sie hielt das Glas mit der aufgelösten Tablette in der Hand.

»Wenn Dieter hier übernachtete, in der Wohnung seines Neffen, Käthe-Niederkirchner-Straße, mit dem Büchsenaltar im Wohnzimmer. Mein Bruder war genauso. So eine Büchse war das Größte. Dafür hat er alles getauscht, sogar Geld.«

»Leere Bierdosen?«

»Klar. Haben Sie nie darüber gesprochen? Er hat in den

Papierkörben in Michendorf herumgesucht. Deshalb konnte er sich nicht davon trennen, obwohl es das Zeug jetzt in jedem Laden gibt. Keine Büchse ohne Story. Jetzt ist das alles Schrott. Das hat er selbst gesagt. Aber kapiert hat ers offenbar nicht.«

»Dieter?«

»Na der auch nicht.«

»Über so etwas haben Sie gesprochen?«

»Die ganze Nacht. Einmal sagte er: ›Schau mal, ist das nicht wunderbar?‹ Draußen wurde es hell. Wir hatten überhaupt nicht geschlafen. Er hat meine Hände genommen und sie ganz vorsichtig abgeküßt, immer einen Kuß hier, einen Kuß da, bis zu den Fingerspitzen. Plötzlich mußte ich gähnen. Ich spürte richtig, wie sich mein Mund weiter und weiter öffnete, aber ich konnte nichts dagegen tun. Und dabei hat er mir in den Mund gesehen. Die ganze Zeit. Ich konnte mir ja keine Hand vor den Mund halten, die hielt er ja fest. Ich entschuldigte mich, als ich wieder sprechen konnte, und er sagte: ›Das kannst du immer machen‹, und küßte weiter meine Hände. Ihm gefiel überhaupt alles an mir.«

»Warum erzählen Sie mir das?«

»Damit Sie mir glauben. Damit Sie sehn, daß ich nicht mit so was rechnen konnte. Vielleicht hätte ichs wissen müssen, wenn einer immer nur erzählt und erzählt und nichts weiter. Das kann ja nicht gutgehn.«

»Manchmal ist ihm einfach die Sicherung durchgebrannt.«

Jenny lachte. Sie nahm ihr Glas, aber es war leer und sie setzte es wieder ab.

»Ich meine nur, daß ihm manchmal die Sicherung durchbrannte, nichts weiter«, sagte die Frau. »Warum lachen Sie denn?«

»Wie Sie das sagen...«

»Was?«

»Schon gut«, sagte Jenny und schüttelte den Kopf.

»Wenn er Ihnen so viel erzählt hat – was soll ich denn noch?«

»Ich meine das nicht so.« Jenny legte die linke Hand auf den Ellenbogen der Frau. So blieben sie eine Weile sitzen. In dem leeren Glas war ein weißer Rand von der Tablette zurückgeblieben.

»Passen Sie auf!« sagte die Frau. »Sie fällt gleich runter.« Jenny nahm die Zigarette vom Rand des Aschenbechers und drückte sie aus.

»Ich muß um zehn bei der Bestrahlung sein«, sagte die Frau. »Ich muß los.«

»Wir müssen uns ja nicht verabschieden«, sagte Jenny und lehnte sich zur Seite. »Ich tret mir immer die Fersen runter.« Ihre Finger angelten nach den Sandalen, und ihr Kopf berührte die Schulter der Frau. Selbst als Jennys Wange sich gegen ihre Hüfte preßte, blieb sie gerade sitzen und bewegte sich nicht.

»Es sind gute Sandalen«, sagte Jenny und richtete sich wieder auf. »Aber ich trete alles runter, aus Faulheit. Laufen Sie?«

»Die paar Schritte«, sagte die Frau.

Jenny nickte. »Es ist nicht zu nah und nicht zu weit.« Sie drehte sich auf dem Sitz herum. »Ist Ihnen besser?«

Die Frau schob sich seitlich vom Hocker. »Mein Gott«, sagte sie, »das ist nichts für mich.« Sie mußte sich kurz auf Jennys Oberschenkel abstützen. »Das ist nichts für mich«, sagte sie noch einmal, trat einen Schritt zurück und sah an ihrem Rock hinab.

»Bis später«, sagte Jenny, als sie einander gegenüberstanden. Sie gaben sich die Hand. »Sie sollten nicht so viel rauchen«, sagte die Frau dabei, und Jenny nickte wieder.

»Und?« fragte der Kellner, der plötzlich dastand. »Fühlst du dich jetzt besser?« Er räumte die Gläser ab, wischte über die Theke, hob den Aschenbecher hoch und stellte ihn an dieselbe Stelle. Jenny setzte sich auf ihren Platz. »Ich versteh nicht, was das sollte. Hats dir was gebracht?« Er beugte den Oberkörper vor und senkte den Kopf, um ihr Gesicht zu sehen. »He, Jenny, ich rede mit dir. Sie hat dir nicht geglaubt. Was soll der Blödsinn?« Er sah zu, wie sie eine Zigarette aus der Schachtel klopfte und gab ihr Feuer.

»Du hast gedacht, ich erzähl es«, sagte sie und blies den Rauch zur Seite. »Du hast dich nicht vom Vorhang weggerührt, weil du nichts verpassen wolltest.«

»Du spinnst«, sagte der Kellner. »Hast du sie eingeladen?«

»So was nennt man einen Spanner.« Jenny legte die Zigarette auf den Rand des Aschenbechers, nahm den grauen Briefumschlag, riß ihn auf und sah hinein. »Dieser Job ist einfach nichts für dich«, sagte der Kellner. »Das hab ich dir gleich gesagt. Das ist nichts für dich.«

»Das ist nicht mein Job«, sagte sie.

»Du spinnst wirklich«, sagte er, ohne sie anzusehen. Sein Gesicht war gerötet, Stirn und Nasenspitze glänzten. »Entweder hältst du es aus oder du läßt es. *Dann* ist es nicht mehr dein Job, capito?« Er stellte ein neues Glas Gin Tonic vor sie hin.

Jenny zählte die Scheine von einer Hand in die andere.

»Ist das seine Handschrift?« fragte der Kellner und drehte das leere Kuvert auf der Theke herum.

»Wahrscheinlich«, sagte Jenny. »Wahrscheinlich ist es seine.« Sie gähnte und zählte die Scheine zum zweiten Mal.

»Sehr großzügig«, sagte der Kellner. »Fünfhundert? Dafür hättest du warten können, bis sie ihn unter der Erde hat, zumindest warten.«

Jenny steckte das Geld ein. »Ich brauche neue Sandalen«, sagte sie und gähnte wieder.

»Mein Gott, Jenny! Das kanns doch nicht sein!« rief der Kellner. »Ich kauf dir zwanzig!« Er wischte die Hände am Geschirrtuch ab. »Soll ich uns Kaffee machen? Bist du müde?«

»Nein«, sagte Jenny und nahm ihr Glas. »Ich bin okay. Ich fühle mich wirklich gut.« Sie begann zu trinken, und der Kellner, die Hände auf die Hüften gestützt, sah ihr dabei zu. Ihre Zigarette lag noch immer auf dem Rand des Aschenbechers.

BODO MORSHÄUSER

Einflugschneise 1974

Ich war neunzehn und mein Leben war mein Leben nicht.
Morgens fuhr ich ins Amt, nachmittags zurück, abends hatte
ich in der Schauspielschule zu tun, und nachts ging ich tanzen. Manchmal schlief ich in den Morgenstunden. Den halben
Tag tat ich, was andere bestimmten. So konnte ich nur sagen,
was ich ganz bestimmt nicht wollte. Wollte ich ein erwünsch-
tes Leben beschreiben, blieben meine Versuche zum Stammeln
verurteilt. Ich war mir selber allzu oft ohne Schnitt und Kon-
tur, absichts-, meinungs- und entscheidungslos wie niemand
Bestimmtes. Einer, aus dem noch einer werden mußte. Es waren die paar Jahre, in denen »Beruf« sich anhörte wie »falsches
Leben«. Seitdem saß vielen der Floh im Ohr, daß sie erst jemand sind, wenn sie etwas hergestellt haben, das von ihnen
ist. Ich wußte nur, daß niemand über meine Zeit bestimmen
sollte, und welches Gefühl erstrebenswert war, das wußte ich
auch. Ich nannte es »Die Schwebe«: ein Prickeln hinter der
Stirn. Darüber hinaus das wie grundlose Gefühl allumfassen-
der Leichtigkeit und Freude. Beim ersten Mal hatte mich die
Schwebe überrascht. Inzwischen konnte ich sie einfach her-
stellen. Mir war nach anderen Welten. Manchmal trauerte ich
meiner ersten Freundin nach und wartete auf die zweite.

Das *Golem* war voll, doch es schien dort nur ein Augen-
paar zu geben. Jedenfalls sah ich kein anderes. Meines kam

nicht von ihrem, ihres nicht von meinem los. Auf der Tanz-
fläche zog Rosa mit Knien, Hüften, Armen und Kopf Kreise
und Bögen, keine Kante oder Ecke. Dieser Verführungstanz
galt mir. Ihre Schwünge schienen etwas Rundes zu beschwö-
ren. Das hinter die Ohren geklemmte braune Haar rundete
ihr Gesicht. Ihre Augen weiteten sich, als sie in meine schauten. Ich drehte mich von Tailer weg, der gerade einen Joint ge-
dreht hatte, als Rosa sich neben mich hockte, eine Purpfeife
anzündete und sie mir gab.

Am nächsten Tag, im Grünen Nordberlins, hörte ich viele
Rosareden. Ihr Betrachten und Bedenken des alltäglichen
Kleinkrams beflügelte sie zu Urteilen über das Großeganze,
unterteilt in das Bestehende, das an jeder Straßenecke in die
Augen sprang, und das Wünschenswerte. Die Atemluft an
der Schnellstraßenkreuzung, die Glasluken der Bewohner,
die hängenden Mundwinkel der Passanten – wo Rosa auch
hinschaute: Alles schien ihr Beweis für etwas anderes zu sein.
Alles, was sie sah, schien ihr zu beweisen, daß sie sich das andere wünschen mußte. Da sie das Stadtleben haßte und die
Nahrung für vergiftet hielt, war fast jedes Ding in ihrer Sicht-
weite zur leisen oder lauten Rede darüber dienlich, wie nicht
zu leben, also wie zu leben sei. In Hermsdorf war es dann wie
ausgemacht, daß Rosa redete, ich nicht. Ich hatte eine Allge-
meinbildung, doch Rosa hatte ein Weltbild. An Ort und Stelle
entlarvte sie die Macken der Mehrheit und gab meinem Unbehagen an der Normalität Wörter, Begriffe und Grund. Sie
sprach von Zukunft, wie ich sie gewünscht, doch nicht zu beschreiben gewagt hatte. Wo andere längst abgeschaltet oder
ihre Enttarnung befürchtet hätten, blieb ich Zuhörer. Meinung auf Meinung, Ding für Ding, drehte Rosas Denken
sich so ganz von selber an und brauchte keinen, der anders
dachte, als Widerspruchsfolie. Und ich stimmte ihr so gerne
zu. In Waidmannslust schwanden mir Zeitgefühl und Orien-

tierungswille. Mir war egal, wo wir ankommen würden. Ziel genug war mir der Weg, den wir gingen. Ich hatte Zeit und den Willen, sie zu behalten. In Lübars war es mir nicht mehr möglich, mich von Rosa zu verabschieden und unser Zusammensein durch einen Arbeitstag zu unterbrechen. Ich konnte nicht gehen oder bleiben. Ich konnte nur bleiben. Auf dem Rückweg bat ich sie, weniger zu lamentieren und bloß nicht zu missionieren, wie sie es teilweise tat. Sie schüttelte mir zu oft den Kopf. Sie komme ins Meckern, selbstgerecht, und darin gleiche sie so manchen, die sie lauthals verachte und verurteile. Rosa schluckte und schwieg. Das Schweigen, lange ersehnt, war mir sofort unangenehm, und als Rosa wieder zu reden begann, atmete ich erleichtert durch.

Am Abend kamen wir in Lindas Wohnung, wo jener Udo saß, von dem Rosa tagsüber erzählt hatte. Auf Trebe, hatte er sie vor dem *Park* gefragt, ob er bei ihr übernachten könne. Sie hatte kein Bett. Gemeinsam fanden sie eines. Dann lebten sie zwei Jahre zusammen. Sie, älteste von vier Töchtern, gezüchtigt vom gezüchtigten Vater, vergewaltigt vom volltrunkenen Onkel, wie sie mir längst erzählt hatte, war, als sie Udo traf, seit Wochen durch die Stadt geirrt, um irgendwo neu anzufangen.

Durch Bekannte von Bekannten geriet sie an Hermann, einen Heilpraktiker, in dessen hellen Räumen sie zu atmen und auf sich zu achten lernte.

Linda sah verklebt aus, und Udo mühte sich, innere Ruhe zu demonstrieren, indem er mit halb geschlossenen Augen im Lotossitz verharrte. Als Linda, erschöpft von der Suche, den Korkenzieher unter Udos Knie fand, sprang er auf und verschwand beleidigt in einem anderen Zimmer. Später, als wir rauchten, erzählte ich von meiner ungeliebten Einzimmerbucht. Einvernehmlich erklärten wir diese Art zu wohnen für asozial. Udo machte den Vorschlag, zu ihm in seine Wohnung zu ziehen. Rosa sagte ja, obwohl sie ein Vierteljahr vorher aus Udos Wohnung getürmt war.

Wir teilten uns ein schmales Zimmer mit Schlafmatte und einem kleinen Schrank. Hinzu kam Rosas Ruhepunkt: Auf tiefrotem Samt waren eine Buddhafigur, ein tibetanisches Gesangbuch, eine Obstschale und Duftfläschchen jederzeit ordentlich aufgereiht. Wenn der Flughafen Tempelhof von Osten angeflogen wurde, zitterten diese Dinge. Udo blieb in seinem großen Zimmer mit Balkon und kniehohen Tischplatten, wo wir täglich beim Essen saßen. Rosa vernichtete die Lebensmittel, die Udo in der Zwischenzeit gekauft hatte, und im *Satva* deckten wir uns mit organisch-biologischen Produkten ein. Zum Fleischer kamen wir für die Katzen.

Das Wissen von der Beschaffenheit der Nahrungsmittel war noch Geheimwissen, belächelt oder verpönt. Ich wollte eingeweiht werden. Von Tag zu Tag wurde ich leichter. Mit der Zeit neigte ich zum Hüpfen und mußte mich auf den Straßen manchmal zwingen, schwer zu gehen wie jeder. Um ganztags in diese Welten eingeführt werden zu können, ließ ich mich krankschreiben.

Wir lagen auf der Schaumstoffmatte, die Stellen, an denen wir uns berührten, empfand ich wie glühende Kontakte, und anfangs lösten sich unkontrollierte Zappeleien, ähnlich dem körperlichen Hochschrecken vor dem Schlaf, wenn die Spannung geht. Was dann mit mir geschah und wie ich mich danach fühlte, das nenne ich die Schwebe. Einmal, als Rosa erklären wollte, was wir taten, legte ich die Hand auf ihren Mund und sagte: »Laß es ganz.« So lagen wir am Morgen, am Nachmittag und am Abend, eine Kanne Kräutertee mit der tageszeitgemäßen Mischung daneben, und blieben die Tage lang damit beschäftigt, leicht zu sein und leichter zu werden. Berauscht von den erlernten Selbstversenkungsübungen fand ich einen Respekt vor dieser Sache und ein Maß erst, nachdem ich am Ende eines Tages, an dem ich nichts anderes getan hatte als zu meditieren, aus einem gräßlich tiefen Fallen heraus mit Herzmuskelkrämpfen aufwachte.

Udo hatte zerlesene Bücher mit Titeln wie *Der Weg zum wahren Adepten* oder *Der Herr der Ringe*, die ihn zum Zeichnen anstifteten. Ein Bild, das im Entstehen war, zeigte ein Männlein, das er Wurzelgnom nannte, in höchster Zufriedenheit, mit der es umgebenden Natur schier verwachsen wie mit einem Baum, aus dem es hervorging. Udo sagte, so würde er später an seinem Baum lehnen und die Zeit vergehen lassen. An den Rand des Wäldchens hatte er einen Traktor gezeichnet. Wie angenehm und wünschenswert Udo, der drei Jahre älter war als ich, sich von anderen Männern, von *dem* Mann unterscheidet, dachte ich. Gefragt, was schön sei, sagte Udo: *Jetzt.* Ich verstand nicht nur, was er meinte, sondern fühlte meine eigene Sehnsucht beschrieben, sowie ein Mißtrauen gegenüber Wörtern und den scheinbaren Verständnissen, die man mit ihnen erreicht. Weniges belächelte Udo ausgiebiger als Menschen, die sich die Köpfe heiß redeten, ohne einmal in die Augen des anderen zu schauen und zu spüren: *Jetzt.* Noch lange nachdem er geredet und ich meinen Blick abgewandt hatte, schaute er auf die Stelle zwischen meinen Augen.

Nach Wochen der Entsagung und Kontrolle hatte jeder die höchstmögliche Ausgeglichenheit erreicht. In unserer Wohnung fühlten wir uns gelungen. Gründe, die Umgebung unserer friedlichen Wohnung ohne Telefon und Fernseher als feindlich zu verfluchen, waren Autounfälle und die pünktlich dröhnenden Linienmaschinen. Abends im *Marrakesch*, bei Quarkspeisen und Kräutertees, fielen uns, wenn das Wünschen getan war, die Hindernisse ein, etwas zu tun. Sie wurden desto zahlreicher, je länger wir sie bedachten. Udo sagte: »Einfach machen.« Seine Antwort auf das Was-Wie-Wann: »Einfach machen. Reden tun sie alle.« Zuletzt, als er »einfach machte«, hatte er in Wolfsburg Lindas Ente ruiniert, indem er während der Fahrt den Rückwärtsgang einlegte.

Meine Kündigung im Amt war der richtige Entschluß, ohne daß ich Außenstehenden den Entschluß so erklären konnte, daß sie ihn, von außen, verstanden hätten. Wer bereits zu wissen meinte, daß ich einen Fehler gemacht hatte, traf mich nicht mehr. Ich war – nicht nur in Gedanken – auf der anderen, auf der bunten Seite, wie Henri und ich früher gesagt hatten. Ich wußte nichts von vornherein. Eher nachher ... Nachstellungen anderer Leben, selbst der scheinbar schönsten, sind für mich kein Ziel gewesen – bis auf die Dreiminutenanfälle, wenn ich ein Lied sang und dringlichst halluzinierte, mit Haut und Haaren der Sänger dieses Liedes zu sein. Sicher mußte er nicht morgens zur Arbeit und abends zurück.

An dem Tag, als Udo von zwei Polizisten abgeholt wurde, um wegen einer offenen Rechnung zehn Tage abzusitzen, erfuhr Rosa, daß sie schwanger war. Wir waren begeistert von der Vorstellung, bald nicht mehr zwei, sondern drei zu sein, ich etwas weniger als sie, und schwärmten davon, schon jetzt zu dritt auf der Schaumstoffmatte zu liegen, wenn wir den Stromkreis schafften, der uns wegtrug und retour. Eine Sorge fiel uns zu unserer Neuigkeit nicht ein. Jedem erzählte Rosa, was da erwartet wurde, Udo, aus dem Gefängnis zurück, als letztem. Sie war früher einmal von Udo schwanger gewesen und hatte eine Fehlgeburt gehabt. Für Udo war sie verbunden mit dem Bild des im Toilettenbecken liegenden Fötus, den er runtergespült hatte. Er verstand Rosas Nachricht so, daß nun erst recht ein Landhaus gefunden werden müsse. Für sechshundert Mark kauften wir ein altes geräumiges Auto.

Auf der Autobahn platzte ein Vorderreifen, Polizisten der DDR stoppten ein Auto gleichen Typs und legten dem Fahrer nahe, uns sein Reserverad zu leihen. Nach dem mürrischen Adressentausch – er ahnte, daß er von uns keinen Pfennig sehen würde – fuhren wir nach Cloppenburg. Udo, dem die freie Stelle neben zwei Verliebten blieb und der sie als Guru einnahm, hatte mir abgewöhnt, Fragen zu stellen, wenn wir »einfach machten«. So erfuhr ich erst in dem Cloppenburger Häuschen, daß die Frau, die wir besuchten, eine seiner Geliebten gewesen war. Was ihr zu seinem Besuch einfiel, sahen wir, als sie, während wir uns unterhielten, unter dem Tisch mit einer Rasierklinge ihre Pulsadern aufzuschneiden versuchte. Sie hatte keinen Erfolg damit. Doch Udo kümmerte sich um sie wie lange nicht. Rosa und ich machten einen Spaziergang, bei dem sie Kräuter vom Landstraßenrand weg sammelte. »Einfach machen« war, Udos Exfreundin mit den verbundenen Handgelenken am nächsten Tag zu verlassen und ein Haus zu suchen, mit Besitzern zu sprechen, Preise zu diskutieren, Fragen aufzuwerfen, die sich nicht stellten, in Summen zu denken, die nicht unsere Klasse waren. Oft, wenn ein Tag anbrach oder eine neue Absicht aufkam, taten wir, als fingen wir von neuem an – gleich dem Kinderglauben, mehrere Versuche frei zu haben. In Bremen brach die Achse des Autos. Wir riefen eine Schrotthandlung an und setzten uns abgebrannt in einen Zug nach Berlin.

Inzwischen fiel es mir schwer, mein früheres Leben nachzufühlen. Jetzt kam ich nicht mal mehr ins Kino. Alles war live geworden. Aktuelle Halbwissen, mit denen man »mitreden« konnte, über den steigenden Ölpreis vielleicht sowie über Sinn und Unsinn der daraufhin eingeführten autofreien Sonntage, waren mir fern und fehlten mir nicht. Las ich in einer Zeitung, verprellten mich die getunten Formulierungen. Manchmal wachte ich nachts auf und dankte irgend jemandem dafür, daß ich dieser bedrohlichen alten Zukunft entkommen war. Und im nächsten Moment dachte ich, ohne es mir oder jemandem sonst zugeben zu können, daß auch Rosa meine Zukunft nicht sein würde.

Ramponiert und durchgeschüttelt fanden wir uns in der Einflugschneise wieder, wo eine Eisdiele eröffnet hatte, deren Inhaber, Günther, ein Eingeweihter, Bekannter von Bekannten war. Udo ging mit dem Bild des aus seinem Baum hervorgewachsenen Wurzelgnoms zu Günther und schenkte es ihm. Der gab Udo hundert Mark und stellte das Bild an die Rückseite seiner Registrierkasse.

Rosa telefonierte nun für einen Weinversand, ich belieferte Autowaschanlagen mit Wachsemulsion, Udo verkaufte in einem Kartoffelladen. Das kontrollierte gesunde Leben war dahin. Wir tranken Alkohol, und jeder stieg mittags allein in seiner Imbißstube ab, so daß Reis, Gomasio und Lavendeltee uns bald nicht mehr schmeckten, wenn wir, nach Feierabend, in Udos Zimmer saßen und erst empört, dann gackernd den neuesten Wahnsinn der Arbeitswelt erzählten.

Zweimal, als ich in Udos Zimmer kam, sagte er: »Ich sitze hier und denke, was sich ergeben wird, und jetzt bist du reingekommen.« Er saß tatsächlich mit unter sich verknoteten Beinen neben seinem Altar und meinte, daß nicht ich zu ihm gekommen war, sondern daß seine mentale Bereitschaft vom Nebenzimmer her so stark gestrahlt habe, daß sie mich in sein Zimmer habe gehen lassen. Beim ersten Mal vergaß ich prompt, warum ich in sein Zimmer wollte. Wahrscheinlich erwies ich ihm damit die erwartete Reverenz. Beim zweiten Mal versuchte ich ihn etwas breiter anzugrinsen, als er mich angriente und verließ sofort sein Zimmer. Monate brauchte ich, bis ich seinem gezielten Blick standhalten konnte, wenn ich es – selten genug – überhaupt wollte.

Wenn ich im Treppenhaus freundlich sein wollte, sah ich den meisten, die außer uns in dem Haus wohnten, an, daß sie sich irgendwelche Schweinereien über unser Leben ausgedacht hatten, für die sie uns mit Nichtgrüßen straften. Dabei waren Udo und ich in den kommenden Wochen die,

die schon nachmittags in der dunklen Straßenkneipe gegenüber flipperten, und Rosa wurde zeitweise zu der, die uns da herausholen wollte und dann mitflipperte. Wollte sie jedoch jene nicht mehr sein, verließ sie uns und setzte sich zu Günther in die Eisdiele, wo sie besser über Kinder sprechen konnte als am Flipper. Holten wir sie abends dort ab, blieben wir in dem dunklen Laden sitzen, nachdem Günther die Rollos hinuntergelassen und, gerade erschienen, die erste Platte von Roxy Music aufgelegt hatte. Allerdings wiederholten sich die Redeschlaufen, unsere Vorträge wurden bitterer, die Aussicht ließ nach, und wie zum Trost saßen wir immer so, daß jeder Udos Bild an der Kasse betrachten konnte. Ich erinnerte daran, daß wir Hilfsarbeiter waren. Rosa verfluchte meinen Pessimismus, Udo lächelte streng entspannt, und Günther vermittelte zwischen zwei Seiten, die nur er vernommen hatte. Wieder in der Wohnung, schimpfte jeder über das Gequatsche. Als es dann klingelte und Fred vor uns stand, murmelte Udo »Schicksal«, und Rosa »Das ist kein Zufall.«

Obwohl ich ihn zum ersten Mal sah, war Fred mir aus Erzählungen Rosas und Udos wohlbekannt. Seine hellen Augen, das raumgreifende Lächeln, manchmal Strahlen, schüchterten mich anfangs ein. Udo lebte in Freds Nähe auf. Wenn er sein »Einfach machen« verteidigte, hatte er öfter von Fred geredet als Beispiel für einen, der mit leeren Taschen in die Provinz gezogen war und nun auf einem Hof lebte, der sich selbst versorgte. Am kommenden Morgen gingen wir nicht zu unseren Arbeitsstellen und blieben die Tage, die Fred blieb, bei ihm. Unterwegs auf den Straßen kommentierten wir die Absonderlichkeiten des normalen Lebens. Unsere schöngefärbten Vorstellungen, wie Zukunft sich anfühlen könnte, wurden durch die alltäglichen Zufallsgegenüberstellungen eher vergessen als erhalten. Vorbilder suchend, fand ich nur Nachsteller geläufiger Methoden, dabeizusein ohne durchzudrehen. In den Hochphasen unserer vernichtenden Wahrnehmungsbereitschaft sahen wir uns vielmehr in Horrorkabinette gesperrt, in der U-Bahn, auf dem Postamt, am Obststand, und formulierten aufwendig die Variationen des »Nichts wie weg hier!« Ohne davon zu wissen, zeigte Fred uns, daß wir mit der Stadt tiefer verbunden waren, als wir wahrhaben wollten. Immer neu festgestellt werden mußte unser Stadtekel. In Freds Erzählungen kamen Städte nicht vor, und er beteiligte sich auch nicht an der Serie der Verwünschungen des Realen, sondern wies uns, wenn wir gerade nichts sagten, auf Dinge hin, die ihm gefielen.

Erst als wir wieder im *Satva* einkauften und zu jeder Tageszeit kochten, merkten wir, daß wir eine kurze Zeit lang der Currywurst, dem Supermarkt verfallen gewesen waren. Die drei *Marrakesch*-Abende mit Fred stoppten unsere Diskothekennächte, die wiedergekehrte Ruhe löschte manche Kleinstreits schon im Ansatz. Hatten wir uns in den vergangenen Wochen am Bestehenden gerieben, so trugen wir nun wieder das Wünschenswerte zusammen.

»Kommt doch mit!« Die Erwartung dieser drei Wörter stand Rosa und Udo seit Freds Ankunft in die Gesichter geschrieben. Die Sache war sofort entschieden.

Fred wohnte in Sommersell mit zwei Männern, zwei Frauen und deren Kindern zusammen. Im einen Anbau polierten Männer alte Möbel auf, im anderen stellten Frauen Tinkturen, Tonika und Salben aus Kräutern her. Außer uns zu Gast war eine Berliner Mutter mit ihrem Sohn. Der Achtjährige prügelte die anderen Kinder, und seine Mutter, antiautoritär verpflichtet, redete, wenn andere Kinder um ihr Leben schrien, auf ihren Balg so vernünftig ein, daß er ihr dafür die Zunge zeigte. Einmal schlug sie ihn, er schlug zurück, zum ersten Mal, und sie rannte aus dem Haus, auf die Felder. Am

168

zweiten Tag ließ Fred Udo auf den Traktor, und Udo lenkte ihn in eine Schlammspur. Dort sackte er langsam, bei jedem Rettungsversuch etwas mehr, ein und konnte erst gegen Abend herausgeholt werden. Um die Spur aus dem Schlamm zu befestigen, ging der halbe Holzvorrat drauf. Rosa saß mit den Frauen bei den Kräutern und redete zuviel. Am dritten Tag hatte sie die Frauen damit mürbe gemacht. Ihr Druck, sich bis ins kleinste zu erklären, schwächte ab, was sie zu sagen hatte und warf die Frage auf, ob sie überhaupt etwas zu sagen hatte. So unterlief ihr die Aufdringlichkeit von Menschen, die sich viel auf Umsicht oder Organisationstalent einbilden, also darauf, Handgriffe in optimaler Reihenfolge zu tun. Aufdringlichkeit erst, wenn diese Quälgeister erklären müssen, woran sie sich orientiert hatten um zu wissen, wo abzubiegen sei, wann der Bus komme, wo die alten Decken liegen, wann der letzte Vollmond war. Ich fühlte mich dort in jedem Moment am falschen Ort und habe nichts anderes zu verstehen bekommen. Wir Berliner waren das, was die ehemaligen Berliner in Sommersell am wenigsten gebrauchen konnten. Wir nahmen den Zimmern die Ruhe, wir scheuchten jede Atmosphäre auf. Die Einheimischen erzählten von ihren Zwängen und Nöten. Wir waren aber gekommen, um ihr Glück aufzuspüren. Ein Glück war außer in Freds Augen nirgends zu erkennen, jedenfalls nicht ein solch faules, wie wir es suchten. Sie gaben uns den Tip, es in Huisheim zu versuchen.

Dort stand das Haus offen. Wir warteten in der Küche. Eine Katze kam, zog unter der Sitzbank eine Tüte vor, rupfte den Inhalt – leere Konservendosen – heraus, und der stetigmilde Modergeruch wurde zu Gestank. Wir gingen die Zimmer ab und fanden niemanden. Hof und Garten waren verkommen, ein Opel Admiral stand in den Beeten. Wir gingen hinaus, auf einem Weg, der über die Felder zu einem Wäldchen führte. Am Waldrand rauchten wir eine Pfeife und sahen uns nach einer Lichtung um. Wo wir ankamen, saß ein Mann an einem Baum und schaute in die Sonne. Während Udo und ich diesem Anblick verkifft nachblödelten, stellte Rosa sich zehn Meter gegenüber des Mannes auf und wartete, bis er seinen Blick zu ihr gesenkt hatte. Sie lächelte. Nach vielen Sekunden hatte der Mann sie erkannt, ohne zu erschrecken. »Nicht in die Sonne schauen«, sagte Rosa. Zeiten vergingen, bis er sagte: »Ich bin im Tunnel und komm nicht ans Ende.« Rosa behielt ihr Lächeln bei, sagte noch zweimal »Nicht in die Sonne schauen« und setzte sich zu uns. Ich dachte, ich liebte sie. Jedenfalls wünschte ich sie mir weiterhin so wortkarg und bestimmt. Sie allerdings verriet uns nun eine Begegnung nach der anderen, die sie mit Menschen hatte, die auf dem Trip gewesen waren. So ersoff der Augenblick in Nacherzählungen und Anekdoten. Wieder im Haus, räumte eine Frau den stinkenden Müll unter die Sitzbank zurück. Nachdem wir gesagt hatten, daß wir aus Sommersell kamen, machte sie eine abfällige Handbewegung, die nahtlos in das Wegschießen herumliegender Bananenschalen überging, und sagte kein weiteres Wort, sah uns nicht mal mehr an. Bevor wir gingen, stand der Mann aus der Lichtung in der Küche. »Ich bin kurz vorm Ende des Tunnels gewesen. Was wollt ihr hier?« Sie fluchten uns nach, bis der Wind sich drehte.

Es wurde dunkel, wir hatten keine Unterkunft und gingen auf einer wenig befahrenen Landstraße zum nächsten Ort mit Bahnhof. Seit Sommersell hatte Rosa Unterleibsschmerzen, war Udo stumm und ich schlecht gelaunt. Rosa wechselte von meinem Arm in Udos und zurück. Zu seiner Enttäuschung wollte sie sich nicht an der geplanten weiteren Haussuche über die Dörfer beteiligen, sondern in den nächsten Zug nach Berlin steigen. Udo machte ein Gesicht und blieb einfach auf der von Minute zu Minute dunkler werdenden Landstraße stehen; wir zwanzig Meter weiter. Wir sollten nach Berlin fahren, sagte Udo in einem Ton, der das Gegenteil meinte, er würde nach Häusern Ausschau halten. Mir war die Auskunft einsichtig, und ich ging nach Minuten allseitigen Stillstands weiter. Da ich allein blieb, hielt ich an, schaute mich um und sah uns in ungefähr gleich großen Abständen auf dem Asphaltstreifen verteilt. Rosa lamentierte schmerzgeplagt und unentschieden in beide Richtungen. Udo, der ihr nicht geantwortet hatte, machte die zwanzig Schritte zu ihr hin, und sie versank in seiner Armbeuge. Ich ging zu ihnen, doch ich kam nicht an sie heran. Nebeneinander her trödelten wir zum Bahnhof.

Zum ersten Mal während unserer Reisen blieb ich bei der Rückfahrt allein, überließ mich den Fahrtbildern in der Zugscheibe und mied die lediglich zuoberst stärkende Nähe der beiden. Indem ich auf der Scheibe zwischen mir und der Landschaft Bilder früherer Zeiten erscheinen ließ, suchte ich die Verbindung zwischen dem, der ich ein Vierteljahr vorher gewesen und dem, der ich in diesem Moment war. Einige Male konnte ich beide Zeiten sekundenlang zugleich denken, wobei mir schwindlig wurde und ich, wie um mich zu fassen, die Fäuste ballte.

Kurz vor Berlin, als ich aus dem Speisewagen zurückkam, lagen Rosa und Udo zum Anschauen schön aneinandergeschmiegt im Abteil.

Mir war nach anderen Welten gewesen, doch nicht danach, mich einer von ihnen zu überlassen. Eher träumte ich von einer Verbindung zwischen der Welt, aus der ich gekommen war, und der, in die ich nun gefallen war. Rosa jedoch erinnerte mich daran, daß sie mir von der ersten Woche an ein Horoskop erstellen wollte, ich ihr die Stunde meiner Geburt mit der gebotenen Genauigkeit allerdings nie gesagt und mich auch nicht darum gekümmert hätte, sie zu erfahren.

Udo setzte hinzu, daß ich an einem Intensiv-Wochenende bei Hermann nicht teilgenommen hätte. Daß ich mich nicht ganz in das neue Leben einlassen würde, daß ich Angst hätte, somit immer noch nicht einer von ihnen sei, lauteten die Vorwürfe der folgenden Tage. So wurden die Rollen umbesetzt. Der Dritte war nicht mehr Udo neben zwei Liebenden, der Dritte war nun ich neben zwei Eingeweihten. Es verwirrte Rosa, daß mich ihre neuen alten Gemeinsamkeiten mit Udo nicht verwirrten. Für mich war der Rollenwechsel ein Teil der Freiheit, die ich suchte, nur glaubte mir das keiner, und Rosa bezichtigte mich der Gleichgültigkeit. Ihre Blicke, wenn sie nun an mir haften blieben, wurden beobachtend, in mich hinein fragend, aber stumm; den Augen war das Runde vergangen, ihren Blicken das Lassende; sie stellte Fragen wie »Was denkst du jetzt«.

Udo konnte in seinen Kartoffelladen zurück, Rosa verkaufte zweimal in der Woche im *Satva*. Wir lebten nicht mehr zusammen, wir teilten nur noch die Wohnung. Rosas tiefrotes Samttuch war nun im anderen Zimmer neben Udos Altar ausgebreitet. Auch wenn ich zu Hause war, aßen sie allein. War Rosa zugeraucht, sagte sie, daß sie mich gern habe, auch wenn unsere Wege zur Zeit verschiedene Richtungen hätten. Daß ich mich für das Leben in ihrem Bauch nicht interessieren würde, sagte sie, wenn ich zu ungewohnten Zeiten nach Hause oder wenn ich nicht nach Hause gekommen war.

Udo pendelte sich auf einen mitleidigen Ton ein, besonders, wenn er an mir Bezüge zur Welt draußen entdeckte, mein kleines Radio zum Beispiel, das er, seit ich es hatte, argwöhnisch, geradezu informationspolitisch subtil kommentierte. Nachdem Rosa bei Udo auch übernachtete, bekam ich den Trotz und suchte keine Arbeit, schaute mich nicht nach einer Anstellung am Theater um, sondern kündigte die letzte

Sicherheit, einen Sparvertrag, und ließ mir meinen Anteil aus-
zahlen.

Wenn ich mir vorstellen wollte, ab demnächst oder längst
schon der Vater eines Kindes zu sein, so konnte ich mir das
gar nicht vorstellen. Udo wollte das Kind, konnte aber nicht
zulassen, daß ich dazu mirnichtsdirnichts ja sagte, was ich
getan hätte, wenn sie mich gefragt hätten. Statt dessen wollte
er die Bestätigung, daß er sich mehr um Rosa kümmerte als
ich. Er bekam sie. Auf jedes meiner Entgegenkommen zu seinem Wunsch, Vater zu werden, folgten seine Bedenken, ob
ich nicht leichtsinnig handelte. Es war langatmig und traurig, ihn, der die Spiele anderer so findig bemerkte, selber ein
Spiel durchschaubar spielen zu sehen.

Obwohl das, was verlangt wurde, für mich verneinenswert
war, machte ich mir den Vorwurf, nicht der Mann zu sein, der
in dieser Lage tut, was von einem Mann in dieser Lage erwartet wird. Doch hatte in Rosas Philosophie des »Lebensspen-
dens« der Mann nicht den Zugzwang, den die Gesellschaft
dem Erzeuger zuschrieb. Eines Morgens, als wir gemeinsam
zu unseren alten Arbeitsstellen gingen, um die Lohnreste ein-
zusammeln, versuchte ich davon zu sprechen, und Rosa sagte:
»Das Kind ist in mir, nicht in dir. Und wenn es da ist, wird es
vorerst zu mir wollen. Du bist später dran.«

Die paar Bücher, die ich gelesen hatte, waren Analysen des
Rollenverhaltens in Familie und Erziehung. Meines Wissens
war Rosas Auskunft gründlich überholt, doch fand ich an ihren Worten gar nichts falsch.

Ich hätte auch dafür gezahlt. Auf keinen Fall wollte ich mir
die nächsten Stufen meiner Karriere verbauen, die ich nun
wieder vor Augen bekam. Seit Rosa sich von mir nicht mehr
verstanden fühlte und in derselben Wohnung zu Udo überge-
wechselt war, sagte ich ja zu jedem Job-Angebot, auch wenn
es nur kleinste Radiorollen waren. Ich wollte endlich ins Ge-

schäft kommen. Hätte nun Wien angerufen, so hätte ich nicht abgesagt, sondern zugesagt. Nach wenigen Wochen schon lief alles wie geölt. Die Nachfragen überwogen die eigenen Möglichkeiten um ein geringes, so daß ich keine schlechte Laune bekam, etwa weil ich gute Angebote ablehnen mußte. Von Rosa hatte ich mich, seit sie bei Udo in derselben Wohnung hauste, im Innern getrennt.

Wenn ich nun auf der Matte lag und, aus der Schwebe aufgetaucht, mir zuhörte, vernahm ich, daß mir nach anderen Welten war. Eine allein lullte mich ein. Nichts war jetzt normaler als die tägliche Schwebe, das gute Brot, die freie Zeit. Die Kraft, die ich gewonnen hatte, die Leichtigkeit, mit der ich den Slalom der Wirklichkeit durchkurvte, spürte ich in unserer Wohnung längst nicht mehr so stark wie in anderen Umgebungen, bei anderen Menschen. Mühsam erinnerte ich mich an sie, so lange waren sie her. Ich hatte von einem Tag auf den anderen alle Orte gewechselt, war also dort, wo man mich kannte, verschwunden; zunehmend fragte ich mich, was andere in der Zeit gemacht hatten.

Mir war nach anderen Welten gewesen, ich hatte sie bekommen. Also war mir wieder nach anderen Welten zumute oder auch nach der Zusammensetzung der verschiedenen, die ich kennengelernt hatte. Mußten sie, da sie durch mich hindurchgegangen waren, nicht sowieso in mir miteinander auskommen, wenn ich mir nichts abklemmen wollte, fragte ich mich. Ich war zwanzig geworden und überrascht, daß ich manchmal zu wissen schien, was ich wollte. Die Ströme in ihren Verschiedenheiten auszuhalten, ohne auf einer Seite unterzugehen, mußte möglich sein, obwohl jeder seine täglichen Begegnungen mit Pförtnern des Untergangs hatte. Einer Erleuchtung, einem Gitarristen oder der Revolution nachzufiebern, waren Möglichkeiten. Es war auch möglich, Heroin zu spritzen oder damit zu spekulieren, von einem Trip nicht zurückzukommen. Der Zukunft könnte die Schönheit gehören, dachte ich, wenn einer wie ich die Schönheit aushielte. Das Nichtarbeiten hielt ich genauso wenig aus wie das Arbeitsleben. Nur Rosa und Udo hielt ich genauso wenig aus wie nur Henri und Tailer. Nach sechsmonatiger Unterbrechung ging ich wieder zur Schauspielschule und schloß die Klasse ab.

Zum ersten Mal, seit ich Rosa kannte, meldete ich mich bei Freund Henri. Er hatte Abitur gemacht, studierte Physik und hatte eine eigene Wohnung. Mit ein, zwei Blicken entzifferte ich den Schreibtisch als seinen Thron, den Fernseher als Altar, das Telephon als Fenster, die Schreibmaschine als Überbringerin, das etwas zu laute An-mir-vorbei-Lächeln als Hinwendung. Henri war gekränkt, weil ich mich zwei Jahreszeiten lang nicht gemeldet hatte. Wie Udo im Vergleich zu mir, war ich im Vergleich zu Henri der, der machte. Henri war bestrebt durchzukommen, ich wollte weiterkommen. In Udos Augen war ich der, der durchkommen wollte; so wie Henri in meinen Augen einen Hafen erreichen wollte, den er sich schon denken konnte. Ich hielt für ein Ziel erst etwas, das ich mir noch nicht vollends vorstellen konnte. Er hörte aus dem Abstand, den er brauchte, meine Erzählung an, ähnlich wie ich inzwischen Udos Auslassungen nur noch mit Abstand aufnehmen konnte. Henri hörte mir lange zu, und manchmal erinnerte mein Monolog mich an die Rosareden vom ersten Tag im Grünen Nordberlins. Ich merkte, daß Henri keinesfalls das hörte, was ich sagte. Ich war froh, ihn wiederzusehen und kündigte häufiges Erscheinen an, woraufhin er abwinkte, ich auch, und wir beide lachten.

Wenn ich meine Wege machte, war mir, als sei ich zehn Zentimeter größer geworden. Die Normalität der Nervosität, die allerorten aus den Zusammenkünften sich suchender Paniker entstand, formte aus mir einen Unbeteiligten. Ich war woanders. Als ich noch nicht woanders gewesen war, konnte der angriffslustige Blick eines Einzelnen mich aus der schwachen Fassung bringen und zum Opfer machen. Nun hatte ich mehr als jemals vorher das Gefühl, über mich zu verfügen.

Ich spielte eine kleine Rolle in einem Stück, wo ich Abend für Abend das Publikum beschimpfte. In unsere gemeinsame Wohnung kam ich nur noch zum Schlafen. Udo hatte einen Fernseher gekauft und schaute eines Abends, als ich erschöpft vom Beschimpfen nach Hause kam, ein Fußballspiel an, wobei er mehrmals aufs Klo und zurück rannte. Rosa saß in der Küche, kaute Schokolade und schrieb in ihr Tagebuch. Ich legte mich in meinem Zimmer auf die Matte und konnte nicht abschalten. Während ich die Abendvorstellung und die Kunst der Schauspieler, ihr Publikum zu beschimpfen, vor meinem inneren Auge im Rücklauf vorüberziehen ließ, fragte Rosa, ob sie sich zu mir legen dürfe. Wir berührten uns und erlebten die Schwebe nach langer Zeit wieder gemeinsam. Udo sah uns und ließ die Wohnungstür zukrachen wie nie zuvor. Aus der Schwebe aufgeprallt, erzählte Rosa von sich und ihm. Von ihm, daß er den Kartoffelladen nicht mehr hatte. Ich legte ihr die Hand auf den Mund. Die Tatsache, daß ich nun da war und Udo nicht, bedeutete, daß wir diesen Moment lang wieder das Paar waren. Dieser Moment, der letzte Versuch, dauerte drei Tage; so lange blieb Udo weg.

Wir waren sofort in der Lage, ein kleines perfektes Zusammenleben herzustellen, ähnlich unserem früheren, bei dem jeder wußte, was zu tun war. Zentrum dieser Übereinkunft war ihr Bauch, das Leben, Alles, konzentriert in Rosa. Sie erzählte Unglaubliches von einer Übung bei Hermann. Wieder hörte ich ihr zu wie am ersten Tag. Die Zeit, als ich sie stoppte, wenn sie das »Überzeugen-ist-unfruchtbar« nicht merkte, war vorüber. In diesen Tagen waren wir so oft in der Schwebe, daß das mehr und mehr deprimierende Sprechen die Pausen füllte, nicht umgekehrt. Nun konnte ich mir auch vorstellen, der Vater eines Kindes zu werden, allerdings war es eine Vorstellung ohne Rosa. Alles, was mich jemals gestört hatte, fiel mir nun auf einmal auf. Ihre ausgesucht runden Bewegungen, die extra weiche Stimme und die pfleglichen Berührungen brachten mich dann auf den störenden Gedanken, wir lägen nicht aus unserem Willen, sondern in höherem Auftrag nackt aufeinander. Mehrmals hatte Rosa abfällig über Sexualität gesprochen. Sie hatte für sie keine eigene Stelle und war nur die Störung eines Rezepts von Liebe, das allen zwei Menschen, die es miteinander trieben, permanente Harmonie vorschrieb. Als ich zur nächsten Verabredung mit Henri ging, saß sie wieder in der Küche, kaute Schokolade, schrieb in ihr Tagebuch und strafte mich mit Blicken. Im Treppenhaus begegnete ich einem kalten Lächeln, das Udo gehörte.

»Was du brauchst, ist eine neue Wohnung«, sagte Henri. »Was ich brauche, ist, daß mir niemand sagt, was ich brauche.«

Es war eine Lust, Ruppigkeiten auszutauschen, ohne daß Erklärungen, wie eine der Frechheiten gemeint gewesen sei, abgefragt wurden. Unser aufgedrehtes Glück der lockeren Rede machte mich allerdings auch traurig. So wollte ich auch mit einer Frau zusammensein können. Ich saß auf einem Sessel vom Sperrmüll, den man in der Stadt neuerdings von den Straßenrändern abholen und in sein Auto laden konnte, und schaute auf Henris großen Schreibtisch mit Bücherstapeln, aus denen Zettel heraushingen. »Vielleicht brauchst du eine Frau«, sagte ich. Er hielt mich für Rosas Opfer und erwiderte, mit mir wolle er nicht tauschen. Auch ich wollte mit mir nicht tauschen. Und mit ihm sowieso nicht. Unbedingt mußte meine Zukunft eine bleiben, die nicht zu benennen war; auch wenn ich wußte, was ich als nächstes zu tun hatte.

Wieder auf dem Weg »nach Hause«, in die Einflugschneise, wußte ich jedoch weniger als je zuvor, wohin ich gehörte. War ich der Vater eines Kindes oder der Erzeuger, war ich Rosas Freund oder ihr Verfluchter, war ich dort, wohin ich ging, zu Hause oder der Lästige, war ich ausgeflippt oder auf Arbeitssuche, und war jedes »oder« wirklich ein »oder«? In der Wohnung gaben Rosa und Udo mir die neuesten Anhaltspunkte. Sie packten ihr Zeug in Kisten. Rosa sagte, sie würden aufs Land ziehen. Ich glaubte ihr das nicht. Udo bemerkte mich nur, wenn ich im Weg stand. Bis auf den Altar und sein Bett war das Zimmer leer. Rosa verriet mir, daß es ein Junge werden würde. Erst jetzt, ab dem siebten Monat, war sie bei jeder Bewegung sichtlich die Schwangere. Selbst wenn sie still saß, saß sie da wie eine Schwangere. Je runder sie wurde, desto schwerer schien die absehbare Trennung zu wiegen. »Wir tun das, was für alle am besten ist«, sagte Udo. Als er merkte, daß mit mir ein versöhnliches Drüberstehen zwischen Tür und Angel nicht zu haben war, brach eine häßliche, nie gesehene Wut aus ihm hervor. Die großen Gesten innerer Ruhe fielen von ihm ab wie ein zu schwerer Mantel, und vor mir stand ein keifender, Vorfahrtsdeutsch sprechender Angsthase. Aus der Wut auf mich war eine Wut auf seinen Wutanfall geworden. Nie wieder habe ich jemanden so auskotzen gesehen. Dann ging die Tür zu.

Ich mietete meine erste kleine Wohnung und beantragte mein erstes Telephon. Dann rief Frankfurt an, und alles war gut.

HANS CHRISTOPH BUCH

Spiel ohne Grenzen

Fragment 1987

1

Nehmen wir zu meinen Ungunsten an, ich sei derjenige, als der ich mich ausgebe, und für den man mich *nicht* hält. Mein Name sei Schlumberger, und ich sei Angestellter der stärksten Friedensbewegung der Welt, ein Radikaler im gehobenen Dienst, wenn Sie so wollen, im Bundesverteidigungsministerium auf der Bonner Hardthöhe für die Beschaffung, nein, das klingt viel zu konspirativ, für die Bereitstellung von Dienstfahrzeugen zuständig. Wissen Sie, was eine Fahrbereitschaft ist, Herr Oberleutnant? Oder darf ich Genosse zu Ihnen sagen? Genosse Oberleutnant vielleicht? Nein? Also nur Oberleutnant. Sie müssen meine Unkenntnis schon entschuldigen, Herr Genosse, ich bin noch nicht lange genug in der Obhut Ihres Staates und die hiesigen Sitten und Gebräuche sind mir noch fremd; die Zeichnungen, die ich mir von Ihren Achselstücken und Rangabzeichen gemacht habe, mit Farbstift und korrekter Benennung des jeweiligen Dienstgrads, hat nämlich gestern der Kalfaktor bei der Durchsuchung meiner Zelle beschlagnahmt, Aufzeichnungen, so hieß es, seien verboten, dabei handelte es sich doch nicht um konspirative Kassiber, sondern um Gedächtnisstützen, damit ich Sie militärisch exakt grüßen kann. Obwohl ich seit Jahren auf der Hardthöhe arbeite, verstehe ich nämlich nichts von soldatischer Disziplin und Hierarchie, da ich, wie gesagt, lediglich für die Fahrbereitschaft zuständig war, d. h. für die Bereitstellung und gegebenenfalls auch Anmietung ziviler Dienstfahrzeuge, damit unsere leitenden Herren mit ihren Damen oder Sekretärinnen standesgemäß zum NATO-Gipfel ins Brüsseler Hauptquartier oder zum Herbstmanöver Trutziger Sachse in die Lüneburger Heide fahren können. Ich hatte nie etwas mit verschlüsselten Funksprüchen, toten Briefkästen oder konspirativen Treffs zu tun, sondern immer nur mit Autos, keine für den Personenschutz präparierten Dienstwagen mit Scheiben aus Panzerglas und bombensicherer Karosserie, sondern ganz gewöhnliche Daimler-Limousinen, das Wort Mercedes ist beim Bund nicht üblich, für deren Bereitstellung rund um die Uhr ich zuständig war und bin, nicht als Mechaniker im blauen Overall, der unter das Fahrzeug kriecht, um Altöl abzulassen und Fett zwischen die Achsschenkelbolzen zu schmieren, sondern als Dispatcher mit weißem Kragen, der am Monitor, zu deutsch Bildschirm, sitzt und den Einsatz ziviler Dienstwagen überwacht.

Ich sehe an Ihrem skeptischen Gesicht, Herr Oberleutnant, daß meine Ein- und Auslassungen Sie nicht überzeugt haben, Sie glauben mir nicht, Sie halten mich nach wie vor für einen gefährlichen Spion, einen Maulwurf, einen Schläfer oder vielleicht sogar für einen Romeo, einen professionellen Agenten des MAD oder BND, der mit staatsfeindlichem Auftrag in den Kreis Weimar eingesickert ist, um die friedliche Pflege des klassischen Kulturerbes durch die nationalen Forschungs- und Gedenkstätten der Deutschen Demokratischen Republik zu stören oder zu sabotieren. Sie haben recht, Herr Oberleutnant, die Unterminierung oder, wie man heute sagt, die Destabilisierung Ihres Staates gehört zu den erklärten Zielen des Bundesnachrichtendienstes, so wie die Unterminierung und Destabilisierung der BRD zu den Zielen des Staatssicherheitsdienstes der DDR (nebenbei gesagt könnten beide Seiten eine Menge Geld einsparen, wenn die einschlägigen Dienste ihre Agenten austauschen würden, um die Fundamente des eigenen Hauses zu unterwühlen), aber versetzen Sie sich doch einmal probeweise nach Bonn oder nach Pullach: Würden Sie, Herr Oberleutnant, einen Meisterspion wie mich über den Grenzübergang Herleshausen-Warta in die DDR einschleusen, als Mitglied der Goethe-Gesellschaft getarnt, mit der Berufsbezeichnung »gehobener Dienst im Verteidigungsministerium« auf der Einreisekarte? Das wäre so dumm, daß es fast schon wieder schlau erscheint, aber so dummschlau sind unsere leitenden Herren Gott sei dank nicht, daß sie ihre kleinen Angestellten wie Schlachtvieh dem Feind ins Messer laufen lassen. Obwohl ich mit Engelszungen rede, habe ich Sie noch immer nicht überzeugt, Herr Oberleutnant, Sie machen wieder Ihr skeptisches Gesicht, nein danke, Sie brauchen mir keine Zigarette anzubieten, bitte nicht, ich habe mir nämlich gerade erst mit viel Mühe das Rauchen abgewöhnt und empfinde Ihr ungeniertes Rauchen in meiner Gegenwart als unfreundlichen Akt, der dem Geist gutnachbarlicher Beziehungen zwischen unseren Staaten widerspricht, selbst wenn es sich dabei um HB handelt, die HB aus dem Intershop schmeckt anders als die HB bei uns, das kann ich sogar als Passivraucher zweifelsfrei feststellen. Sollten Sie mit Ihrem HB-Terror gegen mich fortfahren, werde ich mich bei meinem nächsten Gespräch mit Rechtsanwalt Vogel über Ihre rüden Vernehmungsmethoden beschweren, aber wenn Sie Ihre Ost-HB freiwillig ausdrücken, will auch ich mich erkenntlich zeigen und Ihnen die ganze Geschichte erzählen. Leistung gegen Gegenleistung, Zug um Zug. Danke, Herr Oberleutnant. Wo waren wir stehengeblieben? Nein, von SDI und vom Krieg der Sterne verstehe ich nichts, kann kaum einen Vier-Sterne-General von einem Drei-Sterne-General unterscheiden, so hohe Tiere sind mir nie vor die Flinte gekommen, oder die Sterne der NATO strahlen nicht so hell wie die des Warschauer Paktes, sie sind nämlich aus Blech und nicht aus Rubin oder Granat wie der fünfzackige Stern auf dem – wie heißt er doch gleich? – Spasski-Turm des Kreml. Lieber als über Star Wars würde ich mich über schwarze Löcher, weiße Riesen und braune Zwerge mit Ihnen unterhalten, denn über das Frühwarnsystem der NATO und den Regierungsbunker in der Eifel, von dem aus im Ernstfall die BRD regiert werden soll, weiß ich nichts, kann weder Lage- noch Schaltpläne beibringen, nicht mal aus dem Gedächtnis, zu so was hatte ich als Dispatcher keinen Zugang, da sind Ihre V-Leute bestimmt besser auf Draht. Dagegen würde mich lebhaft interessieren, wie in Ihrem Ministerium die Zuständigkeiten verteilt sind und wie die Befehlsstränge von oben nach unten verlaufen, auch die Rückkopplung von unten nach oben interessiert mich, nicht zu vergessen der Hubschrauberlandeplatz Ihrer sowjetischen Freunde in Nohra, wenn Sie mir Baupläne oder Luftbilder beschaffen könnten, würde meine vorgesetzte Behörde sich erkenntlich zeigen, die Speicherung Ihres Namens und Dienstgrads in der Erfassungsstelle Salzgitter könnte gelöscht werden, ersatzlos gestrichen, Knopfdruck genügt, ich weiß, wie man so was macht, aber ich habe hier keine Fragen zu stellen, Sie sind es, der die Fragen stellt, Herr Oberleutnant, also weiter im Text.

Stichwort Goethe. In Goethe war ich immer gut, wie unser Bundeskanzler sagen würde. In der Schule mußten wir die Entstehungsdaten seiner Gedichte auswendig lernen, nicht die Gedichte selbst, sondern nur die Entstehungsdaten: Mailied 1771, Mahomets Gesang 1772, König in Thule 1774, Wandrers Nachtlied 1776, Erlkönig 1782, Nur wer die Sehnsucht kennt 1785, aber ich will Sie nicht mit literarhistorischen Exkursen langweilen. Ich bin selbst kein

Literaturhistoriker, Herr Oberleutnant, habe nur als Gasthörer ein paar Semester Germanistik studiert, Abitur nicht geschafft, Lehre geschmissen, Studium abgebrochen, nicht alle Blütenträume reiften, das ist übrigens auch von Goethe, Prometheus 1774, alles im Selbststudium angeeignet, als Dispatcher auf der Hardthöhe, immer den Venusberg vor Augen, kommen einem die merkwürdigsten Gedanken, und so habe ich im Laufe der Jahre in meiner Pförtnerloge alle hundert Bände der dtv-Ausgabe durchgeackert, die handlicher und leichter lesbar ist als die schweren Wälzer von Propyläen, der Dünndruck der Hamburger Ausgabe oder die winzigen Heftchen von Reclam, ganz zu schweigen von den Bänden der Cottaschen Gesamtausgabe, an die Eckermann letzte Hand angelegt hat und die so klein gedruckt sind, daß man sie nur mit der Lupe lesen kann, hatten die Goethefans damals bessere Augen als wir oder einfach nur stärkere Brillen, obwohl der Meister sich doch Besucher mit Brille stets verbat? Sie sehen nach der Uhr, Herr Oberleutnant, Ihre Zeit ist begrenzt, Ihre Geduld mit mir geht zu Ende, lassen Sie mich nur um der Wahrheit willen noch hinzufügen, daß ich nicht alles mit gleicher Aufmerksamkeit gelesen habe, die Farbenlehre habe ich links liegengelassen und die Kampagne in Frankreich rechts überholt, das war mir zu unpolitisch, die Kanonade von Valmy, von hier und heute geht eine neue Epoche der Weltgeschichte aus und ihr könnt sagen ihr seid dabeigewesen, erinnert stellenweise an die Stahlgewitter von Ernst Jünger, aber den gibt es bei Ihnen nicht, der ist in Ihrem Staat unerwünscht und wird den Bürgern der Deutschen Demokratischen Republik vorenthalten, nichts für ungut, Herr Oberleutnant, aber sein Kriegstagebuch sollten Sie lesen, Strahlungen, zwei dicke Bände in Kassette, die schenk ich Ihnen zu meiner Entlassung, wenn Sie mir Ihren richtigen Namen verraten, Adresse ist nicht nötig, Postfach genügt. Wo waren wir stehengeblieben? Goethe. Ich habe also, wie gesagt, nicht jede Zeile von ihm gelesen, aber mehr als die meisten Deutschlehrer und Germanistikprofs, von den Studenten ganz zu schweigen, haben Sie schon mal was von den hessischen Rahmenrichtlinien für den Deutschunterricht gehört? Der einzige Dichter, der darin vorkommt, ist ein Franzose namens Queneau, kein Wunder, daß die Studenten bei uns nur noch Werbetexte und Comics lesen, aber das sind für Sie böhmische Dörfer aus der Sicht der Literaturgesellschaft der DDR, wenn Sie mir gestatten, Johannes R. Becher zu zitieren, Herr Oberleutnant. War Goethe überhaupt ein deutscher Dichter? Daß er als DDR-Schriftsteller zu gelten hat, würde ich verneinen nach eingehender Prüfung seiner Staatszugehörigkeit, genausowenig hätte er sich als Bürger der BRD bezeichnet, wahrscheinlich wäre er bei uns als Verfasser des Goetz von Berlichingen unter den Radikalenerlaß gefallen, während die DDR-Behörden ihn nie nach Italien hätten ausreisen lassen, überhaupt hatte er Schwierigkeiten mit den Deutschen und ihren Staaten, von denen es damals noch mehr gab als heute, mit dem Staat, aber nicht mit der jeweiligen Obrigkeit, mit der hat er sich bestens arrangiert. Sie schalten das Tonband ab, Herr Oberleutnant, Sie wollen mir zu verstehen geben, daß Sie an meinen Einlassungen nicht länger interessiert sind, Sie haben meine literarhistorischen Exkurse satt, das Gefasel steht Ihnen bis *hier*, ein Offizier des Ministeriums für Staatssicherheit läßt sich nicht von einem hergelaufenen Westspion auf der Nase herumtanzen, Sie können auch ganz andere Saiten aufziehen, Herr Oberleutnant! Ich verstehe Ihren Unmut und bitte um Entschuldigung, daß ich Ihr Vertrauen mißbraucht und mir Vertraulichkeiten Ihnen gegenüber erlaubt habe, die die höhere Ehre Ihres Staates beeinträchtigen, es soll nicht wieder vorkommen. Im Grunde, Herr Oberleutnant, verstehen wir

184

einander doch recht gut, wir praktizieren deutsch-deutsche Verständigung sozusagen durch die Hintertür, und wenn Sie noch ein wenig Geduld mit mir haben, komme ich zur Sache, zum harten Kern der Sache, der wie bei einer Zwiebel unter einer doppelten, dreifachen, vierfachen Schale verborgen liegt, aber was ist in unserem Metier, Herr Oberleutnant, schon Kern und was Schale, um noch einmal Goethe zu zitieren?

2

Meine Zelle ist vier Meter lang und zwei Meter breit, eine Luxuszelle in Berlin-Lichtenberg, die für Westagenten und Überläufer reserviert ist, VIPs aus dem NSA, das hat nichts mit Nazis oder SA zu tun, sondern bedeutet nichtsozialistisches Ausland, eine gebräuchliche Abkürzung hierzulande in der Deutschen Demagogischen Replik, wieder so ein Freudscher Versprecher, der meine staatsfeindliche Gesinnung offenbart. Die Zelle ist großzügig möbliert, mit einem richtigen Bett an Stelle der sonst üblichen Pritsche, einem Stuhl an Stelle eines Hockers oder Schemels und einem mit Wachstuch bespannten Tisch, auf dem eine Originalpackung Nescafé Gold bereitsteht, das Lieblingsgetränk meiner Vernehmer von der Staatssicherheit, ohne Nescafé Gold würde ihre revolutionäre Wachsamkeit nachlassen und den Anschlägen des imperialistischen Klassenfeindes Tür und Tor geöffnet, das System der inneren Sicherheit der Deutschen Demokratischen Republik würde wie ein Kartenhaus in sich zusammenbrechen, aber dank Nescafé Gold funktioniert es rund um die Uhr, wieder so ein Fall, wo die Kapitalisten ihren Feinden den Strick verkaufen, an dem sie aufgehängt werden. Das Aufregendste an meinem goldenen Nescafé aber ist nicht der locker-flockige Inhalt, sondern die Verpackung, die tatsächlich aus Glas ist, Glas ist verboten im Knast, sogar hier im Luxusknast der Staatssicherheit, wo jeder scharfe oder spitze Gegenstand, mit dem ich mir selbst oder meinem Wärter die Gurgel oder die Pulsadern aufschneiden könnte, aus Plastik oder, wie man hierzulande sagt, aus Plaste ist, Plaste und Elaste aus Schkopau, wo immer das liegt, irgendwo an der Interzonenautobahn bei Leipzig, die heute Transitstrecke heißt. Vielleicht haben meine Bewacher mir den Nescafé in meine Zelle gestellt, damit ich mich mit Kaffee vollsaufe und anschließend im Koffeinrausch über den Küchen- oder Bibliotheksbullen herfalle, der seinen Karren mit Büchern draußen auf dem Korridor vorbeischiebt. Habe ich schon erwähnt, daß ich außer aufs Neue Deutschland auch auf Goethe abonniert bin, heute früh hat man mir einen grauen Leinenband ausgehändigt, der den Westöstlichen Diwan enthält, Band zwei der DDR-Volksausgabe des Aufbau Verlages, Band eins des Aufbau-Goethe war ausgeliehen oder vergriffen, vielleicht weil er politisch Aufmüpfiges oder sexuell Anstößiges enthält in den Augen meiner Bewacher, damals, als er noch in Frankfurt lebte, stand der junge Goethe noch unter dem zersetzenden Einfluß der westlichen Dekadenz, erst später, nach seiner Übersiedlung in die heutige DDR, hat er zu jener Wahrheit und Klarheit gefunden, die man in beiden deutschen Staaten höheren Ortes so sehr schätzt. Vielleicht enthält der Westöstliche Diwan auch eine diskrete Anspielung auf unser Metier, das jeder von uns, Bewacher wie Bewachter ausübt so gut er kann, jeder nach seinen individuellen Fähigkeiten und Bedürfnissen, lauter an unsichtbaren Bindfäden tanzende Marionetten auf der verdunkelten Bühne des Ost-West-Theaters, bevor der Eiserne Vorhang rasselnd niedergeht und das Publikum sich von seinen Plätzen erhebt, um zur Garderobe und anschließend nach Hause zu gehen, aber es gibt keine Garderobe und auch kein Zuhause mehr, alle Hüte und Mäntel sind verschwunden und alle Häuser ebenfalls, vom Winde verweht, unauffindbar, weil irgend jemand die falsche Nummer gewählt oder den falschen Knopf gedrückt hat an irgendeinem roten Telefon in Moskau oder in Washington. Das stammt nicht von mir, sondern von Wassilij Rozanow, dem Erfinder des Kalten Krieges und des Eisernen Vorhangs, Petrograd 1918, also lange vor Churchill, bekanntlich haben die Russen alle großen Erfindungen früher als der Westen gemacht, Rozanow war seiner Zeit weit voraus, obwohl wir heute wissen, daß der Kalte Krieg gar nicht so kalt und der Eiserne Vorhang gar nicht aus Eisen ist. »Die Angehörigen der Untersuchungshaftanstalt sowie der Untersuchungsführer sind mit Herr beziehungsweise Frau und Dienstgrad anzusprechen, beim Gespräch ist eine aufrechte Haltung einzunehmen, Inhaftierte werden mit der Verwahrraum- und Belegungsnummer angesprochen«, heißt es in der Anstaltsordnung, die mir zusammen mit dem Westöstlichen Diwan heute früh ausgehändigt oder, wie es offiziell heißt, zur Kenntnis gebracht worden ist.

Das mit einer laufenden Nummer gekennzeichnete, vom Untersuchungshäftling zu unterzeichnende Blatt ist zwischen die ersten Seiten des Diwan eingelegt; während ich mit dem linken Auge die Anstaltsordnung überfliege, lese ich mit dem rechten den Anfang eines Gedichts, das mir den Schlüssel nicht nur zum Westöstlichen Diwan, sondern auch zu meiner eigenen Anwesenheit hier, den geheimen Grund meines Hierseins, zu offenbaren scheint:

»Nord und West und Süd zersplittern
Throne bersten, Reiche zittern,
Flüchte du, im reinen Osten
Patriarchenluft zu kosten.«

In den Anmerkungen für lesende Arbeiter am Schluß des
Bandes finde ich den Hinweis, daß das Wort HEGIRE im Titel des Gedichts »von Sinn und Absicht des Ganzen Kunde
gibt« und sich auf die Flucht Mohammeds von Mekka nach
Medina bezieht. Das ist es also. Kriminelle Fluchthilfe. Re-
publikflucht. Vorbereitung zum ungesetzlichen Verlassen des
Territoriums der Deutschen Demokratischen Republik. Un-
erlaubtes Überschreiten der Staatsgrenze West in Richtung
BRD. Oder bedeutet »von Mekka nach Medina« nicht vielmehr, daß man mich für einen Flüchtling in umgekehrter
Richtung hält, der sich vor den berstenden Thronen des Westens nach Osten abgesetzt hat, um auf dem Diwan der
Staatssicherheit reine Patriarchenluft zu kosten? Von Patriar-
chen kann keine Rede sein, von reiner Luft noch weniger. In
meiner Zelle mieft es zum Steinerweichen, ein unnachahm-
liches Aroma aus ungewaschenen Socken und Blumenkohl.
Der zentrale Designer dieses Luxusknasts hat eine wichtige
Kleinigkeit vergessen, die das Leben in der Obhut des Staates
erst lebenswert macht: das Fenster. Statt dessen gibt es einen
Glasbaustein in der linken oberen Ecke meiner Zelle, durch
den von einem Lichtschacht gefiltertes trübes Tageslicht her-
einsickert, eine Ahnung von Sonne und Freiheit, bei der es
sich auch um Neonlicht handeln kann. Was waren das doch
für Zeiten, als der Festungshäftling Ernst Toller sein Kom-
mißbrot an Spatzen verfütterte! Sogar ein Schwalbenpärchen
soll in seiner Zelle genistet haben. Zusammen mit dem Kom-
mißbrot hat man auch die Zellenfenster abgeschafft, in Ost
und West. Aber ich kann nicht klagen, das Essen ist gut und

reichlich, zum Frühstück Graubrotschnitten mit Vierfrucht-marmelade, dazu Nescafé Gold aus dem Intershop, mittags Kartoffeln mit Soße und einer Andeutung von Fleisch, damit der Häftling bei Laune bleibt, abends Krautsalat, volkseigene Vitamine von der LPG, und ein hartnäckiger Kohlgeruch, der nicht mehr aus der Zelle weicht. Habe ich schon den Notiz-block und Bleistift auf dem mit Wachstuch bezogenen Tisch erwähnt? Selbst an einen Radiergummi hat man gedacht, da-mit ich mein umfassendes Geständnis bei Bedarf korrigieren, mit selbstkritischer Einsicht und vertiefter Erkenntnis der von mir verübten Verbrechen immer wieder ausradieren und neu schreiben kann, bis es die endgültige, letzte Klarheit und Übersichtlichkeit gewonnen hat, die der Untersuchungsrich-ter, der mit der Anklageerhebung befaßte Staatsanwalt und die mit der Durchführung der Untersuchung beauftragten Untersuchungsführer mit Fug und Recht von mir erwarten. Ich werde mein Bestes tun, um die in mich gesetzten Erwar-tungen zu erfüllen. Vorher aber wird mein Vernehmer mich noch einmal beim Schachspiel in die von meinem Bonner Spatzengehirn gezogenen engen Grenzen verweisen, mit In-disch Grün vielleicht, der spektakulären Eröffnung, mit der der Herausforderer Kasparow kürzlich den Titelverteidiger Karpow entthront hat. Leider bin ich für dieses intellektu-elle Niveau nicht programmiert, in höherer Mathematik war ich immer eine Null, lieber als Schach spiele ich Schiffe ver-senken oder Mensch ärgere dich nicht. Um mir die Zeit zu verkürzen, während er über den tieferen Sinn eines Bauernop-fers nachgrübelte, hat mein Vernehmer mir gestern ein mit bulgarischem Paprika, der hierzulande Letscho heißt, garnier-tes Käsebrot aus der Kantine der Staatssicherheit servieren lassen; danach, als Kasparows Königin von einem Karpow-schen Turm bedrängt wurde, schickte er mich für fünfzehn Minuten unter die Dusche, wo ich unter einem heißen Wasserstrahl das Alleinsein genoß. Ich bin nämlich nicht der einzige Spion in meiner Zelle: Nachts fällt alle halbe Stunde ein Lichtschein durch den Spion in meiner Zellentür und gleitet über meine zerwühlte Bettdecke; sogar während ich auf der Toilette sitze, fühlte ich mich von fremden Blicken beobachtet. Habe ich schon die Wichsflecken an den Wänden erwähnt, oder soll ich Ihnen die Details meiner sexuellen Ausschweifungen lieber ersparen? Die großen Ereignisse der Weltgeschichte haben nie stattgefunden, Herr Oberleutnant, Bismarck hatte keinen Schnurrbart, und die sogenannte Reichsgründung ist mit Sicherheit nicht sein Werk. Mein Vater hat mir erzählt, daß er am Abend des Reichstagsbrands auf dem Platz vor dem Reichstag seinen Hund ausführte. Es war der 27. Februar 1933. Alles blieb ruhig, der Verkehr lief normal wie jeden Abend. Mein Vater ging unter den Linden spazieren und sah sich die Schaufenster der Geschäfte an, während sein Hund an einer der Linden sein Geschäft verrichtete. Habe ich die Gaslaternen schon erwähnt? Sie verbreiteten ihr für die damalige Zeit charakteristisches, diffuses Gaslaternenlicht. Es gab ja noch keine Verdunkelung, man lebte im tiefsten Frieden. Sonst ist von diesem historisch denkwürdigen Abend nichts Besonderes zu berichten, kein Brandgeruch, nichts. Entweder war der Reichstagsbrand, als mein Vater mit seinem Hund vor dem Reichstag spazierenging, bereits gelöscht, oder aber, und das erscheint mir am wahrscheinlichsten, der Reichstag hat überhaupt nicht gebrannt. Vielleicht hat die Erinnerung ihm auch einen Streich gespielt, und mein Vater hat sich im Datum vertan. Am 13. August 1961 wurde in Berlin keine Mauer gebaut, das kann ich bezeugen, denn ich hüpfte damals auf einem Bein über den Potsdamer Platz, vom Westen in den Osten und vom Osten in den Westen zurück, Himmel und Hölle nannten wir Kinder dieses Spiel. Ringsum Trümmerhalden, auf denen Brennesseln wuchsen, Brandmauern mit ausgebleichten ATA- und IMI-Reklamen, Kopfsteinpflaster, auf das wir quadratische Spielfelder gemalt hatten, spitzer Schotter, an dem wir uns die Knie wundschlugen, aber von Baukolonnen mit Mörtelkellen und Stacheldrahtrollen, Betriebskampfgruppen, sowjetischen Panzern und NVA-Pionieren war nichts zu sehen, Fehlanzeige, keine Spur. Es war ein heißer Augusttag, wolkenloser Himmel, damals noch ohne Kondensstreifen von Düsenjägern, nichts passierte, und als uns das Hüpfen auf einem Bein zu langweilig wurde, sind wir von Himmel und Hölle zum Murmelspiel übergegangen und haben bunte Glaskugeln, Klicker genannt, in eine Vertiefung in den Boden gekickt; der Sieger bekam alles und mußte dafür eine Runde Brausepulver für alle ausgeben. Soviel zu diesem Thema.

Dreigeteilt niemals, Herr Oberleutnant, denn es gibt nicht nur zwei oder drei, sondern genaugenommen sieben deutsche Staaten, wenn wir Österreich, die Schweiz, Liechtenstein, Luxemburg und die selbständige Einheit Westberlin noch dazurechnen, die mit der BR-Deutschland zwar verkehrstechnisch, aber nicht politisch verbunden ist, *kak izwestno*, wie seit dem Viermächteabkommen jedermann weiß, Verbindungen, aber keine Bindungen: Berlin (West), nicht zu verwechseln mit der gleichnamigen Hauptstadt der DDR (Ost), hängt am Tropf, durch den zähflüssige Schmiergelder fließen, die im christ- und sozialdemokratischen Filz aufgefangen werden, eine klebrige Angelegenheit, aber der Tropf ist keine Nabelschnur, durch die Blut rinnt, Blut fließt nur an der Mauer, Pardon, Herr Oberleutnant, ich habe mich versprochen, ich meine natürlich die Staatsgrenze der DDR, auch antifaschistischer Schutzwall genannt, deren Überschreiten ohne Visum außerhalb der dafür vorgesehenen Grenzübergangsstellen wie in allen zivilisierten Staaten verboten ist, gegen Zuwiderhandelnde wird notfalls von der Schußwaffe Gebrauch gemacht, was Honiseidank – ich meine natürlich: *honni soit qui mal y pense,* zum Glück immer seltener vorkommt, dafür ist die moderne Grenze viel zu gut bewacht, wo waren wir stehengeblieben? Sieben deutsche Staaten habe ich gezählt, aber in Wahrheit gibt es mehr als doppelt so viele, wenn wir die Banater Schwaben, die Siebenbürger Sachsen und die Wolgadeutsche Republik dazurechnen, deren Bewohner von Väterchen Stalin ins hinterste Kasachstan umgesiedelt worden sind, dort sitzen sie heute noch, falls sie noch sitzen können, wie Brecht über seinen Kollegen Tretjakow zu sagen pflegte, falls ihnen der Arsch nicht schon längst auf Grundeis gegangen ist, eine Redensart, die Sie in diesem Fall getrost wörtlich nehmen dürfen, Herr Oberleutnant. Meine Liste ist immer noch nicht vollständig, denn ich habe die Palästinaschwaben vergessen, die deutschsprachigen Mennoniten in Belize, die Bayern in Togo und die Steubenparade auf der Fifth Avenue, dazu kommen die Altnazis in Argentinien und Paraguay, die Auslandsdeutschen in Chile und Brasilien, die Namibiadeutschen in Südwest- und der Holsten-Pils trinkende Hardy Krüger in Ostafrika, ich könnte noch mehr Deutschländer aufzählen, Herr Oberleutnant, aber ich will es bei der Drohung bewenden lassen, obwohl oder weil es gar nicht genug davon geben kann, wie ein französischer Deutschlandliebhaber einmal sagte, der sich nach dem Motto: Schaffen wir zwei, drei, viele Vietnam! mehrere Deutschlands wünschte, obwohl ihm *ein* Hitler schon zuviel war. Die Hitlers kommen und gehen, aber das deutsche Volk bleibt, das ist von Stalin, der genau wie Etzel alias Attila von seinen Untertanen Väterchen genannt wurde, strenge Väter werden von ihren unartigen Kindern am zärtlichsten geliebt, und die Liebesfähigkeit des russischen Volkes ist, wie seine sprichwörtlich gewordene Leidensfähigkeit, unbegrenzt. Wir Deutschen können dagegen besser Leiden zufügen als Liebe ertragen, wir ertragen die Leiden, die wir anderen zufügen, geduldiger als die Liebe, die man uns andernorts entgegenbringt, wir haben die Konterrevolutionen der modernen Völker geteilt, ohne ihre Revolutionen zu teilen, wir waren, unsere Oberhirten an der Spitze, in Gesellschaft der Freiheit nur am Tag ihrer Beerdigung. Verzeihen Sie den unvollständigen Wortlaut, Herr Oberleutnant, ich habe aus dem Gedächtnis zitiert. Haben Sie schon mal was von ff. Fleisch- und Wurstwaren gehört? Eine deutsche Spezialität, es gibt in Deutschland mehr Wurst- als in Frankreich Käsesorten, von Brot ganz zu schweigen, auf dem Wurstsektor war Deutschland schon immer führend, da macht uns Deutschen in Ost und West, Nord und Süd so leicht keiner was vor oder nach, aber was, Herr Oberleutnant, verbirgt sich hinter der Abkürzung ff.? Sie leben im fortschrittlichsten und ich komme aus dem freiheitlichsten Staats- und Gemeinwesen, das je auf deutschem Boden existiert hat, wie man uns beiden höheren Ortes glaubhaft versichert, freiheitlichst und fortschrittlichst, nur vom Feinsten, lauter Superlative, ff. Fleisch- und Wurstwaren, für die Deutschen in Ost und West war immer nur das Beste gut genug, wieder so eine deutsch-deutsche Gemeinsamkeit, bei der wir es bewenden lassen könnten im Geiste gutnachbarlicher Beziehungen, wäre da nicht die Gefahr, daß vom freiheitlich-fortschrittlichen Boden der DDR und der Bundesrepublik Krieg ausgehen könnte, selbst wenn keiner von uns hingeht, dann findet der Krieg eben ohne uns zwei statt, unter Ausschluß der Öffentlichkeit, die Vernichtung der Völker der BRD und der DDR fände ohne deren Zutun statt, nicht mit Absicht, sondern aus Versehen, die radioaktive Verseuchung ihrer wechselseitigen Territorien wäre die zufällige Folge eines Fehltritts, den hinterher *so* keiner gewollt haben wird, Fehltritte kommen in den besten Familien vor, ein schwacher Trost, aber besser als gar keiner, selbst die stabilste Ehe ist gegen Seitensprünge nicht gefeit, nur daß im

Zeitalter der erworbenen Immunschwäche Seitensprünge riskanter geworden sind, die Bonner Gesundheitsministerin rät deshalb zum Kondom, auch wenn ein Kölner Kardinal besorgt den Kopf schüttelt, was wir brauchen in dieser hochexplosiven Lage ist ein Anti-Atom-Kondom, ein Präservativ gegen den nuklearen Präventivschlag, einen wirksamen Gummischutz, in Fachkreisen sagt man Berstschutz dazu, mit dem unsere atomare Überrüstung nachgerüstet werden muß. Haben Sie schon mal was von der Schlacht an den Thermopylen gehört, Herr Oberleutnant? Die fand nicht im Jahre 480 vor Christus oder, wie es bei Ihnen heißt, v.u.Z. statt, sondern am 26. April 1986, und mit diesem Tag beginnt in dem Land, aus dem ich komme, die neue Zeitrechnung, je nachdem vor oder nach Tschernobyl, eine Zeitenwende wie die Geburt Christi, die Flucht Mohammeds von Mekka nach Medina oder die Stunde Null der bolschewistischen Revolution, zu der das Panzerschiff Aurora im Oktober 1917 den Startschuß abfeuerte. Wir leben im Jahr eins nach Tschernobyl, Herr Oberleutnant, und vielleicht liegt es daran, daß uns der Appetit vergangen ist, mürrisch beugen wir uns über unsere gut gefüllten Teller und lassen die strahlend roten Tomaten und den pflückfrischen Salat ungekostet in die Küche zurückgehen, wo er mit spitzen Fingern, am besten mit Gummihandschuhen von Müllmännern in Asbestanzügen in Bleisärge, Castorbehälter genannt, zwischen- und später im tausend Meter tiefen Schacht eines Salzbergwerks endgelagert wird. Entsorgung heißt das, Herr Oberleutnant, aber damit sind wir unsere Sorgen noch lange nicht los, im Gegenteil, sie fangen erst richtig an, die Gummihandschuhe, der Asbestanzug, der Castorbehälter und das Salzbergwerk bieten nämlich nicht nur keinen zuverlässigen Strahlenschutz, vom Berstschutz ganz zu schweigen, sie strahlen selbst radioaktive Zerfallsprodukte ab, Halbwertzeit zehnhochsoundsoviel. Während die Niederlage bei den Thermopylen nur das Vorspiel war zum Sieg der Griechen bei Salamis, verhält es sich heute genau umgekehrt: Die Katastrophe von Tschernobyl – im Westen sagt man Havarie, im Osten Panne dazu – ist der Anfang vom dicken Ende, das bekanntlich zuletzt kommt. Ganz nebenbei bleiben dabei auch unsere politischen Haarspaltereien auf der Strecke, an die wir uns so gewöhnt hatten, daß uns ein Leben ohne Kalten Krieg kaum noch lebenswert erscheint.

Eine Bildungsfrage, Herr Oberleutnant: Kennen Sie Tacitus, Annalen 16, die Geschichte von Arminius und Flavus? Arminius alias Hermann der Cherusker stand am Ostufer der Weser und stritt mit seinem Bruder Flavus, der sich auf dem westlichen Ufer befand und im römischen Heer diente; Arminius trat vor, forderte die Römer auf, ihre Bogenschützen zurückzuziehen, was etwa unseren taktischen Atomraketen entsprochen haben dürfte, Hochrüstung schon damals, und beschimpfte seinen Bruder, der als römischer Legionär unter Tiberius, was heute Reagan entsprechen würde, ein Auge eingebüßt hatte, ein Römerknecht zu sein, der sein Vaterland verraten habe und die germanischen Götter nicht mehr in Ehren halte; während ihm sein Bruder Flavus von der Größe Roms vorschwärmte und der Macht Caesars, strenge Bestrafung für die Besiegten in Aussicht stellte und Gnade für alle, die sich freiwillig unterwürfen, Pax Romana, sogar für Arminius fiele dabei etwas ab, Rom würde sich erkenntlich zeigen mit Einkaufsbons für den Intershop, eine hochaktuelle Diskussion, Herr Oberleutnant, nur daß sie sozusagen seitenverkehrt geführt wurde, die großdeutschen Revanchisten saßen damals am Ostufer der Weser, während sich das sozialistische Friedenslager im Westen befand, die Grenze verlief schon damals, ohne den Schiffsverkehr zu beeinträchtigen, in der Strommitte, wie es internationalen Gepflogenheiten und der Auffassung Ihrer Regierung entspricht. »Allmählich gerieten sie ins Schelten und waren nahe daran, sich zu schlagen, ohne sich durch den Fluß zwischen ihnen abhalten zu lassen, doch Stertinius eilte herbei und hielt den Flavus zurück, der zornerfüllt nach Waffen und Pferd rief. Drüben sah man den Arminius mit drohenden Gebärden, wie er die Schlacht ankündigte. Denn gar vieles schrie er manchmal auf lateinisch, weil er als Anführer seiner Landsleute unter den Römern gedient hatte.« Ein Nationalheld, der seine Muttersprache nicht beherrscht, genausowenig wie sein feindlicher Bruder auf der anderen Seite, zwei deutsche Männer, die in fremdem Auftrag zu sprechen und zu töten gelernt haben, alles wie gehabt. Deutschland war schon damals durch eine Staatsgrenze geteilt, der Rhein war Deutschlands Grenze, nicht Deutschlands Strom, eine moderne Grenze mit Wallgraben, Mauer, Wachtürmen und allem, was dazugehört, Wälder wurden gerodet, Wiesen umgepflügt, Bäche und Flüsse umgeleitet, um freies Schußfeld zu schaffen, der unerlaubte Grenzübertritt war schon damals lebensgefährlich, Herr Oberleutnant. Der Limes erlitt das gleiche Schicksal wie die Große Mauer in China, zweihundert Jahre zuvor vom Gelben Kaiser errichtet zur Abwehr der nördlichen Barbaren, die immer wieder Breschen in sie schlugen, Mauer wie Limes durchbrachen, Hunnen, Mongolen, Alemannen, Langobarden und wie sie alle hießen, aber es mußte noch eine Menge Wasser den Rhein und den Gelben Fluß hinunterfließen, bevor die nach jeder Zerstörung wiederaufgebaute Mauer, der stets aufs neue befestigte Limes endgültig ausgedient hatten und von Unkraut überwuchert waren, um Jahrhunderte später als Touristenattraktion neu aufzuerstehen. Müssen wir uns auf ähnlich lange Zeiträume einstellen, Herr Oberleutnant? Oder ist die Staatsgrenze West Ihrer Republik schon jetzt dermaßen durchlässig geworden, daß sie bald überflüssig sein wird? Und werden wir beide es noch erleben, daß Pioniere der Grenztruppen und Bausoldaten der NVA, die den Dienst mit der Waffe aus Gewissensgründen ablehnen, mit Spitzhacke und Schaufel antreten, während vom Westen her mit Abrißbirne und Planierraupe dem antifaschistischen Schutzwall zu Leibe gerückt wird? Oder stimmt, was pessimistische Auguren voraussagen, daß Westberliner Stadtsanierer, Antiberliner und Autonome eine große Koalition bilden werden mit dem Zentralkomitee und Politbüro der SED, um den Abriß der Mauer zu verhindern, die schließlich von Bonn als erhaltenswertes Kulturgut aufgekauft und unter Denkmalschutz gestellt werden wird? Denn was wäre Berlin ohne seine Mauer – ein Nullsummen-Spiel ohne Grenzen?

STEPHAN KRAWCZYK

Blonde Kiezgeschichte

»Was ist das für ein Leben?« fragte meine Mutter während eines unserer wöchentlichen Ferngespräche, als ich das Küchenfenster schloß, weil ein sirenenheulender gepanzerter Wagen vorbeigelotst wurde und Männer mit Schußwesten, die Maschinenpistolen in Hüfthöhe, wie frisch aus dem Fernsehapparat befreit, katzenhaft um junge numerierte Linden schlichen. »Anonym«, antwortete ich, »man hat keinen Einfluß darauf.« Ich beschrieb ihr die Tatsachen vor meiner Haustür nicht – das hätte sie nur erneut beunruhigt.

Die Bäume an der gegenüberliegenden Straßenseite sind schwächer als die diesseitigen und färben ihre Blätter schon im Sommer. Auf den beiden äußeren Straßenspuren steht das edle Eisenerz, auf den mittleren fährt es. Früher gab es eine Mauer unweit meines Domizils, wodurch alles langsamer, niedriger und kürzer gewesen ist. Ohne Mauer ist es das Gegenteil davon. Oft wünsche ich mir, wahlweise taub, blind oder ohne Geruchssinn zu sein.

Zwischen halb vier und halb fünf in der Frühe ist die Stadt am stillsten, da schläft die gewaltige Masse, um neue Kräfte zu sammeln, womit sie der Großstadt ab sechs den Rachen füllt – Zeit, daß ich mich aus der Küche zurückziehe, ins Zimmer mit Fenster zum Innenhof. Dort lege ich mich Morgen für Morgen bei geöffneter Balkontür aufs Ohr. Wenn sich die, wie es heißt, spielenden Kinder vormittags anbrüllen, erwache ich manchmal und schließe die Tür, obwohl mir der Schlaf in geschlossenen Räumen Unbehagen bereitet und ich nicht selten geträumt habe, ersticken zu müssen.

Seit zwei Jahren muß ich nicht mehr wegen der Kinder die Tür schließen. Mein neuer Nachbar, der Bauherr, wirft jeden Morgen früh um sieben seine schneidenden, schlagenden, schürfenden Maschinen an, nachdem er in den Sommermonaten eine Stunde pfeifend auf der Baustelle herumgekrochen ist. Seine sieben Plagen heißen Bagger, Bohrer, Preßluft, Hammer, Säge, Schreien und Kran, der seinen Namen rot in den Himmel schreibt, daß die Planen im Winde applaudieren. Ein Hoch dem Schneegestöber, dichten Nebel und Hagelschlag – wenn mein Nachbar ruht, darf auch ich ruhen.

Seinetwegen habe ich mir schon überlegt, meine verkehrte Welt herumzudrehen. Dies war mir einmal drei Tage hintereinander gelungen. Ich stand mit dem ersten Baggerkreischen auf, frühstückte, führte mit extrem hohem Nikotingenuß den Stuhlgang herbei, saß am Küchenfenster, beobachtete den Verkehr und das Leben im Gebäude gegenüber, der Bundesdruckerei, wo dem Papier Wert verliehen wird. Dort arbeiten, wie ich später erfahren sollte, viertausend Menschen, weshalb die Größte Zeitung der Großstadt zum Schichtbeginn einen mobilen Verkäufer neben dem Werktor postiert. Dann sitzen während der Frühstückspause alle mit der gleichen Zeitung, anstatt daß sie einer kauft und vorliest.

Im linken Flügel der Gebäudeansicht, die sich mir von meinem Fenster aus eröffnet, ist das Maschinenhaus gelegen. Bei starker Kälte steigt summend Rauch aus den Schächten. An einem jener drei öden Vormittage öffnete sich plötzlich eine Luke in der fensterlosen, plastikverkleideten Vorderfront, zwei Männer mit Helm wurden sichtbar. Wie ich mit bloßem Auge erkennen konnte, wanderte eine übergroße Zigarette zwischen beiden hin und her. Sie wollen weg, dachte ich und winkte ihnen innerlich zu. Ich trage mich mit Umzugsplänen und wäre hier schon lange weg, wenn ich mich ernsthaft darum gekümmert hätte.

Neben der Pförtnerloge am Haupttor steht nachmittags kurz vor drei eine Menge, die Gesichter dem Draußen, der Straße zugewandt. Punkt drei wird die Grenze freigegeben. Die vorn am Schlagbaum standen, versuchen ihre Plätze zu halten, stürmen die Bushaltestelle oder springen in ihr privates Gefährt, um als erste aus der Parklinie zu scheren. Während dieses Getümmels meide ich die Straße.

Hinter den Gittern der unteren Fensterreihe des Druckhauses sah ich noch nie einen Menschen. Womöglich dürfen sie nicht ans Fenster treten. Regenwasserabflußrohre führen vom Flachdach über dem vierten Stock in die Kanalisation. Am frühen Abend flattern die Krähen im Osten auf, ziehen westwärts und verschwinden hinter dem neu errichteten Glasflügel der Größten Zeitung der Großstadt.

Vor etwa fünf Jahren saß ich, ebenso wie heute, mit dem Rücken zum Fenster nachts am Küchentisch und hing meinen Gedanken nach. Die Stille, die in der Großstadt nie richtig still ist, anders als auf dem Lande oder unter Wasser, wo der Herzschlag zu hören ist, sondern, kaum merklich, stetig dumpf grollt, wurde nur halbstündlich vom Nachtbus unterbrochen. Im dritten Stock des Gebäudes brannte Licht. Der Bedarf an Wertpapieren muß groß gewesen sein. Weil der nächste Bus von fern seine Stimme erhob, stand ich auf, um das Fenster zu schließen. Gerade wollte ich mich erneut darüber ärgern, daß das Gesetz der Nacht übertreten wird, als ich eine Frau mit langem blonden Haar gewahrte, die versunken am linken Fenster stand. Ihr Kopf war ein wenig nach vorn geneigt; sie schien ihre Hände zu betrachten – vielleicht hat sie sich nach etwas Lebendigem gesehnt zwischen all den künstlichen Stoffen. Die Maschinen waren mit ihr, das Geld in Bögen und jene Größte Zeitung der Großstadt. Den Rest der Nacht verließ ich meinen Posten nicht, allein, die blonde Frau zeigte sich nicht mehr. Wer weiß, was sie machen mußte – um fünf war die Etage endlich dunkel.

Was ist das für ein Leben? Meine Mutter sagt: »Ein ordentliches. Es muß doch jeder sein Geld verdienen.« – »Ja, schon, Mutti, aber unter welchen Umständen. Und mit wieviel Sorgen im Bauch.« – »Da hast du auch wieder recht.«

Obwohl zwischen meinem und dem Fenster, an dem die blonde Frau gestanden hatte, etwa vierzig Meter liegen, glaube ich, daß sie traurig war, vielleicht deswegen, weil ihr Freund säuft, wenn sie nachts arbeiten muß, und schnarcht, wenn sie einschlafen will. Das Schlafzimmer stinkt nach Schnaps. Wecken würde sie ihn nie mehr, seitdem sie ihn angestoßen und er mit häßlichen Zügen »Halt's Maul!« gesagt hatte.

Nachts wird das Gebäude angestrahlt. Es reflektiert ein warmes Gelb mit Rotpigmenten, das an Moscheen im Licht vor dem Gewitter erinnert. Die Forsythiensträucher am spitzenbewehrten Stahlzaun blühen eher und voller als die Forsythie im Park nebenan, wo ich entdeckt hatte, daß die Stadtbäume Nummern tragen, auf einem am Stamm festgenagelten Plastikschildchen, auch die verstecktesten – sobald sie hoch hinaus wollen, werden sie in Listen eingetragen und verwaltet. Es war, als wären mir damit die Bäume weggenommen worden – als wäre ich vorher der Ansicht gewesen, es gäbe Urwüchsigkeit. Mit dem größten Ahornbaum im Park verbindet mich eine lange Freundschaft. Bei ihm hing das Schildchen so hoch, daß ich es bei den Umarmungen nicht bemerkt hatte. Nun ging ich hin und weinte – von Nummer zu Nummer, nachts.

Den Stundentakt der Wachmannschaft konnte ich noch

nicht herausbekommen. Sie gehen zu zweit gemächlich auf dem Trottoir entlang. »Haste jelesen, wie die früh tot im Bett jelegen hat?« – »Mitte Kugel im Kopp?« – »Nee, mitte Knebel im Mund.« – »Ick hab' nur dit mitte Kugel jelesen.« – »Dit hab' ick ooch jelesen. Mußte ma dit mitte Knebel lesen.« – »Issn Bild bei?« – »Hm.« Sie wirken ruhig und ausgeglichen, wie Sanatoriumsgäste im Park. Man müßte ihre Gesichter sehen können. Mein Fernglas habe ich einem vermacht, der mehr damit anzufangen weiß. Er lebt auf dem Lande. Als es sich noch in meinem Besitz befunden hatte, beobachtete ich einen Mann, der eine geschlagene Stunde früher zur Arbeit gefahren kam, um seinem Auto einen Parkplatz zu beschaffen. Da saß er nun mit so entspannten Zügen, daß man in seinen Backentaschen Nüsse hätte vermuten können. Die Hände, auf das Lenkrad gestützt, hielten eine bunte Illustrierte, deren Inhalt ich nicht beschreiben will. Er war wach und schlief doch, bis er mich erspähte und erzürnt blätterte. Ich schämte mich beim Einschlafen dafür, ihm womöglich seine einzige freie Stunde versaut zu haben. Wenn ich ihn später sah, setzte ich mich an die andere Tischseite.

Niemand kommt ungesehen am Gebäude vorbei. An jeder unübersichtlichen Ecke hängt ein bewegliches elektronisches Auge. In der Nacht wird das Gitter am Haupttor heruntergelassen. Ich wohne gegenüber einer Burg des verlöschenden zweiten Jahrtausends und wollte, bevor ich wegzuziehen ernsthaft betreiben würde, eine satirische Lanze dagegen richten. Es müßte ein zum Frühstück verdaubarer Text sein, am besten ein Lied mit Refrain, als kleinster gemeinsamer Nenner: etwas Geselliges. Es sollte letztlich auch als jene Frage verstanden werden können, die Mutter immer stellt.

Ich rief bei der Größten Zeitung der Großstadt an, die mir als Organ dienen sollte, stellte mich vor und sagte, daß es mir eine Ehre wäre, einen Text, der verschiedene Beobachtungen während meiner Allnacht im Kiez beschreibe, für das Blatt verfassen zu dürfen. Nachdem ich diese Reverenz in verschiedene Ohren gebetet hatte, sagte man mir, daß ich am nächsten Tag noch einmal, dann aber früher anrufen müßte. Ich stellte mir den Wecker auf nachmittag um drei, schlief unruhig und träumte, mich zu weit aus dem Fenster zu lehnen. Noch mit dem Nacht- oder, besser, Tagschleim in der Kehle wählte ich die Nummer und sagte meinen Satz in das Ohr des Zuständigen für Unterhaltung. »Interessant«, sagte er, »am besten was mit Liebe.« Ich versprach, ihm den Text in den nächsten Tagen zu liefern. Danach würden wir die Einzelheiten besprechen. »Was für Einzelheiten?« Darauf sagte er, daß er sich jetzt entschuldigen müsse; die Einzelheiten liefen ja nicht weg.

Was immer er damit gemeint haben mochte, es lastete auf mir, weswegen ich geistige Getränke zu mir nehmen mußte, um ans Werk gehen zu können. Auf dem höchsten Schacht saß ein Sprosser und sang Melodien einer Sommernacht. Also, es sollte was mit Liebe sein. Gesetzt, es gäbe diese auf den ersten Blick aus vierzig Metern Entfernung, ließe sich die Blonde zum begehrten Objekt stilisieren – es bliebe anonym, blond waren viele, wie ich durch eine entsprechende Recherche eruiert hatte. Der Refrain war direkt an DIE SCHÖNE BLONDE VON GEGENÜBER gerichtet, welche mir Blicke schickt und ihre Mähne wirft, daß ich mich daran entflamme und den freien Hauch der Liebe verspüre. Wenn sie im Gebäudeinnern schon wieder ihren Dingen nachgeht, ist es mir weiterhin unmöglich, meinen Platz am Fenster zu verlassen. Für die Strophen wählte ich einen stampfenden, wachrüttelnden Rhythmus, reimte »falzt« auf »mit der Zunge schnalzt« und zählte mancherlei Dinge auf, die mich schon seit Jahren als Fetisch begleiten, da sie von ihrer Hand gefertigt sein könnten, wie der Blaue, durch dessen Benutzung man hundert Annehmlichkeiten genießen dürfe, oder der Paß, auf den es nun besonders zu achten gelte, weil sie für dessen Fertigung Liebesbriefpapier verwandt haben könnte. Die Frauenfrage kleidete ich in den Vers: »Und sie stampft wie eine Stierin, wie beim Gleisbau in Sibirien.« Die letzte Strophe sollte ein Feierabendbild entwerfen: Sie putzt die Maschine und summt dazu hymnisch. Ich stelle die Frage, wann sie endlich durch das offene Bundesdruckertor gehen könne, will gerade Zeichen geben, da werden die Rolläden heruntergelassen, als würde sie eingesperrt. Der Blick wird abgehackt – die Enttäuschung entlädt sich im letzten Refrain, wo ich sie auffordere zu springen; ich würde schon dafür Sorge tragen, daß sie weich fiele. Wörtlich hieß es an der Stelle: »Ich fang sie auf, und sie ist mein.«

Drei Tage und Nächte lag der Text auf meinem Küchentisch – ich änderte da einen aufdringlichen Reim, verbesserte dort die Syntax, bis ich zufrieden war und mein Werk, mit der Bitte um Rückruf nach sechzehn Uhr, an die Größte Zeitung, zu Händen des Zuständigen, sandte. Schon am nächsten Tag wurde die Bitte erfüllt. Er fragte mich: »Haben Sie sich das alles selber ausgedacht, oder haben Sie da ein bißchen geschummelt?«

»Ja ... schon selber«, sagte ich unsicher, weil es die ersten Worte waren, die ich nach dem Erwachen sprach.

»Na, Sie!« Er lachte und beteuerte, daß er den Text köstlich finde, an manchen Stellen etwas übertrieben – die letzte Entscheidung, die man abwarten müsse, ehe man die Einzelheiten bespräche, falle allerdings auf der Chefetage, wo der Text gerade herumgehe. Selbstverständlich behalte sich das Blatt vor, wenn notwendig, zu kürzen, was er mit dem Hinweis auf die Platzfrage begründete. Er kündigte an, mich zu besuchen, wenn er eine Story dazu schreiben müßte, aber das ginge dann nicht, wie ich mir ausgebeten hatte, am Abend, sondern nur nachmittags um drei, wenn die Massen hinausströmten, weil er nicht allein käme, sondern mit einem Fotografen. Wegen der Einzelheiten, er feilschte weiter, wäre ihm ein Treffen schon um zwei natürlich lieber. Da hätte man die Aufnahmen zum Schluß. Ich sah mich unausgeschlafen mit fremden Leuten in der Küche sitzen und willigte ein. Eine Stunde später hatte ich ihn wieder am Ohr: »Die Chefetage hat sogar gelacht. Rausspringen...!« Das weitere blieb, bis auf die verabredete Uhrzeit, unverständlich.

Nach einem Schlaf voller Trugbilder und eiserner Geräusche saß ich in der Hitze des Vormittags am geöffneten Küchenfenster. Zwanzig Zwerge zogen zwischen zwei Riesinnen über den Bürgersteig der anderen Straßenseite. Den Vierjährigen wurde die Welt gezeigt. Sie zupften an sich herum, stießen oder brüllten sich an, hatten vollständig mit sich zu tun. »Halt!« rief die Voranschreitende in die Stille einer roten Ampelphase. Sie drehte sich um und wies mit dem gestreckten Arm auf die mächtige Baustelle des gläsernen Flügels. Die Knirpse mußten es ihr gleichtun und in dieser Haltung verharren, bis der letzte Träumer den Arm erhoben hatte. »Daaa!« riefen alle auf Handzeichen der zweiten Instrukteurin, weil die Voranschreitende nun hinter ihnen stand.

Traurig legte ich mich wieder hin. Mir träumte, daß ich ein nacktes Kind in eine Schneekugel einrolle, bis nur noch Hände und Füße herausstarren. Plötzlich bin ich ein anderer – ich stoße den, der ich war, zurück, befreie den Körper, verzweifelt darüber, daß er schon erfroren sein könnte, aus seinem weißen Gefängnis und heule dabei wie ein Schloßhund, weil ich nicht fassen kann, wozu der andere fähig ist.

Im ersten synthetischen Dur-Dreiklang des Lautsprechers an der Wechselsprechanlage meiner Wohnungstür schreckte ich hoch und drückte den entsprechenden Knopf. Mir blieben dreißig Sekunden, um den Kopf unter Wasser zu halten, den Mund auszuspülen und Tropfen in meine rotgeränderten Augen zu träufeln, dann ertönte die Prime. Die Eindringlinge standen vor dem Spion. Ich riß die Tür auf, als hätte ich schon lange gewartet. Sie wischten sich Schweiß von der Stirn, weswegen wir den Handschlag vermieden. Sie traten ein – ich konnte ihre Luftverdrängung in dem für mich sonst ungeteilten Raum deutlich spüren, so groß waren sie und so kräftig. Der Mann fürs Bild peilte die Lage und packte optische Geräte aus einer stattlichen schwarzen Tasche, der Mann fürs Wort setzte sich mir gegenüber und ließ mit seiner ersten Frage jegliche Zurückhaltung fallen. »Haben Sie schon mal an einen Tunnel gedacht?«

»Nicht wirklich«, sagte ich. Wenn das seine Story werden sollte, müßte ich ihn enttäuschen. Bevor er mich in ein Gespräch über meine wahren Beweggründe verwickeln wollte, würdigte er die Heiterkeit auf der Chefetage, die eventuell, das entscheide man eben dort, über eine halbe Seite nachdenke. Bei der Größten Zeitung wäre das sehr viel, aber dafür bräuchte er Hintergrundinformationen. »Sie haben also in der Nacht hier gesessen und die schöne Blonde kam ans Fenster. Was haben Sie dann gemacht?« fragte er süffisant, als würde er einen Bericht über Handlungen, die ich an mir vollzogen hätte, erwartet haben.

»Es ist jetzt grad' so ein schönes Licht.« Der Fotograf wollte fotografieren und erbat verschiedene Positionen, in denen ich dem Leser vorteilhaft erscheinen sollte, unter anderem eine auf dem Fensterstock, weit zurückgelehnt und lachend.

»Haben Sie sich gleich verliebt oder erst später? Erzählen Sie mal, wie's wirklich war.« Der Unterkiefer des Wortführers mahlte. Er wollte die Story und würde keine Ruhe geben. Ich erklärte ihm, daß es sich um Satire handele, wo die Wahrheit mit der Lüge, wenn man die Übertreibung dazu zählen will, auf wunderliche Weise Hochzeit hält, und daß der wirkliche Hintergrund ein anderer, das Gebäude, sei. Um dies zu veranschaulichen, drehte ich mich herum.

»Ja! Mal so bleiben.«

»Aber man kann doch von Liebe im weitesten Sinne sprechen.«

»Im weitesten Sinne...? Immer.«

Da es für sie bis drei Uhr scheinbar nichts mehr zu erledigen gab, sahen sie zum Fenster hinaus und machten sich über die Presselandschaft lustig. Ich erfuhr, daß man ein Café mit Krawattenzwang im neuen Flügel einrichten werde, von wo aus man den besten Überblick hätte, und erzählte eine alte Geschichte aus dem Osten der Stadt. Auch dort hatte es ein hohes Zeitungshaus gegeben. Aus der obersten Etage war es zu zwei Fensterstürzen gekommen. Daraufhin hatte man die Fensterwirbel abgeschraubt. Unterderhand wurde der Doppelselbstmord damit zu erklären versucht, daß man die Wahrheit nicht sagen durfte. Der Fotograf bemerkte lakonisch: »Den Flügel bauen sie gleich ohne Wirbel.«

Der Wortführer drängte: »Wir müssen.«

»Was ist mit den Einzelheiten?« fragte ich.

Er stand auf, sah mich von oben herab an und antwortete: »Das paßt jetzt schlecht.«

»Wann paßt es denn?«

»Am besten vormittags.«

Sollte er seine Einzelheiten für sich behalten. Eine weitere Nacht ließe ich mir nicht vermiesen. In zehn Minuten wäre der Rummel vorbei. Ein dienstbeflissenes Lächeln zog in meine Lippen ein – der Fotograf nickte mir zu. »Na, da woll'n wir mal.«

Die Sonne heizte, daß der Teer roch. Auf dem fünf Meter breiten Grasstreifen vor dem Stahlzaun zählte ein Hund die Duftmarken an den verblühten Forsythiensträuchern. Sein

Herrchen, der Mann aus der Etage unter mir, grüßte: »Tag, Nachbar«, und wies auf meine Begleiter. Der Wortführer stellte automatisch beide vor: »Von der GZ.« Ein Fotoapparat wurde geschwenkt. Mein Nachbar nahm dem Hund die Zigarettenschachtel aus dem Maul und sagte: »Man sieht dich ja jar nich mehr.«

Irgendwann hatte ich eine Frau vor seiner Wohnungstür gesehen, welche die seine gewesen sein muß, da sie in der einen Hand ein Kartoffelnetz trug und mit der anderen aufschloß. Vor einigen Monaten war er mir nachts mit einer anderen Frau am Arm im Hausflur begegnet. Die Presseleute gingen zur Seite; ich fragte: »Hast du eine andere Frau?« – »Ja«, antwortete er, »meine Frau ist doch schon zwei Jahre tot.«

Im selben Moment brachen die Dämme am Haupttor. Ich mußte mich auf einen Ausfahrtpfosten setzen, so daß der Fotograf drei Fliegen mit einer Klappe schießen konnte: den auf dem Flachdach angebrachten Gebäudenamen, die Menge und mich. Er hockte vor mir, wie vor dem tiefliegenden Astloch einer Umkleidekabine: »Lachen Sie doch mal richtig.« Von Schuß zu Schuß schmerzte meine Larve mehr. Der Wortführer ahmte einen Zeitungsjungen nach: »Morgen in der GZ! Morgen in der GZ!« Es kam mir vor, als würde ich hinter einer Glasscheibe sitzen. Eine Frau rief: »Ausziehen!« Darauf lachte man kurz auf. Das war die ganze Begegnung.

Voll peinlicher Gefühle schlich ich in mein Asyl, verschloß, was ich sonst nie tat, die Wohnungstür von innen, stellte die Jalousie im hinteren Zimmer auf Halbdunkel, entledigte mich der Kleidung und betrachtete, von der Matratze aus, das sinnlose Kontinuum der Fliegen.

Nach einer knappen Woche rief mich der Wortführer an. »Sie erscheinen morgen.« Er kündigte eine Fortsetzung an – das Thema habe in der Chefetage eingeschlagen. Falls er noch Fotos von mir bräuchte, vielleicht zusammen mit einer schönen Blonden, würde er Bescheid geben. Die Zeitung wollte er zustellen lassen. Um mich die nächsten Tage verbergen zu können, kaufte ich reichlich Teigwaren ein und telefonierte, weil ich morgen unter keinen Umständen abzunehmen gedachte, einen Tag vorfristig mit meiner Mutter. »Warum rufst'n heute schon an?« – »Morgen wird mein Telefon repariert.« – »Is' was?« – »Nö.« – »Es is' doch was, das hör' ich doch.« – »Es ist heiß.« – »Ist es bei euch auch so heiß?« – »Daß man den Kopf in den Sand stecken möchte.«

Die Kühle der Nacht kam nicht. Kein Lüftchen bewegte die Lindensilhouetten im Neonlicht. Das Tagwerk hatte einen kratzigen Hals zurückgelassen. Meinem Ahorn hingen die Blätter. Auf der Parkbank lag ein Mann auf Zeitungspapier und schnarchte. Drei Bänke weiter saß eine Frau mit langem Haar auf dem Schoß eines Menschen, dessen Geschlecht ich nicht bestimmen konnte, da ich die nächstmögliche Abzweigung nahm, an einem Grabmal aus dem neunzehnten Jahrhundert vorbei. Der Stein gab Wärme ab. Ich wunderte mich über einen Film, worin der Hauptheld seiner Geliebten die Kühle eines Grabsteins versprochen hatte, um sie auf dem Friedhof zu verführen.

Der Stadtsternenhimmel zeigt nur die gröbsten Strukturen. Hier blinkt es in Höhen, wo gar nichts mehr blinken dürfte. Für das Milchgewebe muß man aufs Land, wenn der Mond auf den anderen Halbkugeln scheint. Dann sieht es so aus, als wäre wirklich ein Himmel über den Kopf gespannt.

Zum Frühstück, als das Gebäude den Schichtwechsel schon lange vollzogen hatte, lag ich vor mir auf dem Küchentisch – weit zurückgelehnt und lachend. Das hatte ich auf der Straße nicht mehr hingekriegt. Die zweite Strophe mit der Frauenfrage war der Platzfrage zum Opfer gefallen, dafür hatten sie die Pointe fettgedruckt. Die Story legte Wert auf Gefühl und erfand, daß ich auch im wirklichen Leben wegen der schönen

Blonden nicht mehr schlafen könne. Man fragte nach ihrer Identität und bat um Mithilfe.

Auf jener Maschine, die umgangssprachlich Anrufbeantworter genannt wird, hinterließ der Wortführer die Nachricht, sie seien zum Schichtwechsel am Haupttor gewesen und hätten die Fortsetzung im Kasten. Er gratulierte mir zu dem Erfolg – nicht jeder bekomme eine Fortsetzung – und sagte überzeugt: »Große Sache.«

Ich duschte verschwenderisch und hörte auf Mittelwelle, daß ein atlantisches Sturmtief die Stadt erreichen werde. Kaum hatte ich mich abgetrocknet, goß und blitzte es göttlich. Gegenüber standen Leute an den offenen Fenstern, darunter einige blonde Frauen. Zwischen uns tanzten die Linden wie wild.

Der Fortsetzung Schlagzeile hieß: »VIERTAUSEND BUNDESDRUCKER SUCHEN DIE SCHÖNE BLONDE.« »Blond bin ich«, stand unter dem Brustbild einer Dame, »aber schon vergeben.«

KARIN RESCHKE

Herr Birnbaum will Bilder

Birnbaum schickte mich wieder los. Josef saß im Schaukelstuhl und ließ den Alten nicht aus den Augen. Nimm genug
Filme mit, sagte er. Ich nahm immer genug Filme mit. Josef
tat so, als müsse er mir Anweisungen geben, dabei waren wir
beide Lakaien in Birnbaums Käfig und sprangen, wenn er befahl. Josef schwang sich aus dem Schaukelstuhl, lächelte dem
Alten zu, der keine Notiz von seinem Lächeln nahm, nicht
einmal den Kopf drehte, auch nichts sagte, nur mit der Hand
ein Zeichen machte. Josef war für den Augenblick entschul-
digt. Ich brauchte keine Begleitung zur Tür, Josef kam trotzdem mit, vielleicht wollte er für eine Minute dem Alten entkommen. Wir verabschiedeten uns, Josef gab mir den Wege-
kuß, und ich war entlassen. Im Vorgarten standen Wachol-
der hochgewachsen wie Menschen und warfen ihre Schatten.
Vorn an der Koenigsallee fuhr der Bus. Wir wohnten in Birnbaums Haus in einer vornehmen Gegend.

Seit zwei Jahren versuchten wir den alten Mann aus der
Traufe zu ziehen. Er würde nie wieder laufen können, sagte
Doktor Zabel und verschrieb teure Medikamente, manchmal
Hausgymnastik, die Birnbaum ablehnte und den Gymnastiker
wieder wegschickte. Birnbaum war querschnittgelähmt nach
einem Autounfall, da halfen keine Millionen und kein Flehen.
Er mußte sich mit Josef und mir abfinden, schließlich hatte

er uns gesucht, als feststand, er würde für immer an den Rollstuhl gefesselt sein in seinem großen, finsteren Haus. Im Garten standen hohe Bäume, waren Steinwege angelegt worden, damit der Rollstuhl bequem vorwärts kam. Doch Birnbaum lehnte es ab, allein durch den Garten zu fahren, er betätigte auch nie die Automatik seines Rollstuhles. Josef mußte ihn vormittags und nachmittags durch den Garten schieben, unter den Bäumen entlang, hinab zum Ententeich. Ich stand auf der Terrasse und blickte ihnen nach. Ich sollte immer da stehen und ihnen nachblicken, ausgenommen an den Tagen, an denen ich zum Fotografieren weg mußte. Ich fuhr im Oberdeck durch die Koenigsallee, kannte jede Kurve, jedes Haus, beinahe jeden Baum und schloß die Augen. Das Fahren schläferte mich ein. Kurz vor der Gedächtniskirche klappte ich die Augen wieder auf, sah mir die Leute an im Bus. Immer das gleiche Publikum, Hausfrauen mit leeren Taschen, Touristen mit Fotoapparaten am Hals. Ich trug Birnbaums Kamera in einem Matchsack über der Schulter, kam mir auch vor wie eine Touristin, aber eine Touristin im Auftrag, eine alte Leica dabei, die sehr gute Bilder machte. Am Kaufhaus des Westens stieg ich um in einen anderen Bus und fuhr in Richtung Potsdamer Platz, hinein in den Schlamassel. Ich hatte vergessen, mir andere Schuhe anzuziehen, im Schlamm um die Kräne bekam man bestimmt nasse Füße. Birnbaum wollte, daß ich den Urschlamm fotografierte, aus dem das Neue emporwachsen sollte. Er hatte herausgefunden, daß ich Talent besaß zum Bildermachen, und ich war jedes Mal selbst erstaunt über die gelungenen Aufnahmen. Da standen Betongeripppe im schwarzweißen Winterlicht, als würden sie straucheln und gleich umfallen. Ruinen, schrie Birnbaum, die neuen Ruinen, ich höre den Wind pfeifen in den Aufgängen. Er hing kindisch an den Bildern, betrachtete sie immer und immer wieder. Dann fuhr er eines Tages mit Josef hin. Josef mußte so nah wie möglich an den Schauplatz heranfahren, damit er die Bilder mit der Wirklichkeit vergleichen konnte. Schon zweimal war Josef mit dem Daimler im Dreck steckengeblieben, es gab einen Aufruhr am Bau, weil er die Sperrungen mißachtet hatte. Die Polizei kam, Josef erhielt eine Anzeige, mußte zahlen, ein Schlepper zog das Auto aus dem Sumpf, das kostete auch noch mal extra. Man wollte Josef den Führerschein entziehen, aber Birnbaum nahm alle Schuld auf sich.

Birnbaum schickte mich, wenn das Licht gut war. Das kam nicht oft vor im Winter, andererseits brannte er vor Neugier. Am liebsten hätte er sich in der Nähe des Potsdamer Platzes irgendwo eingemietet und seine Tage am Fenster verbracht. Leider gab es keine guten Hotels weit und breit, und im Shellhochhaus durfte er nicht mal ins Erdgeschoß, geschweige in den achten oder neunten Stock. Das Shellhochhaus stand leer, war baufällig geworden, keine Menschenseele, kein normal Sterblicher erhielt Zutritt. Birnbaum war erbost, aber hilflos gegenüber Verordnungen und Sicherheitsbestimmungen. Die Fernsehbilder vom Bauplatz genügten ihm erst recht nicht, zu schnell, zu flüchtig, sagte er. Es sollten meine Bilder sein, also machte ich Bilder mit seiner Leica, wann immer er danach verlangte.

Einmal stieg ich hinauf in die Infobox und fotografierte, weil sich dort der beste Ausblick auf das Gelände bot. Aber Birnbaum war böse geworden, als er die Bilder sah, da ihm die Perspektive verwehrt war. Diesen Überblick kann ich mir nicht leisten, schrie er. Ich bin kein Vogel, Maruscha! Nie hätte sich Birnbaum in die Öffentlichkeit begeben, er ließ sich von Josef ins Auto hieven und in der Gegend herumfahren. Nie jedoch äußerte er den Wunsch auszusteigen, das Auto garantierte ihm die Unsichtbarkeit seines Gebrechens. Er weigerte sich auch, allein im Rollstuhl durchs Haus zu fahren, immer mußte Josef da sein, ihm vom Sessel in den Rollstuhl helfen und umgekehrt, ihn durch die Diele ins Schlafzimmer rollen, ins Bad, in die Bibliothek, über die Terrasse. Josef mußte ihn an- und auskleiden, ins Bett tragen. Josef war stark, konnte zupacken. Birnbaum vertraute auf seine Kräfte. Mir war es nicht erlaubt, Birnbaum nahe zu kommen, ich nahm seine Wünsche und Befehle von weitem entgegen, ging fotografieren, einkaufen, ich kochte für uns drei und putzte. Ein halb gelähmter Mann hinterließ überall seine Spuren, obwohl er sich ja kaum allein bewegen konnte. Gerade mal den Oberkörper drehen konnte er. Ganz am Anfang sagte er mir, er würde so gern auf Händen gehen, nur um zu gehen. Aber ihm fehlte die Balance.

Täglich war sein Badezimmer zu putzen, vor allem die Katheter und die Toilettenschüssel. Josef ekelten Pisse und Scheiße des Gelähmten, er hätte viel darum gegeben, die körperliche Arbeit mir zu überlassen. Doch Birnbaum bestand auf Josefs Hilfe. Eine Frau durfte nicht an ihn heran. Die erste Pflegerin im Haus flog gleich am zweiten Tag, weil Birnbaum ihre Hände nicht ertragen konnte, ihren Atem in seinem Gesicht. Frauen waren gut für die Atmosphäre im Haus, und sie sollten auch überall herumwirtschaften, niemals jedoch in seine Nähe kommen.

Seiner Schwester, Elsa Hagedorn, die in Charlottenburg wohnte, war es verboten, ihn zu umarmen. Einen Mann im Rollstuhl umarmt man nicht, sagte er. Elsa lachte und inspizierte das Haus. Frau Hagedorn war noch nicht alt, vielleicht Mitte Vierzig, sie lachte viel, was Birnbaum aufregte, so daß er oft mit den Zähnen knirschte in ihrer Gegenwart. Wahrscheinlich mochte er seine Schwester nicht, oder der Neid auf ihre Beweglichkeit, ihr Kommen und Gehen erfüllten ihn mit Verdruß. Elsa wollte sich mit mir ein wenig anfreunden, was Birnbaum sofort untersagte. In meinem Haus nicht, schrie er. Maruscha ist für mich da, nicht für dich. Du bist verrückt, schrie Elsa, du hast bei deinem Unfall nicht nur deine Beine verloren, sondern auch deinen Verstand. Raus, schrie Birnbaum, und Elsa ging. Eine Woche später war sie wieder da.

Elsa kam zu mir in die Küche, um mir bei der Teezubereitung Gesellschaft zu leisten. Sie lobte meine Bilder, erging sich über mein Äußeres, das schöne Haar, das Slawische in meinem Gesicht. Sie machte sich einen Spaß, mich in Verlegenheit zu bringen, fragte dieses, fragte jenes, nur um die Stille und das Zischen des Teewassers zu übertrumpfen. Vielleicht war sie ebenso einsam wie Birnbaum. Sie hatte früh ihren Mann verloren und langweilte sich ohne Ansprache. Jeder Mensch schien ihr dafür recht zu sein, sogar die Domestiken ihres Bruders.

Am Potsdamer Platz stand die Kälte in den Baulöchern wie Panzerglas. Der Torso des Konzerns ragte aus dem gefrorenen Sumpf. Man hätte im Gelände herumturnen können, ohne sich nasse Füße zu holen, wären nicht überall Barrieren errichtet worden. So fotografierte ich an diesem Tag nur Moniereisen. Aus einem vereisten Sumpfkrater stachen sie heraus in Erwartung der Betonspritze. Ich fror an den Füßen, mein Atem fror ebenfalls, immer wieder mußte ich das Objektiv putzen. Moniereisen hatte ich noch nie fotografiert. Hoffentlich war Birnbaum kein Verächter von Moniereisen, ich sah fast nichts anderes. Mein Auge wollte es so. Vorschriften machte mir Birnbaum nicht. Nachdem er entdeckt hatte, daß ich die richtigen Bilder brachte, ließ er mich gewähren.

Vor zirka einem Jahr fragte er, ob ich mit einer Kamera umgehen könne. Ich sagte nicht nein, ich sagte nie nein, wenn er mir eine Frage stellte. Nicht aus Furcht sagte ich ja, eher aus Neugier, und weil hinter seinen Fragen meistens etwas Unerwartetes steckte.

Ich sagte, ich könne mit einer Kamera umgehen. So mußte

ich Filme besorgen, mich mit der Leica vertraut machen und seine Villa fotografieren. Ich konnte gut klettern und postierte mich mit der Leica auf dem Dach des italienischen Restaurants am Hagenplatz. Die Taxifahrer und die Busfahrer klatschten Beifall, als ich oben ankam. Der Bus, mit dem ich in die Innenstadt fuhr, hatte am Hagenplatz Endstation, die Taxen standen vor dem Restaurant oft in langer Reihe. Die Villa Birnbaums, zwischen den Bäumen gelegen, sah vom Dach fast verwunschen aus. Wenn man davor stand am Eingang mit den Wacholdern, flößte sie einem Unbehagen ein. Ich fotografierte Birnbaums Villa von allen Seiten und stand gleich am Anfang mit der Kamera auf gutem Fuße. Sie war altmodisch, nicht gerade handlich, man mußte die Entfernung einstellen, die Belichtung wählen sowie die Blende öffnen und schließen. Mir gefiel die mechanische Handhabung des Apparates, er verlangte eine gewisse Konzentration. Die Bilder der Villa überraschten mich, Josef kam aus dem Staunen nicht heraus, Birnbaum bemängelte den Blickwinkel von oben, dennoch erteilte er mir den Auftrag, weitere Bilder zu machen. Er nannte ein paar Hausnummern an der Koenigsallee, also zog ich los und hielt die Kamera in die Luft, tat so, als ginge mich das Bildermachen nichts an, als wollte ich außerdem nicht erwischt werden beim Fotografieren. Mich erwischte nie jemand, nie kam eine empörte Stimme aus dem Innern und rief: Was machen Sie da? Vielleicht waren die Besitzer daran gewöhnt, daß man ihre Häuser fotografierte. Birnbaum schien zufrieden mit den Bildern, Mappen mußten beschafft werden, wurden beschriftet, Birnbaum saß im Rollstuhl und nahm sich immer wieder die Mappen vor.

Dann kamen andere Gebäude an die Reihe, öffentliche Gebäude, bekannte Gebäude, die man schon hundertmal gesehen hatte in Büchern, auf Postkarten und Plakaten. Birnbaum gab sich mit dem Vorhandenen nicht zufrieden. Maruscha, fotografieren Sie das Staatsratsgebäude, die Neue Wache, das Zeughaus, die Universität, das alte Museum, die Oper, die russische Botschaft. Ich tat es. Viele Gebäude sollte ich mehrmals fotografieren, am Morgen, am späten Nachmittag, im Frühjahr, im Sommer, im Herbst, im Schnee. Diese Serien mußte ich ihm zu Füßen legen, er spazierte mit den Augen an den Fassaden entlang durch Jahres- und Tageszeiten. Die Bilder von der russischen Botschaft Unter den Linden mochte er besonders, denn als ich sie das erste Mal fotografierte, befand sich im Vorgarten Lenins Büste auf steinernem Sockel. Einige Zeit später war die Büste verschwunden, nur der leere Sockel stand da, was Birnbaum sehr erheiterte. Er zeigte die Fotografien vom Verschwinden Lenins seiner Schwester Elsa, sie lachte nicht. Er geriet in Zorn, beschimpfte sie, nannte sie eine Ignorantin, Spielverderberin. Elsa ging aus dem Salon und kam zu mir in die Küche. Mein Bruder fängt an zu spinnen, sagte sie.

Arthur Birnbaum, der Sohn des Alten, rief alle vierzehn Tage aus Boston an. Wir hatten ihn noch nie in der Koenigsallee gesehen. Elsa sagte: Die beiden verstehen sich nicht. Die Gespräche am Telefon endeten immer nach ein paar Minuten. Josef hörte nie mehr als ein Ja oder ein Nein vom Alten. Im ganzen Haus gab es kein einziges Bild vom Sohn, vielleicht irgendwo in einer Schublade. Und auch Frau Birnbaum, Arthurs Mutter, kam im Haus nicht vor. Sie soll die Familie schon vor Jahren verlassen haben, lange vor dem Unfall. Birnbaum verlor nie ein Wort über die Seinen, darum war das Haus auch so trist, ohne Leben, ohne Erinnerung. Im oberen Stockwerk regierte der Staub und verhängte die Vergangenheit. Kein Mensch ging da hinauf. Arme Elsa, ihre Besuche waren eigentlich für die Katz. Birnbaum dirigierte sie vom Rollstuhl aus wie eine Marionette. Setz dich, Elsa, du bist doch gekommen, um mir Gesellschaft zu leisten. Elsa unterdrückte ihr einstudiertes Lachen, ich verstand nicht, warum sie so regelmäßig in der Koenigsallee auftauchte. Mißtraute sie uns? Fürchtete sie um das Wohl ihres Bruders? Trieb sie das Nichtstun? Es gibt nichts zu lachen in diesem Haus, sagte Birnbaum einmal, und Elsa erwiderte: Aber es ist auch mein Elternhaus, dein Haus.

Wenn der Fensterputzer kam, mußte ich ihn durch die oberen Räume begleiten, obwohl er die Zimmer kannte, Birnbaum wollte es so. Ich ging nicht gern mit hinauf. Die Zimmer erschreckten mich, sechs unbewohnte Zimmer, eine riesengroße Balkonterrasse zur Gartenseite hin. Der Fensterputzer machte seine Arbeit, und um nicht tatenlos herumzustehen, wischte ich Staub. Die Möbel standen gedrängt beieinander, als hätten sie sich in ihrer Einsamkeit zusammengerottet, die Spiegel im sogenannten Damenzimmer starrten flekkig von den Wänden, von den Vorhängen schüttelte ich Spinnweben. Die Fenster- und Balkontüren wurden aufgerissen, mir schien es dann immer, als seufzten die Wände, die Tische, die Stühle, das weiße Klavier. Der Fensterputzer knallte die Türen, aus den Teppichen stiegen Staubwolken auf. Im Grunde war es sinnlos, Fenster zu putzen und den Dreck liegen zu lassen. Und jedes Mal sagte der Fensterputzer, hier müßte etwas passieren, aber was passieren müßte, sagte er nicht. Wir sprachen nur in abgehackten Sätzen miteinander, wechselten beim Hinaufgehen ein paar Worte, beim Hinuntergehen wußte ich nicht mehr, worüber wir gesprochen hatten. Josef, der uns herunterkommen hörte, stand schon in der Diele und führte den Mann in den Salon.

Vor zwei Jahren wollten wir nach Arizona. Arizona schien uns weit weg, man würde uns dort nicht kennen und in Ruhe lassen. Zu Hause hatten wir keine Ruhe. Die Eltern trampelten auf uns herum, es gab ständig Zank und Streit um

Geld, um Faulheit, um Disziplin. Vater arbeitete im Holzhandel, Mutter gab Gesangsunterricht in der Schule, wir saßen zu Hause herum, holten uns Bücher aus der Bibliothek, lasen über Amerika. Der Plan wegzugehen saß fest in unseren Köpfen. In unserem Nest konnten wir nichts tun und darum auch nichts werden, außerdem mochte man uns nicht, weil wir immer zusammen waren, aneinanderhingen, es nicht ertragen konnten, getrennt zu sein. Eine Zeitlang mußte Josef Vater zu den Kunden fahren, damit er aus dem Haus kam. Mit mir wußte niemand etwas anzufangen. Manchmal kellnerte ich im Fuchsbau am Wald, die Gäste, stadtbekannte Gesichter mit ihren Frauen oder Geliebten, fielen über mich her und zogen mich in den Dreck. Es war unmöglich, Haltung zu bewahren und die Schmähungen zu überhören. Natürlich verschüttete ich die Suppe, servierte schlecht, verdiente obendrein wenig, bekam kaum Trinkgeld, weil ich die Maria war, Josefs Schwester, und man uns nachsagte, wir gingen miteinander ins Bett. Ich hatte die Maria früh abgelegt und mich Maruscha genannt, was Josef sehr mochte, die Eltern mit hochgezogenen Brauen abkanzelten. Für sie war ich die Maria, basta, und Josef war Josef, wir hatten uns abzufinden, wurden trotzdem zu Außenseitern. Das war schon in der Schule so, später in der Oberschule weniger und hatte auch nichts mit unseren Namen zu tun. Man belächelte uns wegen unserer angeblich unnatürlichen Zweisamkeit. Dabei war die Mama diejenige gewesen, die in uns etwas Besonderes sah. Wir mußten von klein auf Klavier üben, singen, öffentlich auftreten an Weihnachten, zu Ostern und zum Erntedank. Wir wurden herausgeputzt, sollten nicht mit jedermann spielen und die Nasen hoch halten. Mama schweißte uns zusammen und wollte, als wir größer und erwachsener wurden, nichts mehr davon wissen. In diesem Nest war kein ungestörtes Leben möglich, vor allem, wenn man seine Eltern gegen sich wußte.

An unseren trüben Vormittagen sahen wir oft fern, und da tauchte irgendwann ein Film über Arizona unser Wohnzimmer in gleißendes Licht. Wir fingen sofort Feuer. Uns gefielen die Menschen in Arizona, Farmer, Geschäftsleute, Handwerker und Eigenbrötler. Ein Mann in mittleren Jahren lebte in seinem Wohnwagen zwischen meterhohen Armkakteen in der Wüste und sammelte den Morgentau von den Kakteen, den er als Schönheitsmittel in Phoenix verkaufte. Das Land war weit, kein Mensch trat dem anderen auf die Füße. Wir beschlossen, Arizona ist unser Land. Die Eltern sollten uns das Geld für den Flug geben, und weg wären wir. Sie gaben uns kein Geld, im Gegenteil, die paar Mark, die wir gelegentlich verdienten, mußten wir in die Haushaltskasse tun. Es war unsinnig, daheim zu bleiben und nur von Arizona zu träumen. Wir konnten nirgends im Ort Arbeit finden, geschweige unsere Fähigkeiten entdecken und nutzen. Wir mußten raus, so oder so. Josef kaufte manchmal überregionale Zeitungen und studierte die Anzeigen. So fanden wir dann den Dreizeiler von Birnbaum: Suche jüngeres Paar zur Hauspflege, freie Unterkunft, Gehalt nach Tarif, Sonderzulage. Über die Sonderzulage wunderten wir uns, wir bewarben uns sofort. Birnbaum lud uns ein zum Gespräch. Wir fuhren heimlich mit wenig Geld in der Tasche nach Berlin in die Koenigsallee und trafen auf den gelähmten Mann ganz allein in seiner dunklen Villa. Das Gespräch verlief wider Erwarten in heiterer Gelassenheit. Josef hatte noch nie einen Menschen gepflegt, und ich war nicht gerade eine musterhafte Haushälterin. Wir sagten das ganz offen, da wir ja nichts zu verlieren hatten. Birnbaum nickte freundlich, er wolle keine passionierten Pfleger, keine perfekte Hausfrau, er wolle nur, daß man ihn rund um die Uhr betreue, ob wir uns eine solche Betreuung vorstellen könnten und bereit dazu seien. Josef war auf der Stelle bereit, ich sah es seinen Augen an. Birnbaum interessierte es nicht, aus welchem Nest wir kamen, unser Privatleben sei unsere Sache, er beanspruche nur unsere Hilfe, das sei schwer genug. Dann mußte Josef ihn durchs Haus fahren, er zeigte uns die Zimmer, die Dienstbotenkammern hinter der Küche, er schickte uns ins Obergeschoß, in den Garten, in die Garage, auf den Dachboden. Wir sollten ihn und seine Umgebung in Augenschein nehmen und dann entscheiden. Er wollte uns vom Fleck weg engagieren. Wir gingen eine Weile im Garten spazieren, berieten uns, während Birnbaum im Rollstuhl auf der Terrasse stand, uns nachblickte. Es war ein Wink aus einer ganz anderen Richtung, ein großes Haus, ein gelähmter Mann, was kam da auf uns zu? Josef entschied sich gleich, ich zögerte noch. Das düstere Haus beunruhigte mich, die vergitterten Fenster im Erdgeschoß, die unbewohnten Zimmer oben. Birnbaum sprach freundlich mit uns, aber er war kein freundlicher Mensch, vielleicht konnte er es auch nicht sein in seiner Lage. Einsam, ohne Familie, ohne Freunde, wenn man von Elsa absah und Arthur, seinem Sohn. Und wir? Wir mußten eine Wahl treffen. Ich ging mit Josef durch Birnbaums Garten, niemand hetzte hinter uns her, wir wurden nicht beleidigt, nicht behelligt. Wir spielten nochmals alle Möglichkeiten durch, ehe wir dem Mann auf der Terrasse unser Jawort gaben.

Endlich würden wir eigenes Geld verdienen, unsere freie Zeit war zwar knapp bemessen, dafür erhielten wir die Sonderzulage, die unsere Abendarbeit, den Sonn- und Feiertagsdienst vergütete. An Ferien war nicht zu denken. Wir beschlossen, unsere Ferien für Arizona aufzuheben, wir wollten das Verdiente sparen und nach drei Jahren zu den Kakteen in der Wüste aufbrechen.

Den Eltern erzählten wir nichts von Birnbaum, wir sagten nur, wir gingen fort. Packten ein paar Kleider zusammen, ein paar Bücher, mußten uns noch Mamas Vorwürfe anhören beim Packen. Vater stand drohend in der Tür. Josef schob ihn zur Seite, und wir verließen unser Elternhaus, das stickige Nest, die sogenannte Heimat, die uns keine mehr war.

Dann wollte Birnbaum zum Reichstag bei klirrender Kälte. Wir fuhren im Daimler hin. Auf einer früher unternommenen Stadtrundfahrt hatten Josef und ich den Reichstag schon einmal besichtigt. Die Leica hatte ich nicht mitgenommen, da ich in Gegenwart von Birnbaum keine Fotos würde machen können, auch Josef störte mich. Niemand sollte mich beim Fotografieren ablenken oder beobachten. Birnbaum zog ein säuerliches Gesicht, weil ich die Kamera nicht parat hatte. Sehen Sie sich diesen Koloß an, Maruscha! Er befahl Josef im Kreis zu fahren. Wir fuhren im Schneckentempo mehrmals um das Gebäude herum. Nirgends war Polizei zu sehen. Birnbaum starrte durch die Windschutzscheibe und drehte den Kopf hin und her. Ungefähr zehn Minuten mußte Josef den Reichstag umkreisen. Plötzlich wollte Birnbaum wieder zurück über den Großen Stern. Josef mußte schnell fahren. In der Koenigsallee angekommen, konnte Birnbaum es kaum erwarten, Ansichten des Reichstages von früher herauszusuchen. Er blätterte in einem gewaltigen Bildband, murmelte Unverständliches, schlug das Buch nach einer Weile unwillig zu. Ich verdrückte mich in die Küche, Josef kam bald hinterher. Dem Alten ist schlecht, er verlangt nach einem Schnaps. Also suchten wir gemeinsam in den Vorräten, als wir den Rollstuhl im Gang hörten. Birnbaum erschien in der Küche, das hatte er noch nie getan. Ich will keinen Schnaps, schrie er. Ich will Bilder. Jetzt muß ich wieder eine halbe Woche warten, bis Sie mir Bilder vom Reichstag bringen, Maruscha! Sie müssen sofort hin und fotografieren. Fotografieren Sie, ehe die Gerüstbauer kommen und den Reichstag verschandeln. Er soll verschandelt werden, das wissen Sie doch, Maruscha! Man wird ihn ausweiden, ihm den Garaus machen, der alte

Reichstag fliegt raus. Er sollte besser in die Luft fliegen, unsere letzte Bastion täte gut daran hochzugehen, als Symbol taugt er nicht und Flickwerk hat keine Zukunft. Der Reichstag verträgt keine Rettung durch Umbau. Entweder er fliegt in die Luft oder er bleibt was er ist, ein Koloß von vorgestern, ein gestrandetes Flakschiff. Fotografieren Sie das Flakschiff, Maruscha!

Birnbaum war puterrot geworden. Hoffentlich bekam er keinen Anfall. Wir verstanden seine Aufregung nicht. Was hatte ihm der Reichstag getan, warum sollte er nicht umgebaut werden? Josef trat zum Rollstuhl und schaltete die Automatik aus. Ich will keinen Schnaps, sagte Birnbaum wieder. Die Röte schwand aus seinem Gesicht. Josef flößte ihm ein Glas Wasser ein und rollte ihn aus der Küche. Fotografieren Sie das Wrack, Maruscha, rief er im Hinausgefahrenwerden. Ich will das Wrack sehen.

Die Erregung Birnbaums verpestete die Luft. Was, wenn er verrückt würde und Zabel ihn ins Irrenhaus sperren ließ? Josef wich den ganzen Nachmittag nicht von seiner Seite. Ich sollte noch am selben Tag Bilder vom Reichstag machen. Zum Glück schneite es und wurde früh dunkel. Außerdem tauchte Frau Hagedorn auf, klopfte sich den Schnee von ihrem Mantel und stürmte in den Salon. Birnbaum schickte sie weg. Laß mich in Ruhe, rief er. Josef mußte die Salontür verriegeln. Elsa sah mich in der Diele stehend mit aufgerissenen Augen an. Was sollte ich diesen Augen sagen? Also stapfte ich in die Küche und brühte Tee. Tee konnte niemandem schaden. Elsa folgte mir, warf ihren Mantel auf einen Küchenstuhl. Sie mußte doch allmählich Übung haben im Abgewiesenwerden. Ich nahm Deckung in der Speisekammer auf der Suche nach einem passenden Gebäck zum Tee. Mögen Sie Tee, rief ich aus der Speisekammer. Elsa antwortete nicht. Wir waren beide verlegen. Schließlich saßen wir uns am Küchentisch gegenüber und tranken Tee. Den Vorfall vom Mittag erwähnte ich mit keinem Wort. Möglicherweise hätte sie sofort den Doktor gerufen, und das konnte ich nicht auf mich nehmen. Elsa lockerte ihre Gesichtsmuskeln und lächelte verbindlich, ich lächelte verbindlich zurück. An ihrer Stelle wäre ich längst gegangen, aber irgend etwas hielt sie fest. Vielleicht witterte sie die schwere Luft im Haus. Nach dem Tee verließ ich die Küche, wollte kein Gespräch anfangen. Worüber hätten sie und ich groß sprechen können? Abgesehen davon, daß Birnbaum nicht begeistert wäre, sie in der Küche zu sehen.

Im Badezimmer lagen die Katheterbeutel in der Wanne. Ich wusch sie, putzte die Toilettenschüssel. Josef hielt es nicht für nötig, Birnbaums Exkremente herunterzuspülen. Die Katheterbeutel legte ich auf die Frotteeablage unter das Fenster, schwemmte das Waschbecken aus, die Badewanne, säuberte den Boden. Normalerweise machte ich diese Arbeiten, wenn Birnbaum am Abend zu Bett gebracht worden war. Ich hatte mich an das Putzen im Bad gewöhnt in den zwei Jahren, es kostete mich dennoch jedesmal Überwindung, die Katheter in die Hand zu nehmen. Elsa war mir nachgekommen und lehnte in der Tür. Ich kümmerte mich nicht um sie. Plötzlich sagte sie: Müssen Sie eigentlich noch fotografieren, Maruscha? Ja doch, ja, erwiderte ich. Elsa füllte die Tür aus, eine stattliche, gut gekleidete Frau, erhaben oder nur wohlhabend, auch gelangweilt und vor Langeweile neugierig auf Dinge, die sie gar nicht interessierten. Birnbaums Neigung für Stadtansichten teilte sie nicht, warum fragte sie? Es juckte mich in den Fingern, ihr die Katheter unter die Nase zu halten, irgend etwas zu tun, um sie mir vom Hals zu schaffen. Ich ließ Wasser in die Wanne laufen und rannte an ihr vorbei aus dem Bad.

Ich fotografierte den Reichstag, weil Birnbaum es wollte. Herzlos und finster stand er da wie die Villa an der Koenigsallee. Geschunden und gehätschelt sah ich ihn durchs Objektiv. Reisebusse fuhren vor, Menschen stiegen aus, verteilten sich auf dem Platz und hoben ihre Kameras. Wir fotografierten Birnbaums Wrack. Seine massige Gestalt bröckelte, seine Einsamkeit war ihm zur Natur geworden, sein Solo verbreitete Pathos. Die Gebäude im Hintergrund konnten ihm nichts anhaben. Ein Tourist mit erhobener Kamera brüllte: Schaut auf diese Stadt, schaut auf dieses Verhängnis und riß seinen Apparat herunter. Es mußte sich bei aller Begeisterung der Leute um ein Scheusal handeln. Ich steckte die Leica in den Matchsack und wartete auf die Abfahrt der Reisebusse. Mir war das Scheusal ohne Touristen doch lieber. Die gute Stimmung verdarb das Bild. Passanten auf den Fotos wären Birnbaum bestimmt nicht recht gewesen. Ich trieb mich solange am Spreeufer herum und fotografierte Schrott, der bis ins Wasser hineinragte. Irgendwer sprach mich an, verlangte eine Zigarette, Geld. Ich gab dem Mann ein Brötchen, er fluchte. Ich machte kehrt und konnte endlich den Koloß von allen Seiten aufnehmen. Der Bettler folgte mir. Ich hatte nicht gern jemanden im Rücken und richtete die Kamera auf ihn. Er erstarrte, dann lief er quer über den Rasen. Als ich das Portal fotografierte, stand er plötzlich neben mir. Die Kamera her, sagte er. Ich steckte sie blitzschnell in den Matchsack und rannte auf das Portal zu. Ein anderer Mann trat mir entgegen. Der Bettler hinter mir lachte. Ich schlug mit dem Matchsack um mich, der Bettler schnappte nach meinem Arm. Mit aller Kraft stieß ich ihn zu Boden und entdeckte eine Schar älterer Frauen, die sich dem Portal näherten. Ich versuchte sie zu erreichen. Die beiden Männer stoben davon, ehe ich die Frauen um Hilfe rufen konnte. Der Matchsack hing schwer über meiner Schulter. Als die Frauen wie eine Wand vor mir standen, waren die Männer verschwunden. Mein Arm schmerzte wie von einem Stich in den

Ellenbogen. Die Frauen sahen mich entgeistert an. Aus meinem Jackenärmel tropfte es. Eine Dicke sprang mir zur Seite, ihre drahtige Freundin nahm den Sack von meiner Schulter, schob den Ärmel zurück. Der Bettler hatte mit einem Messer zugestochen. Die ganze Schar wollte mir helfen. Es fand sich sogar Verbandszeug in einer Handtasche. Mein rechter Ellenbogen wurde verbunden, ich mußte Auskunft geben. Die Frauen hatten die Männer nur noch weglaufen sehen. Sie zwitscherten wie aufgeregte Vögel, wollten die Polizei holen. Keine Polizei, bitte, das hat keinen Sinn, ich will nach Haus, sagte ich. Ein Wiesel von einer Frau auf weichen Sohlen machte sich davon, ein Taxi aufzutreiben. Mir war übel, und meine Knie zitterten. Birnbaums Reichstag kostete noch ein Opfer. Ich konnte den rechten Arm nicht bewegen. Das Wiesel kam mit einem Taxi zurück. Man wollte mich ungern allein nach Hause fahren lassen. Der Taxifahrer versicherte den Damen, daß er mich auf dem schnellsten Wege heimbringen würde. Wir fuhren los, die Frauen sahen uns nach. Ich winkte mit der linken Hand aus dem Fenster. Die Wunde setzte mich außer Gefecht. Der Taxifahrer hielt mir unterwegs einen Vortrag über Verbrechen in der Stadt, was mich weder beunruhigte noch tröstete. Ich war viel zu betäubt und konnte von dem Überfall auf mich gar nicht absehen. Ich hatte mich für unangreifbar gehalten, für unverwundbar. Auf der Fahrt in die Koenigsallee fielen mir wieder die Schandtaten ein, die ich über Jahre zu Hause erdulden mußte, mir war ein dickes Fell gewachsen, und ich wähnte mich innerlich gewappnet gegen jeden Angriff von außen. Meine Augen brannten, mein angeblich dickes Fell war zerrissen. Der Taxifahrer fragte, ob ich mich an das Äußere der Täter erinnere, sie beschreiben könne. Ich erinnerte mich nicht, war nicht in der Lage, auch nur einen Anhaltspunkt zu finden. Die Fahrt dehnte sich endlos, und wir fuhren dauernd durch Tunnel. Der Taxifahrer sagte nichts mehr, es wurde ganz still, so still, daß es weh tat.

Die Ankunft in der Koenigsallee bekam ich nur dunkel mit. Der Taxifahrer muß Josef herausgeklingelt haben, denn ich sah mit einem Mal sein Gesicht über mir, kreidebleich und wutverzerrt. Irgendwie wurde ich ins Haus gebracht, der Taxifahrer sprach mit Josef in der Diele, die Haustür knallte, und ich fand mich im Bett wieder. Josef hatte mir die Jacke ausgezogen, die Schuhe, er hatte mir das Gesicht mit einem Waschlappen betupft, mir zu trinken gegeben. Er pendelte hin und her zwischen Salon und Dienstbotenkammer. Als Doktor Zabel an meinem Bett stand, wurde mir richtig schlecht. Er nahm den Verband der Frauen ab, untersuchte die Verletzung, legte eine Wundsalbe auf und ordnete an, den Arm ruhig zu halten. Nachts wich Josef nicht von meiner Bettkante. Er murmelte und summte wie früher, als wir Lieder anstimmten, um uns in den Schlaf zu singen. Innerlich kochte er und sann darauf, den Messerstecher zu finden. Immer wieder wollte er von mir wissen, wie er aussah. Ich wußte es nicht, und je länger ich nach Einzelheiten suchte, um so deutlicher erinnerte ich mich an das Ganze. Die Touristen mit ihren Fotoapparaten, ihre Sprüche, der Typ am Spreeufer um Zigaretten bettelnd, um Geld. Ich habe ihm ein Brötchen gegeben, sagte ich. Die zwei Männer am Portal, nicht wirklich, aber auch nicht unwirklich. Die Kamera her, ich erinnerte mich der Worte, aber nicht der Stimme. Josef ließ mir keine Ruhe. Ich will den Kerl erwischen, sagte er.

Birnbaum, der den Zwischenfall am nächsten Morgen mit der Bemerkung abtat, auch das Gesocks will leben, drängte darauf, daß die Filme in die Pestalozzistraße gebracht wurden. Ich trug den rechten Arm in der Schlinge und machte alles mit der linken Hand. Besorgte uns einen Imbiß aus dem italienischen Restaurant am Hagenplatz, Birnbaum sah ein, daß ich nicht kochen konnte. Ich brachte die Filme zu Bredows Fotoladen in der Pestalozzistraße. Herr Birnbaum will Bilder, gleichgültig, was passiert, sagte ich. Die Bilder sind ihm das Wichtigste. Ich saß ein paar Stunden bei Bredow, wartete auf die Abzüge. Wahrscheinlich war ich Bredows beste Kundin, da er mich meistens bevorzugt behandelte. Diesmal war es besonders eilig, ich sagte Bredow, Birnbaum habe nicht eine Minute Geduld, er wolle die Bilder sofort. Und Bredow wirbelte im Labor. Ich sagte noch: Herr Birnbaum macht aus mir eine Fotografin, die den Kopf hinhalten muß, um die gewünschten Bilder zu bringen. Bredow rief etwas im Hintergrund, die Tür zur Dunkelkammer war geschlossen, dann kam er gelaufen, den eben aus der Lauge gezogenen Filmstreifen in der Hand. Man sah nur Reichstag und Reichstag und plötzlich einen Kerl in die Kamera hereinspringen. Ich hatte den Messerstecher fotografiert.

Die Unschuldigen sterben aus, sagte Birnbaum, als er den Messerstecher auf dem Foto sah. Sie haben gewußt, daß Sie ihn fotografieren, Maruscha. Ich habe die Kamera auf ihn gehalten, dann ging alles so schnell.
Josef mochte sich von dem Bild nicht trennen. Unschuldig sieht der Mann nicht aus, sagte er. Ich bewundere den Mut der kleinen Fische, auf andere loszugehen, fuhr Birnbaum fort, es kann sich nur um aussterbende Unschuld handeln, der Mann macht ein verzweifeltes Gesicht, seine Verzweiflung treibt ihn. Er wollte Ihre Kamera, sagte ich. Birnbaum nickte: Weil Sie ihn fotografiert haben, Maruscha. Ich werde ihn finden, rief Josef, bestimmt finde ich ihn. Lassen Sie die Finger davon, entgegnete Birnbaum. Der Mann wird nicht weit kommen. Birnbaum spürte, daß es Josef ernst war. Ich dachte, Bredow hätte keinen Abzug vom Negativ machen sollen, jetzt hatte Josef Blut geleckt. Birnbaum lehnte sich zu-

rück und betrachtete die Bilder vom Reichstag. Glanz trat in seine Augen. Der Messerstecher war für ihn vergessen. Er reihte die Bilder aneinander zu einem Reichstagsfries, tastete mit den Fingerkuppen darüber hin, als würde er die Mauern berühren. Josef mußte ihm den Bildband bringen mit den Abbildungen des Reichstages von vor dem Krieg. Er verglich die Bilder, schlug das Buch zu und vertiefte sich in die vor ihm liegenden Aufnahmen. Birnbaum liebte Großformate, saubere Konturen und Tiefenschärfe, die das Körperliche eines Bauwerkes zeigten. Er lobte meine ruhige Hand, meinen Blick auf das Wesen eines Gebäudes. Ich wußte nichts vom Wesen eines Gebäudes, der Reichstag war mir so fremd wie Birnbaums Villa.

In seinem Haus kannte ich mich inzwischen besser aus und war nicht mehr erschrocken von den Zimmerfluchten, den vielen Gängen und schwarzen Winkeln. Das Treppenhaus knarrte, auch wenn man tagelang nicht hinaufging, aber überall im Haus gab es Licht. Birnbaum ließ im ganzen Haus das Licht brennen, auch oben in den unbewohnten Zimmern. Ein zentraler Schalter hinter der Küche am Zähler konnte bei Dämmerung eingeschaltet werden. Jeden Abend schaltete ich das Licht im Haus an, ich schlief sogar bei Licht, was Josef nervös machte. Die Villa war vor hundert Jahren von Birnbaums Großvater gebaut worden, zur selben Zeit wie der Reichstag. Alle Birnbaums wurden seither in diesem Haus geboren. Arthur in Boston sei der letzte, danach würde es keinen mehr geben, behauptete der Mann im Rollstuhl, da sich Arthur weder verheiraten, noch Kinder in die Welt setzen wolle. Mein Großvater hatte eine Werkzeugfabrik in Teltow, sagte Birnbaum, ein ansehnliches Unternehmen damals, sechshundert Arbeiter und Angestellte. Das Unternehmen wuchs bis zum Ersten Weltkrieg auf achthundert Mitarbeiter. Zwischen den Kriegen zog die Firma von Teltow über den Kanal nach Zehlendorf. Der alte Birnbaum tat sich zusammen mit einem Maschinenbauer, dem Spanier vom Beeskowdamm. Der Spanier war natürlich kein Spanier, sein südliches Aussehen, sein Temperament wurde als spanisch angesehen. Der Mann hieß Körber und kam aus der Spandauer Vorstadt. Birnbaum und Körber machten die Firma groß mit ihren Werkbänken, die bis in die Vereinigten Staaten geliefert wurden. Noch vor Ausbruch des Zweiten Weltkrieges schied der Spanier aus dem Betrieb. Er ahnte, daß es Krieg geben würde und setzte sich nach Südamerika ab, wo er eine Farm bewirtschaftete und uns in der Notzeit nach dem Krieg Konserven und Kaffee zukommen ließ. Birnbaum war selten gesprächig, er erzählte auch nichts von seiner Familie, deutete höchstens an, daß sein Vater, der einzige Sohn des Firmengründers, alles erbte und wegen Unfähigkeit die Firma verkaufte. Birnbaum im Rollstuhl kannte die Fabrik am Beeskowdamm nur als Kind, herumgeführt vom Großvater durch die Fertigungshallen. Er sei bloß ein einfacher Ingenieur geworden, Brückenbauer, sagte er, habe schwimmende Brücken konstruiert, Notbrücken oder Behelfsbrücken, habe sich ein Patent erworben, von dem er heute noch zehre. Den Doktor Ing. ließ Birnbaum unter den Tisch fallen, er war ihm nichts mehr wert oder er spielte keine Rolle mehr, seit er im Rollstuhl saß. Wir durften ihn nie mit seinem Titel ansprechen, sein Gesicht verfinsterte sich jedesmal, wenn Zabel ihn mit Doktor anredete. Er muß mit seinem früheren Leben ganz abgeschlossen haben. Elsa und er unterhielten sich ausschließlich über Belanglosigkeiten. Im Anfang wollte Josef den Salon verlassen, sobald Elsa in der Tür erschien, damit die beiden ohne Zuhörer ihre Angelegenheiten besprechen konnten. Birnbaum hielt Josef immer zurück, er wollte mit seiner Schwester nicht allein sein. Der Alte hat keine Lust, das Maul aufzumachen, sagte

Josef. In Elsas Gegenwart stichelt er nur, als hasse er sie. Oder er haßt sich, weil er zum Krüppel geworden ist, sagte ich. Josef glaubte, daß er nie ein umgänglicher Mensch gewesen sei, daß sein Unfall die Neigung, sich vor der Welt zu verschließen, nur verstärkt hätte. Er konnte tatsächlich auf nichts mehr hoffen. Josef mußte ihm die Hosen anziehen, die Strümpfe, Schuhe. Unterhalb der Gürtellinie hörte sein Leben auf. Birnbaum mochte die Schuhe nicht an seinen tauben Füßen. Er liebte Schnürschuhe, fest gebunden und trug jetzt Slipper, die er Latschen nannte, trotz des feinen Leders, damit Josef es leichter hatte mit dem An- und Auskleiden. Jeden Morgen suchte Birnbaum seine Krawatte aus und band sie mit großer Sorgfalt. Seine Oberhemden kamen aus einem Atelier, ebenso seine Jacketts und Westen. Auch wir mußten uns ordentlich anziehen, unsere bunt gewürfelte Garderobe, die wir von zu Hause mitbrachten, duldete er nicht. Bevor wir unseren Dienst bei ihm antraten, schickte er uns in die besseren Geschäfte. Josef kaufte Anzüge, Hemden, ich Kleider, Röcke, Blusen. Pullover durfte ich nicht tragen, Pullover waren ihm ein Graus, am liebsten sah er mich in Rock und Bluse. Da ich meistens fror im Haus, wegen der schlecht zirkulierenden Heizung, rannte ich an schlimmen Tagen mit dicken Jacken herum und Halstüchern. Die Wolljacken störten ihn komischerweise nicht, darunter sah auch immer eine Bluse hervor. Ich hätte die Blusen gern zerfetzt, obwohl es gute Blusen waren, aus weichen Stoffen, aber schon in der Schule konnten mir die Blusen, die wir als Uniform tragen mußten, gestohlen bleiben. Ein Rätsel, daß Birnbaum den Kleidern so viel Bedeutung beimaß, während ihn andere Äußerlichkeiten kalt ließen. Zerbrochene Gläser, Teller, Tassen machten ihm nichts aus. Wenn ich sie ersetzen wollte, winkte er ab. Ein ramponiertes Sofa in seinem Salon, das sogenannte Besuchersofa, hätte dringend aufgepolstert werden müssen und neu bezogen. Birnbaum wollte nichts davon wissen. Für Elsa genügt es, dann bleibt sie nicht so lange, sagte er.

Nach dem Mittagessen und dem Abwasch, auch die Spülmaschine funktionierte nicht, der Monteur hatte zweimal sein Kommen verschoben, saß ich am Küchentisch mit meinen Haushaltsbüchern. In eines schrieb ich Ausgaben hinein für Kunze, Birnbaums Vermögensverwalter, der unsere Haushaltsführung kontrollierte, ins andere Haushaltsbuch machte ich meine Eintragungen gegen Vergeßlichkeit und Trott. Es war außerdem unterhaltsam, alles mögliche aufzuschreiben in diesem Haus, da ja sonst nicht so viel passierte. Birnbaum wollte keine Besuche, und die Leute, die hereinschneiten, waren nicht sehr gesellig. Der Briefträger legte die Post ab, der Fensterputzer tauchte dreimal im Jahr auf, Herr Kunze mit dem Haushaltsgeld jeden Monat, der Stromableser einmal im Jahr, Doktor Zabel und Elsa kamen einmal in der Woche. Wir befanden uns oft wie Silberfische, stumm und verhuscht. Birnbaum liebte Ruhe, wir hörten darum kein Radio und unser Fernsehapparat in Josefs Zimmer brachte Zerrbilder. Die Mängelliste, die ich dem Herrn Kunze von Zeit zu Zeit vorlegte, änderte nichts, nur das Dringendste wurde manchmal repariert. Als die Heizung vor kurzem ausfiel, telefonierte Birnbaum mit einer Firma, die einen Fachmann schickte, der am Brenner im Keller die Ventile erneuerte und den Ölruß aus den Brennkammern kratzte. Die Heizkörper erwärmten sich wieder, aber richtig warm wurde es in den Zimmern nicht. Im oberen Stock war die Heizung abgedreht worden, um Öl zu sparen, mir schien es dann oft, die Kälte kröche von oben nach unten. Heimlich drehte ich die Heizung oben auf in der Hoffnung, es würde im ganzen wärmer. Leider hatte ich umsonst gehofft. Das Frösteln hörte nimmer auf. In der Küche war es besonders schlimm wegen der Fliesen am Boden, die Kälte kroch von unten und kam von oben, da half nicht mal der eingeschaltete Backofen, außer ich setzte mich vor die offene Röhre. Birnbaum und Josef litten angeblich nicht unter der Kälte, sie verstanden mein Gezeter nicht. Elsa saß oft im Salon, den Mantel um die Schultern gelegt, was Birnbaum mit schiefem Grinsen kommentierte. Das ist so ihre Art, damit macht sie sich interessant. Also mußte ich mich durch den Winter zittern. Josef kaufte mir dünne Baumwollpullis, die ich unter die Blusen anzog, aber ich blieb klamm und wurde nur warm im Bett unter Federn und Wolldecke. Manchmal massierte Josef mir abends den Rücken oder wir tranken Punsch vor Mitternacht und krochen zusammen wie früher in unserem Kinderzimmer.

Am nächsten Morgen stand ich nicht gleich auf. Es war ein trüber Tag, Birnbaum würde mich kaum zum Fotografieren fortschicken, und zum Einkaufengehen konnte ich mir Zeit lassen. Das Frühstück für Birnbaum bereitete Josef zu. Er stand gerne früh auf, er liebte den jungen Morgen, auch im Winter. Ich hörte ihn nebenan rumoren. Plötzlich trat Josef ins Zimmer mit einem Topf Kaffee. Er kam ans Bett, stellte den Topf auf dem Nachttisch ab, faßte nach meinem verletzten Arm, streichelte die Wunde, die schon fast geheilt war. Ich habe den Messerstecher gefunden, strahlte er. Der geht nie mehr mit einem Messer auf andere los.

Verschon mich, Josef, ich will davon nichts hören.

Doch, Maruscha, du sollst es hören, du mußt es hören. Du weißt, ich lasse so etwas nicht auf mir sitzen.

Der Mann hat mich angegriffen, nicht dich, Josef.

Um so schlimmer, Maruscha. Josef strahlte weiter. Der Typ hing gestern abend am Spielautomaten im Gabriel und kassierte, ich erkannte ihn sofort. Als ich ihm dein Foto unter die Nase rieb, wurde er leichenblaß, sein Kumpel am anderen Automaten ist sofort getürmt. Ich habe den Kerl vor die Tür gezerrt und ihm die rechte Hand gebrochen.

Du träumst, Josef, du hättest gern, aber du hast nicht, ich glaube nicht an solche Zufälle.

Es war kein Zufall, Maruscha. Ich habe den Jungen ausfindig gemacht, diese Burschen verschwinden ja nicht von der Oberfläche, sie tauchen immer wieder auf, und sie suchen sich feste Plätze. Zum Beispiel den Gabriel, eine Automatenkneipe bei den Yorkbrücken. Jemand steckte mir, daß er da von Zeit zu Zeit die Automaten leert. Ich mußte nur auf ihn warten. Beharrlichkeit zahlt sich aus, überall auf der Welt. Josef grinste im Vollbesitz seines Sieges. Und du kannst sicher sein, Maruscha, ich habe den Richtigen erwischt, er hat es zugegeben. Er hat gewinselt, als ich ihn in die Zange nahm. Ich habe ihm noch das Messer abgenommen. Josef zeigte mir ein Klappmesser, wie es Hunderte bei sich tragen mochten.

Das Messer beweist gar nichts, sagte ich, ich habe es ja nicht gesehen.

Maruscha, der Mann hat gestanden.

Du hast ihn gezwungen zu gestehen, sagte ich.

Ich habe ihn erkannt, Maruscha.

Hat dich jemand beobachtet, kennt man dich in der Kneipe?

Alle Welt kennt mich, erwiderte Josef stolz.

Eine Meisterleistung, sagte ich. Wirklich meisterhaft, jetzt haben wir die Messerstecher der Stadt am Hals. Du glaubst doch hoffentlich nicht, daß du ungeschoren davonkommst?

Die Sache ist ausgestanden, sagte Josef mit fester Stimme. In seinen Augen funkelte die Kampfeslust über jeden Zweifel erhaben. Mir schoß durch den Kopf, daß er den Kerl übel zugerichtet haben mußte, auf Gedeih und Verderb zum Schweigen gebracht. Warst du mit dem Auto dort, bist du mit dem Auto unterwegs gewesen? Josef schüttelte den Kopf und blickte auf meine Füße, die unter der Decke hervorstachen. Trink den Kaffee, solange er heiß ist, Maruscha. Die Heizung funktioniert wieder nicht, wir müssen anrufen.

Mir schwindelte, und ich kam nur mit Mühe aus dem Bett. Josef war unerbittlicher in seiner Rachsucht als alle Messerstecher zusammen. Birnbaum sagte, die Unschuldigen sterben aus. Möglicherweise hatte Josef einen Unschuldigen auf dem Gewissen. Ich rannte, rannte zum Spülstein in der Küche, mußte mich übergeben. Später vernichtete ich das Negativ, das den Messerstecher zeigte, forderte von Josef das Foto zurück und verbrannte es in der Küche. Was Josef dem Kerl auch angetan hatte, ein Nachspiel würde folgen.

Birnbaum lag im Bett an diesem Vormittag, die Kälte im Haus nagte sogar an ihm. Josef mußte Bildbände aus der Bibliothek bringen und in seiner Nähe bleiben. Ich bekam Birnbaum nicht zu Gesicht, durfte sein Schlafzimmer ja nur betreten, um zu lüften und aufzuräumen, wenn er sich nicht darin aufhielt.

Die Heizungsmonteure machten sich im Keller zu schaffen. Sie sagten, der Brenner sei veraltet und müsse ersetzt werden. Birnbaum schickte sich nach einigem Hin und Her drein und erteilte den Männern den Auftrag, einen neuen Brenner einzubauen. Ich sah mich außerstande, die geringste Hausarbeit zu verrichten, denn es gab auch kein warmes Wasser. Man konnte sich bloß zusammenkauern oder herumrennen, oder das Haus umkrempeln.

Gegen Mittag ging ich einkaufen, flog durch die Läden, füllte die Tasche, schleppte sie ins Café am Hagenplatz, bestellte Tee mit Rum und blätterte die Zeitungen durch. Die gewisse Meldung fand sich nicht, die letzte Nacht war ohne Mord und Totschlag vergangen, wollte man den Zeitungen glauben. Nicht, daß es mich beruhigt hätte. Ich mißtraute

Josef, zum ersten Mal mißtraute ich ihm. Ich bekam große Lust, nicht mehr in die Villa zurückzukehren. Ich empfand Widerwillen gegen das Haus, gegen die Art und Weise, wie wir lebten. Auch wir waren Birnbaums Marionetten. Die Freiheiten, die sich Josef nahm, konnten doch kein Ersatz sein für ein Leben am Faden. Welche Freiheiten nahm sich Josef denn? Nächtliche Ausflüge, Rachefeldzüge. Ich mußte lachen über meine Blindheit, meine Dummheit.

MICHAEL WILDENHAIN

Die Hochzeitsfeier

Als Friedrich Torgau den Schankraum des Neuköllner Lokals *Zur Sonne* am Abend der Hochzeitsfeier betritt, ist es kurz nach Mitternacht. Er hat sich absichtlich verspätet, als könnte er die Hochzeit dadurch ungeschehen machen, zu verhindern ist sie nicht mehr.

Obwohl bei der Vorbereitung vieles lax gehandhabt wurde, hat Torgaus Sohn Mario noch rechtzeitig an die Trauringe gedacht. Erst auf dem Weg zum Standesamt fiel ihm ein, was er vergessen hatte. Nach kurzem Zögern kehrte er um. Die winzige Schatulle lag auf dem Küchentisch.

Man kann sich ohne Ringe trauen lassen. Aber in einem Fall wie diesem sollte dem Standesbeamten kein Anlaß gegeben werden, mißtrauisch zu sein.

Lustlos zieht Friedrich Torgau die Kneipentür hinter sich zu. Zwölf Uhr und zwei Minuten.

Zum Zeitpunkt der Tat ist Friedrich Torgau sechsundfünfzig Jahre alt.

Als gelernter Eisenflechter nimmt er nach einigen Jahren auf Baustellen, nicht selten im Ausland, eine Beschäftigung in einem größeren Industriebetrieb an und ist dort als einer der wenigen festangestellten Bauhandwerker für die Neubaumaßnahmen sowie die Gebäudereparaturen, die auf dem Werksgelände anfallen, zuständig. Mit achtundzwanzig Jahren heiratet er.

Kurz darauf wird sein Sohn geboren. Die Frau verläßt die Familie, nicht lange, nachdem der Sohn, Mario, drei Jahre alt geworden ist. Der Vater, gewerkschaftlich engagiert, läßt sich weder scheiden noch lebt er von nun an länger als ein paar Wochen mit einer anderen Frau zusammen. Er zieht den Sohn allein auf.

Ein alleinerziehender Vater gilt in dieser Zeit als ungewöhnlich. Auch insofern macht Friedrich Torgau von seinen Familienverhältnissen wenig Aufhebens. Möglicherweise hat der Umstand, daß er selten von Mario spricht, die Zuneigung zu seinem Sohn noch verstärkt, obwohl die Bindung, auch unabhängig davon, sehr eng gewesen sein muß.

Mit neununddreißig Jahren wird der Vater Betriebsrat. Zwei Jahre später wird er freigestellt.

Aufgrund einer betriebsinternen Vereinbarung muß die Firmenleitung bei nahezu sämtlichen Personalangelegenheiten und insbesondere vor jeder Kündigung die Zustimmung eines Beauftragten des Betriebsrats einholen. Jahrelang heißt der Kollege Friedrich Torgau. Unnachgiebig in der Sache, hart gegen sich und andere, geprägt von Nachkrieg, Wiederaufbau, späterem Wirtschaftswunder, befaßt er sich neben der Erziehung Marios fast ausschließlich mit Betrieb und Gewerkschaft. Mit fünfundfünfzig Jahren wird er fristlos entlassen.

Grund: Er schlägt einem afrikanischen Arbeiter mehrmals mit der Faust ins Gesicht. Anlaß: Ein deutscher Kollege, ein Dreher, ist wegen seiner Alkoholprobleme vom Meister beurlaubt worden. Der Afrikaner wird eingestellt und angelernt. Mit Unterstützung des Betriebsrats und der Gewerkschaft kann der zeitlich befristete, jedoch mehrmals verlängerte Arbeitsvertrag des afrikanischen Arbeiters in eine Festanstellung umgewandelt werden. Im Gegenzug gelingt es der

Werksleitung, den beurlaubten Kollegen zu kündigen. Weder Betriebsrat noch Gewerkschaft noch der heftige Protest der Belegschaft können daran etwas ändern.

Als sich der Afrikaner wenige Tage später mit dem Hinweis, er sei Maschinenarbeiter, weigert, der willkürlichen Anweisung eines Einrichters Folge zu leisten und die Werkstatt auszufegen, schlägt ihm Friedrich Torgau, zufällig zugegen, ins Gesicht.

Zwölf Uhr und drei Minuten. Der Schankraum, geschmückt mit Girlanden aus Kreppapier, ist leer bis auf zwei Gäste, die aussehen, als würden sie jeden Tag auf einem der Hocker am Tresen sitzen. Die Feier findet in eigens dafür reservierten Räumen statt. Zwölf Uhr und vier Minuten.

Genügend Platz für Festlichkeiten. Die Bälle seiner Jugend. Vielleicht war Friedrich Torgau oft bei einem Ball des Turnvereins, der Kleingärtner, Naturfreunde, der Tanzschule, Zusammenkunft der Hauswirtschafterinnen nach erfolgreichem Abschluß der Meisterprüfung im Herbst. Vorn spielte die Kapelle Foxtrott. Der Rollkragenpullover rieb. Drei Stunden saß man, roch unter den Achseln. Die Gäste tranken Erdbeerbowle. Das Mädchen, das den Überschlag, danach Spagat, auf einem Schwebebalken mit rauhem Filzbelag beherrschte, tanzte mit einer Freundin, dem Vorturner, dann ihrem Vater. Tanzte mit einer Freundin, dem Vorturner, dann ihrem Onkel. Tanzte mit einem Vorturner, der Freundin, einem Vorturner. Tanzte. Warum war man als Junge und nicht als Schwebebalken mit rauhem Filzbelag geboren? Warum fehlt Friedrich Torgau die Kraft, den Schankraum zu durchqueren, sich unter Feiernde zu mischen und seinem Sohn zu gratulieren? Nur weil er nicht weiß, ob seine Frau, Marios Mutter, sich unter den Geladenen befindet? Nur weil er sich nicht sicher ist, wie ihn sein Sohn begrüßen wird? *»Ich* *hab' dem Bimbo eine geplättet«* – *»Du bist ein rassistisches Arschloch.«* Warum muß Friedrich Torgau sich am Tresen niedersetzen, um sich vor Eintritt in den *Saal für diverse Festlichkeiten* Mut anzutrinken? Weil er befürchtet, hinnehmen zu müssen, was er nie hätte hinnehmen wollen und dennoch nicht verhindern konnte? Weil er sich der Gespräche mit seinem Sohn erinnert? Bimbo? Geplättet? Rassistisches? Arschloch?

Mein Sohn, denkt Torgau, hat einen scharfen Verstand und rasiert sich einmal die Woche. Ich, denkt Torgau, rasiere mich jeden Morgen so, daß die Gesichtshaut sich unter dem Rasierwasser rötet. Warum muß ich jetzt dem Gespräch der Stammgäste am Tresen lauschen? Warum will ich abgelenkt werden? Wie hilfreich wäre es, sich zu rasieren. Unmöglich, denkt Friedrich Torgau.

Was, überlegt er, hat mein Sohn gesagt? Man muß ihr helfen. Was habe ich erwidert? Sie wird an dir kleben. Er? Du scheinst die Menschen zu hassen. Ich? Sie wird nur unter Schwierigkeiten eine Arbeitserlaubnis kriegen, sie wird keine Sozialhilfe bekommen, sobald du, als ihr Ehemann, ein wenig Geld verdienst. Er? Wie kann man so werden wie du. Ich? Bist du ihr hörig? Warum stellt der Wirt mir ein Bier auf den Tresen? Warum kippt das Geweih, das an der Wand hängt, jetzt nach vorn? Warum muß einer der Stammgäste, ein Mann, auf dessen Wangen sich rote Pusteln gebildet haben, sich aufrichten und murmeln: »Was findet der an ihr?«

Friedrich Torgau kennt Kneipen wie diese. Er kennt die Gäste, die darin verkehren. Er kennt sie von den Großbaustellen, auf denen er früher gearbeitet hat. Er kennt sie aus der Fabrik. Für sie hat er sich als Betriebsrat eingesetzt, wenn sie abgemahnt wurden. Wenn sie entlassen werden sollten, weil sie ihrer Arbeit häufig ferngeblieben waren. Wenn sie zuviel getrunken hatten. Sie hatte Friedrich Torgau zu vertreten.

Jetzt drängt es ihn aufzuspringen. Noch bleibt er sitzen. Jetzt drängt es ihn zuzuschlagen. Er bestellt einen Weinbrand. Jetzt beißt Friedrich Torgau seine Fingerknöchel blutig.

Als mein Sohn, erinnert er sich, zweieinhalb Jahre alt war, kam meine Frau, die mich nur neun Monate später wegen eines Studenten aus dem Vorderhaus verlassen sollte, mit dem Jungen, den sie weit von sich weghielt, ins kleine Zimmer gelaufen. Dort schlief ich während der Woche. Ich stand um vier Uhr auf. Wenn ich bei meiner Frau schlief, zehrte das Schreien des Kleinkinds an meiner Kraft.

Mario hatte Nasenbluten. Obwohl meine Frau ihn anschaute, als sei etwas Furchtbares geschehen, mischte sich in ihr Erschrecken Ekel. Sie hätte die Empfindung gern vor mir verborgen. Es gelang ihr nicht. Ebensowenig, wie sie der Abscheu Herr geworden war, mit der sie sich hatte abwenden müssen, als man ihr das nur flüchtig abgeriebene Kind nach der Geburt auf den Bauch legen wollte. Hat sie nicht gemocht, das Blut. Ist ihr unappetitlich gewesen. Seltsam für eine Mutter, denkt Torgau, nicht natürlich. Er leckt das Blut von seinen Fingerknöcheln. Sie, denkt er, starrte mich an. Guckte fassungslos in das verschmierte Kindergesicht. Hätte den Jungen trösten wollen. Schaffte es bloß, ihn mir zu geben. Verließ danach wortlos das Zimmer.

Ich, denkt Torgau und kostet den Geschmack des Blutes auf seiner Zunge aus, ich saß gemeinsam mit meinem Sohn auf dem Bett. Mario lehnte im Kissen, die Schüssel aus weißer Emaille auf den noch winzigen Knien. Beinahe regelmäßig tropfte das Blut ins Wasser. Ich mußte Mario halten. Und während ich ihn stützte und ihm so nah wie selten war und während ich ihn trotz des kalten Wickels im Nacken, der die Blutung stoppen sollte, zu beruhigen versuchte, fiel mir die eigene Kindheit ein.

Mir fiel ein, wie ich vorgebeugt neben der Kloschüssel

kniete und der nach Eisen schmeckenden Flüssigkeit, die aus meiner Nase tropfte, zusah. Manchmal hatte ich in der Nase gebohrt. Meist kam es zum Nasenbluten, weil ich mich aufgeregt hatte. Oft, wenn ich mich einer ungewohnten Situation ausgeliefert sah. Dann hockte ich im Bad, die Eltern hatten es aufgegeben, mir Ratschläge zu erteilen, und schaute dem Blut zu, wie es das wenige Wasser in der hellen Kloschüssel verfärbte. Wolkenförmig wuchsen die Tropfen, bis sie, ein tieferes Rosa, dann Rot, sich in der Lache aufgelöst hatten. Häufig steckte ich mir Watte in das Nasenloch mit der geplatzten Ader und wartete, bis das Blut sich hinter dem antiseptisch durchtränkten und deshalb auf der wunden Haut leicht brennenden Wattestopfen zu einem Pfropf verdickte. Schließlich zog ich die Watte samt Blutpfropf brüsk aus dem Nasenloch und musterte den dunkelroten Klumpen, der an der gelben Watte klebte. Selten geriet mir beim Hochziehen des Schleims das Gemisch in den Rachen, wo es, sobald ich den Schnodder schluckte oder nach einigem Würgen in die Schüssel spuckte, eine unangenehm weiche Empfindung am Gaumen hinterließ. Weder durch Essen noch Trinken war das Gefühl zu tilgen. Und immer blieb mir der Geschmack im Hals.

Zwölf Uhr und acht Minuten.

Der eine der beiden Stammgäste: »Echt?«

Der andere: »'ne Negerin.«

Torgau, vor sich den Weinbrand, schaut die Männer ungläubig an. Er denkt: Sie haben recht insofern, als mein Sohn eine schwarze Frau geheiratet hat, eine Frau aus Afrika, deren Nachnamen ich mir nicht eingeprägt habe, weil ich ihn mir nicht einprägen wollte. Ihr Vorname, Martine, erschien mir ausreichend. Martine, der Name einer Prostituierten, die im Boulevardblatt inseriert. Sie haben recht insofern, als sie darauf hinweisen, daß der Busen der Frau im Verhältnis zu ihrer geringen Körpergröße unangemessen schwer wirkt. Sie haben recht insofern, als sie dem ausladenden Po der Frau besondere Beachtung schenken. Aber sie sitzen am Tresen einer Kneipe, deren Tapeten und Vorhänge vom Rauch gelb geworden sind, deren Fensterbänke Wimpel verschiedener Fußballvereine schmücken, deren Wände schwarz angelaufene Zinnteller und ein Geweih verzieren und deren Gäste ich aus langen Jahre kenne. In einer solchen Kneipe betonen sie das Wort Negerin auf eine Art, die mich abstößt.

Mein Sohn, denkt Torgau, mag ein guter Mensch sein. Ich bin es nicht. Mein Sohn mag ein gütiger Mensch sein. Ich nicht. Torgau erhebt sich und tritt den beiden Stammgästen die Hocker unterm Gesäß weg. Die auf dem Boden krabbelnden Männer murmeln: »Wir kommen zurück.«

Zwölf Uhr und neun Minuten.

Als Torgau die schwere Tür zum *Raum für Festlichkeiten* öffnet, erwartet er helle Beleuchtung, zahlreiche Gäste, lebhafte Musik. Das Licht ist schummrig, die Musik langsam, vier Gestalten, darunter ein Paar, sitzen und bewegen sich verloren im Saal.

Zunächst die Mutter Marios, nach wie vor die Frau Friedrich Torgaus. Sie hockt reglos in einer Ecke, neben sich ein Beistelltischchen, darauf eine Pyramide sorgsam aufgetürmter Schnapsgläser. Gegen seine Absicht muß Friedrich Torgau lächeln. Er denkt an die Auseinandersetzungen mit seinem Sohn, dessen stückweis' hervorgestoßenes: »Du-du-hast-doch-Mama-verjagt!«, an das Nasenbluten, das sich unweigerlich einstellte und Mario wütender werden ließ, er denkt an die leeren Persikoflaschen, die er, Torgau, morgens auf dem Weg zur Arbeit hinuntertrug, solange er mit seiner Frau zusammenlebte. »Trink Schnaps«, stehende Wendung, »damit du aus dem Maul nicht süßlich riechst!«

Obwohl Torgaus Frau nicht weit von ihm entfernt sitzt, bemerkt sie ihn ebensowenig wie die übrigen Anwesenden. Marios Freundin, die deutsche, die eigentliche Freundin, ein schmales Mädchen mit verfilztem Haar, kauert zwischen einem Klavier ohne Deckel und einem Stapel Bierkästen am Boden. Sie verursacht kein Geräusch. Nur ihre Schulterblätter zucken. Hin und wieder schüttelt ein unterdrücktes Schluchzen ihren Körper.

Nicht, daß Torgau Mitleid mit ihr empfinden würde. Aber er ist der Meinung, ein junger Mann habe sich um sein Mädchen zu kümmern. Und obwohl er die Freunde seines Sohnes verachtet: ihr Gebaren, ihr Äußeres, die gewollte Verwahrlosung, gilt ihm das Mädchen mit dem verfilzten Haar – trotz Heirat, *vorgeblicher* Heirat – als Verlobte seines Sohns.

Zwölf Uhr und elf Minuten.

An einem Nachmittag steht Martine, ihr Nachname lautet Dupot, auf dem Hinterhof eines Altbaublocks: das Gartenhaus bewohnt, der Seitenflügel ein stillgelegtes Werk für Kartonagen.

Martine Dupot kennt nur einen Vornamen, notiert auf einem Einkaufszettel, und eine Telefonnummer, unter der sich bislang niemand gemeldet hat.

Ihr Asylgesuch ist abgelehnt. Für die Heirat fehlen Papiere. Das Aufgebot hätte bestellt sein sollen. Alles hat Hals über Kopf gehen müssen. Täglich soll sie die Wohnung wechseln. In acht Tagen könnte sie abgeholt werden. Säße danach in Abschiebehaft. Der Anwalt wäre machtlos.

Vier Aufgänge hat die Fabrik. Noch ist es nicht dunkel. Der Himmel ist diesig. Fast flüsternd ruft Martine den ungewohnten Vornamen ihres zukünftigen Gatten, den sie noch nie getroffen hat.

In ihrem Kopf der Satz der Freunde: »Wir haben alles abgeklärt.« Hinter den Scheiben zum Hof die Gardinen. Gemächlich zur Seite. Gesichter. Türken wie Deutsche. Dann wird ein Fenster aufgestoßen. Könnte jeder sein: Ausländerbullen. Einer, der sie hochruft, um die Tür hinter ihr zu verriegeln.

Möglich, daß der junge Mann, der sich mit seiner Freundin, die neben ihm im Rahmen lehnt – Rastalocken, Rottweiler, der ihr auf den Handrücken sabbert –, über das Zinkblech des Fensterbretts vorbeugt, in diesem Augenblick beginnt, nicht nur mit Martine Mitleid zu haben, sondern sie zu mögen. Sie bekommt Kaffee und Kuchen. Der Rottweiler knabbert Keks.

Möglich auch, daß Mario, als er am nächsten Abend gemeinsam mit seiner sechsjährigen Nichte und der zukünftigen Gattin im Kino *Pocahontas* schaut, sich ausmalt, was in wenigen Tagen mit ihr, Martine, geschehen könnte, in einem Gefängnis, in Afrika. Möglich, daß er ihr deshalb unwillkürlich die rechte Hand auf den linken Unterarm legt.

Zwölf Uhr und fünfzehn Minuten.

Während Marios Mutter vor ihrer Pyramide umsichtig ausgeleckter Schnapsgläser hockt und während sich Marios Freundin ihrem Kummer hingibt, während in der Musicbox ein neues Lied aufgelegt wird und sich Martine und Mario nicht voneinander lösen, huscht Friedrich Torgau in den Schatten zusammengeschobener Stellwände, steht hinter einem Vorhang, der nach Staub riecht. *Ein Bett im Kornfeld, das ist immer noch frei, denn es ist Sommer, und was ist schon dabei.*

Als die Musik einsetzt, küßt Mario Martine.

Als sie den Kuß erwidert, betreten die Stammgäste den Saal. Ein Dritter ist ihnen einen Schritt voraus.

»Der?« fragt er, deutet auf Mario. Ehe die anderen den Kopf schütteln können, schlägt der Dritte – klein, untersetzt – mit einer Stahlrute nach dem Paar.

»Nein«, murmelt Mario. Martine wird am Jochbein getroffen, anschließend an der Schläfe.

Torgau betätigt einen Lichtschalter. Der Raum ist hell erleuchtet.

»Der da«, sagen die Stammgäste. Sie sprechen im Chor. Der Dritte ist für Momente verwirrt.

Vielleicht wäre Friedrich Torgau der Vorfall gelegen gekommen – die Braut verletzt, die Ehe beschädigt –, doch dann tritt ein, was er befürchtet hat. Sein Sohn, der Martine helfen will, beginnt aus der Nase zu bluten.

Bevor der Schläger ein weiteres Mal mit der Stahlrute ausholt, lacht er und fragt, die Stammgäste halten sich abseits: »Der ... hat euch ... verprügelt?«

Noch während die beiden den Kopf schütteln, fragt er schon weiter, fragt Mario: »Bräuchte der Herr ein Papiertaschentuch?« Und während Martine sich am Boden nicht regt und der Frager nach einem Taschentuch fingert, versucht Mario das Blut, das ihm aus der Nase tropft, aufzufangen. Mit einer Hand, mit beiden Händen. Dann legt er den Kopf in den Nacken.

Gewiß hätte Friedrich Torgau in diesem Moment gern gebrüllt. Aber das wäre unklug gewesen. Nah der Tür lehnt ein Mikrofonständer. Mit der Stange, der Fuß fällt ab, schlägt Friedrich Torgau die Stammgäste nieder und zerprügelt dem Dritten den Kopf, bis unter der Schädeldecke blutiges Hirn sichtbar wird.

Sorgfältig lehnt Friedrich Torgau die Stange an die Wand. Er bedauert, sie nicht gereinigt zu haben. Als er sich umdreht, fegt er eine halbvolle Flasche von einer Lautsprecherbox.

Das Geräusch des auf den Fußboden prallenden Glases läßt Mario zu sich kommen.

»Du Vieh.«

Als der gelernte Eisenflechter sich daraufhin seinem Sohn

246

nähert, will sich Marios Mutter auf ihren Mann stürzen. Acht-
los wischt der Vater sie beiseite.

Sie torkelt in eine Ecke, lehnt an der Wand, rutscht daran
herunter, stößt gegen die leere Flasche, die von der Box gefallen ist und über das Parkett tanzt, erst an der Scheuerleiste,
vielleicht ein vorstehender Nagel, beinahe geräuschlos zer-
bricht.

Staunend betrachtet das schmale Mädchen mit dem verfilzten Haar Friedrich Torgau. Ungläubig schüttelt sie den Kopf,
als er auf sie zukommt, sie bei der Hand nimmt, auch seine
Frau zwingt, sich zu erheben, beide zur schwer atmenden,
am Boden liegenden Braut führt, die Frauen nötigt, neben
der Blutüberströmten niederzuknien – eins links, eins rechts,
keins fallengelassen –, die Finger, zunächst die eigenen Finger, mit dem Blut der Verletzten netzt, über die Gesichter der
neben ihr knienden Frauen fährt, sie anweist, es ihm nach-
zutun, abwechselnd, bis die Gesichter rot sind vom Blut der
Afrikanerin, die zwischen den beiden Frauen bewegungslos
verharrt.

Zwölf Uhr und achtzehn Minuten.

»Was macht dein Nasenbluten?« erkundigt Friedrich Torgau sich. Und Mario erwidert: »Es geht schon wieder gut.«

CHRISTA SCHMIDT

Interview

Ich war zweiundzwanzig und im sechsten Monat schwanger.
Wie ich in diese Lesung geraten bin, weiß ich nicht, oder
doch. Es war vor über fünfzehn Jahren. Wie die meisten um
mich herum, interessierte ich mich damals mehr für Haus-
besetzungen und Atomwaffen als für Literatur. Ich glaube,
ich war mit einer Kollegin in einem Café am Savignyplatz
verabredet. Nachdem ich fast eine Stunde auf sie gewartet
hatte, lief ich etwas ziellos durch die Straßen, zunächst in
die Richtung, aus der sie kommen mußte. Durch die Fenster-
scheibe einer Buchhandlung sah ich dann diesen Mann. Er
saß an einem Tisch vor dem Mikrofon und las. Ich öffnete
leise die Tür, blieb in der Ecke stehen, die Stühle waren alle
besetzt. An das, was er gelesen hat, kann ich mich nicht erinnern. Es war einfach schön, ihn zu sehen, die Bewegungen
seines Kopfes, die Mimik, und vor allem gefielen mir seine
Hände. Irgendwann fühlte ich Blicke auf meinem Bauch, die
Frau neben mir bot mir ihren Stuhl an. Ich wollte lieber stehen, mein Bauch belastete mich nicht, ich hatte ihn vergessen.

Am Ende der Lesung, wie es üblich ist, signierte der Autor.
Ich blätterte in seinem Buch, das ausgelegt war, und hätte es
vielleicht gekauft, wenn ein Foto von ihm darin gewesen wäre.
Für einen Moment überlegte ich, ein Interview mit ihm zu ma-

chen, war mir dann aber sicher, es sei besser, ihn ohne diesen Vorwand kennenzulernen. Ich beobachtete die Gruppe, die sich um ihn bildete, wahrscheinlich würden sie gemeinsam in eine Kneipe gehen. Er verließ die Buchhandlung mit drei Männern und einer älteren Dame.

Die Frau, die mir den Stuhl angeboten hatte, fragte ich, ob sie wüßte, wohin er geht. Natürlich, sagte sie, er geht zurück. – Wohin zurück? – Ja, wissen Sie denn nicht? – Was weiß ich nicht? – Er geht zurück in seine Zelle. – Ich verstand immer noch nicht. Er sieht nicht aus wie ein Mönch, sagte ich. Mönch, wiederholte sie, Zoltan Beyer ist Strafgefangener. Ich muß sie angesehen haben, als hörte ich dieses Wort zum ersten Mal. Strafgefangener? – Er sitzt seit acht Jahren im Knast. – Nein, sagte ich, das kann nicht sein, er sieht aus, als käme er gerade aus dem Urlaub. – Wenn Sie seinen Teint meinen, seine Mutter stammt aus Ungarn.

Ich fühlte eine leichte Übelkeit, verabschiedete mich und trat hinaus auf die Straße. Nachdem ich ein paarmal tief durchgeatmet hatte, ging ich noch einmal in den Buchladen. Entschuldigen Sie, sagte ich, können Sie mir bitte sagen, wo er sitzt?

Die Frau sah mich an, sah wieder auf meinen Bauch und gab mir die Auskunft dann doch. Tegel, Seidelstraße, Haus III. Nach einer Pause fügte sie hinzu: für Lebenslängliche. Die Stimmung war nicht danach, sie zu fragen, warum er dort war. Ich bedankte mich, lief die Hardenberg zum Zoo hinunter und fuhr mit der U-Bahn nach Hause, Richtung Steglitz.

Am nächsten Morgen in der Redaktion führte mich mein erster Weg zum Kollegen Schiefner, Lokalkultur. Er bot mir einen abgestandenen Nicaragua-Kaffee an. Wahrscheinlich hatte er den Rest vom Vortag aufgewärmt. Nach dem ersten Schluck fragte ich ihn nach Zoltan Beyer. Der gibt doch die Knastzeitung heraus, sagte Schiefner, irgendwo muß ich noch ein Exemplar haben. Er steckte sich eine Zigarette an. Ich öffnete das Fenster, und er wühlte in Schubladen, wie er immer wühlte, wenn ich ihn etwas fragte.

Als ich sein Zimmer verließ, wußte ich, daß Beyer seine Frau und ihren Geliebten erschossen hatte, daß er Schauspieler an einem Hamburger Theater gewesen war, daß er dreiunddreißig ist und lebenslänglich und fünfzehn Jahre absitzen soll. Nach einem Briefwechsel und einigen Telefonaten bekam ich eine Geschäftssprechstunde im Haus III. Zoltan Beyer hatte nach seiner Lesung Ausgangsverbot bekommen, doch am Telefon wollte er nicht darüber sprechen, eigentlich wollte er überhaupt nicht mit mir sprechen. Ich will nicht, daß jemand meine Knastprobleme exotisch verbrät, sagte er. – Ich möchte mit Ihnen über Ihre Texte reden, sagte ich, und über die Zeitung, die Sie machen.

Drei Wochen später saß ich in der U-Bahn Richtung Tegel, den Sprechschein, das Diktiergerät und ein Päckchen Tabak in der Tasche. Es war ein wolkenloser Sommertag, und ich schwitzte in der Jacke, unter der ich einen Bauch verbarg, der keine Zweifel mehr zuließ, oder doch. Bei der Leibesvisite wurde er abgetastet, als wollten sie fühlen, ob ich wirklich nur einen Embryo in ihm trug. Türen wurden geöffnet und hinter mir geschlossen, an etwas Genaues kann ich mich nicht erinnern, nur an das merkwürdige Gefühl, alles so vorzufinden, wie ich es aus Filmen kannte.

Im Haus III wurde ich in eine schmale Zelle geführt, in der nur ein Tisch und zwei Stühle standen. Sprechzimmer nannten sie diesen Raum, und ich fragte mich, wer hier der Patient sei. Ich mußte einige Minuten warten, bis Zoltan zu mir gebracht wurde. Auf einem Tablett trug er zwei Tassen, Untertassen und eine Thermoskanne. Der Wärter verließ den Raum und schloß uns ein. Ich dachte, sagte Zoltan, Sie sind älter. Etwas verlegen begrüßte ich ihn und beschäftigte mich mit dem Diktiergerät. Er freute sich über den Tabak, schenkte uns Kaffee ein und drehte eine Zigarette. Ich schaute ihn an, seine Hände, die Schultern, Haare, in seine Augen blickte ich nur sekundenweise. Meine Jacke behielt ich an, und er stellte auch keine Fragen. Über das, was ich von ihm wissen wollte, haben wir nicht gesprochen, kein Wort über sein Delikt, kein Wort über seine Zeit als Schauspieler, auch keins über das Ausgangsverbot. Er steckte eine Zigarette an der anderen an, schnippte die Asche auf die Untertasse, sprach von Redaktionssitzungen, einem Interviewtermin mit dem Rundfunk, über Briefwechsel mit Kollegen von draußen, den sogenannten freien Schriftstellern. Der Rauch stand bald wie Nebel zwischen uns, was mir recht war. Das Band lief, ich ließ ihn reden, drehte die Kassette nach einer halben Stunde um und wußte, als der Wärter den Raum betrat, auf dem Tonband ist nichts, woraus ich einen Artikel machen könnte. Zum Abschied sagte ich etwas wie, ich hoffe, wir können noch oft und lange miteinander sprechen. Das hoffe ich auch, sagte Zoltan und bat mich, einen Augenblick zu warten. Er holte ein Buch aus seiner Zelle, es war signiert, ohne Datum. Vielleicht hast du ja Lust, mal reinzuschauen. Plötzlich sagte er du. Ich wußte nicht, ob es Vertrauen war, oder nur mein Alter.

Als ich das Gebäude verließ, fühlte ich mich betäubt, der Boden schien unter meinen Schritten nachzugeben. Eine Art Wahrnehmungstrübung setzte ein, es war, als hätte ich jemanden in einem Labyrinth besucht und freundliche Menschen hatten mir Türen geöffnet, die zu ihm führten. Die Leibesvisite, die Gitterverschläge hatte ich schon vergessen. Ich stieg in die U-Bahn und beantragte am nächsten Tag eine zweite Geschäftssprechstunde.

Eine Woche später, ohne Jacke auf dem Weg nach Tegel, war ich nicht weniger nervös als beim ersten Mal, obwohl ich wußte, was mich erwartete. Nein, eigentlich wußte ich es nicht. Das Personal begrüßte mich wie eine Bekannte, mein Bauch wurde nicht abgetastet, der Tabak wurde nicht kontrolliert, auch nicht das Diktiergerät und das Fünfer-Pack Kassetten, das ich im Sonderangebot gekauft hatte. Als ich das Paket aufreißen wollte, um vier davon ins Schließfach zu legen, winkte die Wärterin ab und ließ mich mit meiner Tasche weitergehen, in der ich auch mein Schweizer Messer hatte.

Zoltan wartete vor dem Sprechzimmer, die Tassen, Thermoskanne, ein Aschenbecher standen schon auf dem Tisch. Die Andeutung einer Umarmung, und dann saß ich wieder mit dem Rücken zum Fenster. Der Wärter warf einen kurzen Blick ins Zimmer, nickte mir zu und schloß die Tür. Ich nahm das Diktiergerät, die Kassetten und den Tabak aus der Tasche. Zoltan schenkte Kaffee ein. Für eine Stunde hast du dir aber viel vorgenommen, sagte er und deutete auf das Fünfer-Pack. Ich legte ein Band in das Gerät und bat ihn um eine Sprechprobe. Er sagte etwas Merkwürdiges wie, in mir regnet es und wiederholte es einige Male, bis wir lachten.

Ich zog meinen Notizblock aus der Tasche, doch die Fragen, die mir an meinem Redaktionsschreibtisch noch wichtig gewesen waren, hätten an diesem Tisch peinlich, frech oder unwesentlich geklungen. Vielleicht hätte ich Zoltans Buch zu Ende lesen sollen. Nach der ersten Geschichte, einer etwas sentimentalen Jugenderinnerung, hatte ich es zur Seite gelegt. Zum ersten Mal stellte ich mir die Frage, was will ich hier, was will ich von diesem Mann. Provokant zu sein, eine Art Markenzeichen unserer Zeitung, erschien mir in diesem Raum so unangemessen wie auf der Intensivstation eines Krankenhauses. Wir saßen im Sprechzimmer und Zoltan sprach. Er erzählte von Wilfried, der im Knast seine mittlere Reife gemacht hat und jetzt, weil es keine andere Arbeit gibt, für vier Mark zweiundsechzig am Tag Flure wischt. Er sieht schon morgens müde aus, sagte Zoltan, wenn er in meine Zelle kommt. Wilfried spricht nicht viel, meist nur ein Wort. Wozu. Zoltan erzählte auch von einigen anderen Inhaftierten, die er Kollegen nannte. Ich sah seine Hände, wie sie auf dem Tisch lagen, wie er die Kaffeetasse hielt, durch seine Haare fuhr. Sonne schien mir in den Nacken, ich drehte die Kassette um und dachte nur kurz daran, daß das Ende des Bandes auch das Ende unseres Gesprächs sein würde. Eine Uhr hatte ich nicht dabei, auch Zoltan trug keine. Er redete jetzt, als hätten wir Zeit, und ich unterbrach ihn nur selten. Als er sich beklagte, daß im Knast soziales Verhalten verhindert werde, nicht einmal seine Schreibmaschine oder sein Radio dürfe er verleihen, hätte ich gerne gefragt, ob er aus diesem Grund Ausgangsverbot bekommen hat, aber dann erschien mir etwas anderes wichtiger. Das Band war voll, der Wärter kam nicht, und ich legte ein neues ein. Zoltan, sagte ich, darf ich dich bitte etwas fragen. Aber sicher, sagte er, deswegen bist du doch hier. Ich war mir nicht sicher und stellte die Frage dann doch. Hast du auch schon geschrieben, bevor du hierhergekommen bist? Zoltan sah mich erstaunt an. Warum, sagte er, warum? Warum soll ich schreiben, wenn ich frei bin?

Am liebsten hätte ich das Band jetzt abgestellt, aber ich ließ es laufen. Zoltan drehte eine Zigarette, ich sah seine Hände, die mir aus der Nähe noch besser gefielen als in der Buchhandlung, wo ich nur die Gesten wahrgenommen hatte, die Linien, die er manchmal beim Lesen in die Luft schrieb. Ich schloß die Augen, sah seine Hände immer noch, wandte mich weg, schaute zum Fenster hinaus, hinter dem gerade ein Flugzeug startete. Ich fragte Zoltan nicht, wie er es empfindet, mit Blick auf den Flughafen eingesperrt zu sein. Vielleicht hatte er sich daran gewöhnt. Ich war vorsichtig mit meinen Fragen, zu vorsichtig.

Wieder drehte ich das Band um, anderthalb Stunden, der Wärter kam nicht. Welche Rollen hast du auf der Bühne gespielt? Ich weiß, Zoltan hat mir geantwortet, ich erinnere mich auch, daß er mit einiger Leidenschaft geantwortet hat, doch ich habe ihm nicht zugehört. Nach zwei Stunden wechselte ich noch einmal die Kassette, und er erzählte von Hamburger Inszenierungen, die ich nicht kannte. Diese Stücke interessierten mich nicht. Ich sah ihn, in meinem Kopf entstanden Bilder, die nichts mit seinen Worten zu tun hatten, aber ich kam nicht mit ihm aus dieser Zelle heraus, auch nicht in Gedanken.

Ich sah seine Hände. Warum faßte er diese Tasse an, den Tisch, das Tabakpäckchen. Er zog wieder Linien in die Luft, ich fühlte sie auf meinem Körper. Das Klacken des Diktiergerätes, das dritte Band, kein Wärter.

Zwei Stunden saß ich mit ihm an diesem Tisch, und jetzt die dritte. Ich sah in die Ecke neben der Tür, hatte Lust, mich mit dem Bauch gegen die Wand zu stellen, stand auf und sah zwischen Gitterstäben hindurch aus dem Fenster. Zoltan blieb sitzen und redete. Jeden Moment konnte die Tür aufgehen, aber sie ging nicht auf. Wir waren in dieser Zelle, allein, ungestört, oder wurden wir beobachtet.

Gibt es hier eine Videokamera, fragte ich und drehte mich zu Zoltan um. Nein, warum, sagte er, und stand wieder auf der Bühne, ich weiß nicht, in welcher Rolle. Nach einer Weile unterbrach ich ihn. Läßt du mich mal an deiner Zigarette ziehen? Er wollte mir eine drehen. Das kann ich selber, sagte ich, das Rauchen habe ich mir erst vor ein paar Monaten abgewöhnt. Verstehe, sagte er, dann laß es doch besser. Er gab mir seine Zigarette und drehte sich eine neue. Mir wurde angenehm schwindelig, ich setzte mich wieder zu ihm. Was war los, war er doch Mönch, oder störte ihn mein Bauch. Es konnte ihm doch gleich sein, eigentlich konnte ihm alles gleich sein, noch sieben Jahre und einmal lebenslänglich, was bedeutete das. Lebenslänglich sind achtzehn Jahre, sagte er, da hatte ich schon das vierte Band eingelegt. Wenn ich Glück habe, sind es nur zwölf, bei guter Führung. Also noch knapp zwanzig Jahre. Er sah mir in die Augen, etwas länger, aber ich verstand seinen Blick nicht.

Sollte ich ihm von meinem Traum erzählen, diesen Bildern, die immer wiederkehren, wie ich in der Küche stehe, auf dem Tisch liegt das Ikea-Brotmesser, ich drehe mich um und spüre es von hinten an meinen Rippen. Ein Mann, den ich liebe, stößt es mir tief in den Rücken, Schmerz fühle ich nicht, nur das Empfinden, es ist gut, es ist ein guter Tod. Beim Aufwachen denke ich, es ist der beste Tod.

Ich sehe Zoltan wie er an diesem Tisch sitzt und lachte. Er sieht mich irritiert an, zum ersten Mal wirkt er unsicher. Ich schüttele den Kopf, manchmal lache ich einfach, sage ich, ohne Grund.

Das vierte Band. Wir sind eingeschlossen, immer noch, kein Wärter, kein Klopfen, kein Mahnen zum Aufbruch. Ich würde gerne mit ihm über die kriminelle Energie der Liebe sprechen. Er redet von seiner Zeitung. Jede Ausgabe, sagt er, hat ein bestimmtes Thema. Bei der letzten ging es um Liebe und Sexualität, jetzt plane ich eine über Traum und Phantasie. Wenn du Lust hast, kannst du auch einen Artikel für uns schreiben. Diese Zeitung soll nicht nur ein Forum für inhaftierte Kollegen sein.

Ich weiß nicht, warum, aber plötzlich fühle ich mich ganz dort, wo ich bin, höre Stimmen auf dem Gang, Schlüsselgerassel, Geräusche, die ich zuvor kaum wahrgenommen habe, auch das Starten und Landen der Flugzeuge. Zoltan dreht eine Zigarette, steckt sie an, steht auf, geht zur Tür, drückt auf die Klinke, öffnet die Zelle und geht hinaus.

Der Wärter hatte die Tür geschlossen, aber nicht abgeschlossen. Ich war nicht mit ihm eingesperrt gewesen, zumindest nicht in diesem Raum. Die fünfte Kassette will ich nicht einlegen. Ich drehe eine Zigarette, finde kein Feuerzeug, drehe noch eine und gehe hinaus auf den Gang.

Zoltan kommt mir entgegen, der Schließer ist nicht da, sagt er, offensichtlich hat er uns vergessen. Wir warten, ich weiß nicht wie lange. Zoltan zeigt mir die Tür zu seiner Zelle. Ich will seine Zelle nicht sehen. Ob ich ihm ein Buch schicken könne, fragt er und nennt mir einen Titel von Bloch. Ich verspreche es ihm.

An unseren Abschied, wie ich dieses Gebäude verlassen habe, daran kann ich mich nicht erinnern. Nur an die Urlaubsreise, eine Woche später, mit dem Vater meines ungeborenen Kindes. Eigentlich wollte ich diese Reise nicht, ich wollte arbeiten. Die fünf Kassetten, meine Schreibmaschine, ein Paket Manuskriptpapier nahm ich mit. Wir fuhren über zwölftausend Kilometer mit dem Auto.

Nach sechs Wochen war ich zufrieden, wieder in Berlin zu sein. Mein erster Weg in der Redaktion führte mich zu Schiefner. Er hatte sich das Rauchen abgewöhnt, kochte Kaffee und erzählte, Beyer habe einige Male angerufen und sich nach dem Artikel erkundigt. Und, fragte ich, was hast du ihm gesagt? – Du seist im Urlaub und hättest dich bisher nicht gemeldet. – Es wird keinen Artikel geben, sagte ich, unser Auto wurde aufgebrochen, auch die Kassetten mit dem Interview sind gestohlen worden. Wir hatten nichts mehr, nur das, was wir am Leib trugen. Schecks und Ausweise waren in unseren Jackentaschen.

Nicht schlecht, sagte Schiefner, eigentlich braucht man ja nicht mehr. Er schenkte Kaffee ein und fragte, welchen Titel ich dieser Reise geben würde. Gerädertes Schweigen oder Schweigen auf Rädern, sagte ich. Klingt nicht gut, sagte er. Ich nickte, nun ja, manchmal fiel ein Satz wie, denkst du wieder an diesen Knastbruder.

Schiefner wühlte in seinen Schubladen und gab mir die

neue Ausgabe von Zoltans Zeitung. Wenn du stundenlang mit ihm im Sprechzimmer gesessen hast, sagte er, wirst du dich wohl an ein paar Sätze erinnern, aus denen sich ein Artikel bauen läßt. Ich werde nichts schreiben, sagte ich, so nicht. Den Kaffee ließ ich stehen, ging in mein Zimmer und rief in Tegel an. Eine Stunde später hatte ich Zoltan am Apparat. Ich freue mich, daß du anrufst, sagte er, wie war der Urlaub? Es fiel mir schwer, ihm von den gestohlenen Tonbändern zu erzählen. Eine Weile schwieg er, dann schlug seine Stimmung um, er schrie in den Hörer, das glaube ich nicht, ihr wollt bloß nichts machen, ich laß mich nicht zum Narren halten. Ich wollte eine weitere Sprechstunde beantragen, er wollte mich nicht mehr sehen. Ich legte den Hörer auf und fühlte ein starkes Ziehen im Bauch, auch im Rücken. War es vor der Geburt meiner Tochter, oder erst danach. Ich dachte an Zoltan, wie ich oft an ihn dachte, und plötzlich war da dieses Gefühl, ich verstehe nichts von ihm. Ich interessiere mich nicht für ihn, nicht für sein Leben und erst recht nicht für seine Geschichten. Nur eine wirkliche Verbindung fühle ich zwischen uns, aber die ist nur ein Traum, der immer wiederkehrt.

Heute denke ich daran, wie lange Zoltan noch schreiben muß. Meine Tochter wird in zwei Wochen fünfzehn, ihr Vater ist vor über einem Jahr gestorben, nicht den besten Tod.

THOMAS BRUSSIG

Der Krieg, von dem ich rede

I

Meinen ersten verweichlichten Roman schrieb ich mit achtzehn. Dann kam ich zur Armee, nach Neuseddin, einem Nest, in dem nur Batzen und Buffis wohnten, die allesamt perverse Hobbies wie Modelleisenbahn hatten. Ich war jeden Ausgang besoffen, bis ich auf den Dreh kam, zu den Konzerten zu gehen, die in der Gegend liefen. Alles Bands, von denen es keine verlogenen Poster gab. Ich machte Fotos und legte die Bilder in meinen Schrank.

August 88 war ich in Ketzin, wo ich das erste Mal Lutz Kerschowski sah. Er stand hinter der Bühne und unterhielt sich mit seinem Gitarristen, einem scheißhübschen Kerl, dem die Lippen wie Suppengrün aus dem Gesicht hingen. Suppengrün erklärte irgendwas und schleuderte dabei seine Arme hin und her. Kerschowski grinste und stand daneben. Er grinste unentwegt, und wenn er etwas aus seinem Pappbecher soff, dann sah es so aus, als ob er den Rand abknabberte. Es spielte gerade eine fade Band mit Ansagen von der Größenordnung, daß mehr Baß auf den Monitor muß. Die Kids lümmelten auf der Wiese, langweilten sich und wurden von oben angemotzt. Ich starrte Kerschowski an und wußte: Der Typ wirds dir besorgen.

Als seine Band kam, spielte der Gitarrist eine egale Melodie und Kerschowski hielt eine Rede an sein Volk. »Ein langweiliges Land mit langweiligen Straßen, langweiligen Fernsehprogrammen, langweiligen Rockkonzerten. Sogar der Himmel ist langweilig. Wird Zeit, daß wir für Bewegung sorgen. Wird Zeit, daß endlich was passiert.« Dann stieg die Band ein.

Die Wiese *stand auf.* Es war Faszination, einfach nur dreckige Faszination. Alles strömte nach vorn, mit derselben Zwangsläufigkeit, mit der Wasser in den Ausguß fließt. Ich kriegte den Sucher nicht mehr aus dem Gesicht, und nach dem Konzert quatschte mich Kerschowski an, ob ich ihm die Fotos schicken kann, wenn sie fertig sind. Ich sagte ihm, er solle sich gefälligst um seinen Kram kümmern und weiterhin Interviews fürs nl geben, und er verpißte sich.

Er hatte schon eine Platte gemacht, und ich wußte, daß man sich anpassen anpassen anpassen mußte, ehe sie einen Platten machen lassen. Sie schreiben dir alles vor, bis du von selbst machst, was sie wollen. Wie überall in diesem kranken Leben.

Das nächste Mal sah ich Kerschowski bei einer Diskussion in einem Jugendklub. Es ging um das Bildungswesen, und mir war von vornherein klar, daß mich nur leeres Gesafte erwartet. Ich ging hin, weil ich wissen wollte, ob es einen gibt, der über Schule mehr weiß, als in meinem Roman stand. Es war eine Tante vom Ministerium dabei, die ihr Leben den Geschichtslehrplänen weihte, eine Schulrätin, die wie ein Sägebock schielte, und außerdem ein Schriftsteller und ein Soziologe, die mit den Volksbildungsbonzen mehr oder weniger unter einer Decke steckten. Es kam nur nasse Watte. Kerschowski war der einzige, der Ahnung hatte. »Zehn Jahre gehste zur Schule, zehn Jahre brauchste, um das wieder zu vergessen, und dann siehste vielleicht klare Bilder.« Er war schlauer als mein Buch, und nach der Diskussion gab ich ihm das Manuskript und fragte ihn, ob er es lesen würde. Ich kam ihm bekannt vor, und er fragte mich: »Ketzin?« Ich machte einen auf naiv und sagte Nee, der bin ich nicht, ich heiße anders. Er nahm das Manuskript und gab mir seine Adresse.

Ich ließ ihm ein Vierteljahr Zeit, ehe ich das Manuskript abholte. Kerschowski wohnte in einem Hinterhaus, was keins war, weil das Vorderhaus weggebombt war. Seine Klingel war hinüber, ich stand vor seiner Tür und rief:»Eh Lutz, mach mal auf!« Die Tür ging auf. Vor mir stand eine Indianerfrau. Stille Morgenwiese. Ich sagte:»Tag! Die Klingel ist hinüber.«

Sie sagte:»Kannst doch klopfen!« Sie stand garantiert auf das Kinderprogramm von Herman van Veen.

Ich sagte:»Nee, Klopfen ist nazimäßig.«

»Nazimäßig?«

»Ja, nazimäßig! Wenn die Nazis einen holen, klopfen sie immer an die Tür.«

»Oh, Mann!« sagte sie und lachte. Dann rief sie:»Lutz, hier ist ein Widerstandskämpfer, der will zu dir!«

Kerschowski rief:»Soll reinkommen, aber frag ihn nach der Parole!«

Ich ging ins Zimmer und sagte:»Ketzin.«

Kerschowski saß an einem Tisch und hantierte mit einem Lötkolben. Als er mich sah, legte er ihn weg. Wir gaben uns die Hand. Dann stand er auf.

»Du willst dein Manuskript?« fragte er. Er zog es mit einem Griff aus dem Regal. Es war ein grüner Plasthefter mit einem blinden Klarsichtdeckel.

»Ja, auch«, sagte ich. »Ich habe hier ein paar Fotos für dich.«

Ich legte ihm den Stapel auf den Tisch. Er setzte sich und machte sich darüber her. Die Indianerfrau setzte sich auf seinen Schoß. Sie hingen zusammen wie die Kletten. Sie war mindestens zehn Jahre jünger. Er legte seine Hand auf ihren Arsch, sie tätschelte ihm die Glatze, und sie sahen sich gemeinsam die Fotos an. »Schweinisch«, sagte Kerschowski nach einer Weile. »Absolut schweinisch.«

Die Fotos waren alle schweinisch gut, aber er hatte gerade das wirklich beste in den Fingern. Das Konzert in Ketzin war in einer kühlen Sommernacht, und als Kerschowski schwitzte, stieg Dunst von seiner Glatze auf, der im Spot wie Rauch aussah. Ich hatte eine Großaufnahme mit dem schwelenden Lutz Kerschowski, der Augen zu das Mikro hielt und seine Anspannung hatte nichts, gar nichts Verlogenes. Hinter ihm die Nacht. »Wirklich schweinisch«, sagte Kerschowski.

Die Indianerfrau kicherte. »Lutz ›Vulkan‹ Kerschowski!« sagte sie und pustete ihm auf die Glatze. Kerschowski kniff sie, sie kreischte »Autsch« und rutschte von seinem Schoß. Sie hatte die Fotos und breitete sie auf dem Boden aus, und ab und an reichte sie ihm mit einer Bemerkung Fotos hoch.

Kerschowski nahm mein Manuskript und blätterte darin rum wie ein Deutschlehrer. Ich wußte, es war ein Scheißbuch, und ich wußte, daß er mir jetzt genau das sagen wird.

»Ich habe nicht alles gelesen. Nur sechzig, siebzig Seiten.« Es waren zweihundertvierunddreißig. »Ist alles viel zu verkrampft. – Wie alt bistn?«

»Neunzehn.«

»Und wieso läßte andauernd den tiersten Moralisten raushängen?«

»Weil du sonst ausgeschissen hast, bevor es losgeht. Um Autor zu sein, mußte erst mal einer werden. Deshalb . . .«

»Blödsinn«, unterbrach er mich. »Völliger Blödsinn. – Sag mal, für wen schreibst du deine Bücher?« Er war völlig ruhig, aber ich nicht. Sein kluges Gesafte ging mir auf den Sender.

»Was istn das für ne Frage? Soll das ne Frage sein? Ist das etwa wichtig? Hängt davon was ab?«

»Alles«, sagte er ruhig. »Alles hängt davon ab. Also: Für wen? Für wen?« Die Indianerfrau sah ihn an. Sie wollte ihm wieder Fotos geben, aber sie unterbrach uns nicht.

»Für mich«, sagte ich. »Und für die, die meine Bücher lesen.« Er sah mich nachdenklich an. Dann nickte er.

»Okay«, sagte er. »Das ist okay. Aber dann benimm dich auch so.« Die Indianerfrau gab ihm die Fotos, und er checkte sie ab. »Die Fotos sind schweinisch. Absolut schweinisch. Willst du nicht lieber Fotograf werden?«

Ich machte eine Handbewegung. Er legte die Fotos weg und griff wieder nach dem Manuskript.

»Du hängst wohl sehr an *Aussagen* und diesem Kram?«

Ach, leck mich, dachte ich.

»Die deutlichste Aussage hast du, wenn du einfach erzählst, was wirklich passiert – denn nichts geschieht ohne Grund. Alles andere ist Murks.« Er schob mir den Hefter rüber.

»Machst du weiter?«

»Ja«, sagte ich.

»Dann stell dich vorne rein! Ich will *alles* wissen! Schreib, welche Typen du töten und welche Mädels du nageln willst - mit Namen und Adresse!«

Ich packte das Manuskript in meine Plastetüte. Kerschowski zottelte wieder seinen Lötkolben hervor, aber er brachte mich noch zur Tür. Er quatscht einen voll, aber er redet kein Blech. Wie macht er das bloß? Auf dem ersten Treppenabsatz drehte ich mich um. Kerschowski lehnte im Türrahmen, grinste und sagte: »Bücher für hungrige Menschen!«

Wie macht er das bloß?

II

Ich ging zur S-Bahn und wollte ins Loch fahren. Auf dem Bahnhof warteten Leute. Der Stumpfsinn ekelte mich.

Ich ging zu Fuß. Das Leben machte halbherzige Angebote. Es lief die große Kindervorstellung. *Bürger*steig. Die Ampeln standen auf Rot. Sogar die Tauben waren so vollgefressen, daß sie nicht mehr fliegen wollten.

Das Loch war verlassen. Im Speisefach moderte eine geplatzte H-Milch. Im Zimmer lagen ein paar Matratzen. Ich haute mich hin und machte mir keine Illusionen. Irgend jemand hatte mit Filzer an die Wand geschrieben: HABT IHR ENDLICH KAPIERT! Ich machte das Radio an und holte mir einen runter, aber das besserte meine Laune auch nicht. Dann stand ich auf und ging in die Küche. Aus den Kartoffeln quollen die Triebe, und im Abwasch mooste der Schimmel. Ich machte das Fenster auf. Der Himmel war scheißblau und die Sonne schien. Ich war aus der Armee entlassen. Es war der schönste Tag meines Lebens. Ich holte Luft und schrie: »Revolution! Revolution! Revolution!« Dann schmiß ich die stinkenden Kartoffeln auf den Hof. Die sumpfige Milchtüte gleich hinterher. Die Ratten würden alles holen.

Ich irrte durch Räume, leere, ausgeplünderte Räume. Keine Katzen, kein Schlagzeug, nur eine Mundharmonika, ein kleines, unschuldiges Ding. Ich griff sie und nahm sie durch, so lange, bis wir beide nicht mehr konnten. Am Abend ging ich zu Illi, dem einzigen Übriggebliebenen der fünf ungezogenen Kinder, die früher das Loch bewohnten. Als Spalte und Rotzke am 7. Oktober im Suff auf das Dach der Bonzenkutschen sprangen, die vor der Kongreßhalle parkten, wurde das Loch ausgehoben. Spalte und Rotzke kriegten ihren Prozeß – irgendwas mit Knast und Berlinverbot – Grusel kriegte seine Ausreise und ich meine Einberufung. Illi entkam, er war ein paar Wochen vorher zu seiner Freundin gezogen, einer geweihten Seele, zart und zerbrechlich und panisch auf der Flucht vor einem bösen Dämon, der mit großen Tatzen nach ihr schlug. Eva. Die Bullen hatten ihr Hausboot zerhackt und versenkt, und wie ein abgeschossener Vogel war sie in den Wahnsinn abgestürzt, vergeblich flatternd, vergeblich flatternd. Mit neunzehn wurde sie Invalidenrentnerin. Im Sommer steht sie an den Ausgängen der S-Bahnhöfe und verkauft Eis, im Winter malt sie Bilder, die sie niemandem zeigt und wieder zerreißt, und sie fühlt sich verraten von all den Schreibern mit dem klaren Verstand. *Kein Buch ist so ehrlich wie Wahnsinn,* hat sie mir zugeflüstert, und mir schoß das Wasser in die Augen.

Illi war nicht zu Hause. Vor seiner Tür hockte ein heruntergekommenes Gebein mit einer Plastetüte voller Lachgaspatronen, die er in einen Sahnesiphon eindrehte. Ich setzte mich auf die Treppe, wartete auf Illi und sah dem Gebein zu. Er steckte die Düse in den Mund und drückte ab, und immer wenn das Gas in ihn hineinstieß, schlug der Kopf mit einem harten Ruck nach hinten, als würde er abreißen. Er krachte gegen die Tür, und zwei Wölkchen aus winzigen Eiskristallen kräuselten aus den Nasenlöchern, und als das Licht im Treppenhaus ausging, machte ich es nicht wieder an. Das Gebein machte bei seiner Verrichtung leise, stetige Geräusche, und es war so behaglich und so beruhigend, ihm zuzuhören. Als Illi kam, setzten wir uns in seine Küche, und das Gebein jagte sich weiter Lachgas in die Lungen, und Illi und ich machten Pläne für den Sommer, bis uns das Fieber packte. Wir redeten von Freiheit, von Bewegung, von der Suche nach den letzten Dingen und von Reisen zu den letzten weißen Flecken. Irgendwann hatte sich das Gebein so viel Gas gegeben, daß es bedröhnt aufsprang, seinen Stuhl umriß, durch die Küche polterte und gegen die Tür rumste. »Komische Typen kennst du«, sagte Illi.

»Wieso ich?« sagte ich. »Der saß bei dir vor der Tür.«

»Ich kenn' ihn aber nicht«, sagte Illi verwundert und sah sich das Gebein an, das auf die Türschwelle gesackt war. Das Gebein war müde und geschafft, und seine Augen kippten ein paarmal weg.

»Du hast gesagt, *Kommt rein,* also bin ich reingekommen«, sagte das Gebein grinsend. Illi ließ ihn und wandte sich wieder an mich. Er hat noch nie, mit keinem Wort, mit keiner Regung, versucht, andere zu verletzen oder zu erpressen.

Illi wußte auch nichts über mein Schlagzeug, und wie die Dinge lagen, mußte ich mir eine Arbeit suchen, um das Geld zu verdienen, von dem ich mir ein Schlagzeug leisten kann. Ich ging am nächsten Tag zum Fernsehen und fragte, ob sie einen Fahrer brauchen, und sie gaben mir Formulare und Fragebögen und Einwilligungserklärungen. Ein Gewese wie im Kosmodrom. Und auf dem Tisch stand eine Tasse Kaffee, kalt und so dünn, daß man auf den Grund sehen konnte, und die Tasse hatte keinen Henkel mehr, und die Frau, die diesen Kaffee trinken wollte, wird immer versuchen, mir das Wort abzuschneiden, und sie wird mich mit Zurechtweisungen belästigen. Ehe es dazu kam, gab ich ihr die leeren Unterlagen zurück. Das Schönste, das sie sich gönnt, ist ihr Kaffee, und mir wird sie nichts gönnen, was darüber hinausgeht.

JUREK BECKER

Liebling Kreuzberg

Ausschnitt aus: Lieblings neues Glück

1. Bild: Straßencafé in der Innenstadt – außen –Tag

Eine belebte Straße.

Liebling betritt ein Straßencafé. Er sagt etwas zu einer Serviererin, die in seinem Weg steht, dann erst setzt er sich an
einen leeren Tisch. Über dieser Einstellung wird eine Schrift
eingeblendet: *Einige Jahre später.* Liebling nimmt eine Zeitung aus der Tasche. An den Nebentisch setzt sich ein Ehepaar
in mittleren Jahren, vielleicht mit Hund. Der Mann sieht sogleich zu Liebling, während seine Frau die Speisekarte nimmt.
Der Mann stößt seine Frau an und sagt leise:

Der Mann:

Sieh mal, ist das nicht dieser Rechtsanwalt?

Die Frau, sieht hin:

Wer?

Der Mann:

Na, dieser Anwalt aus Kreuzberg!

Liebling blickt kurz von seiner Zeitung zu den Leuten, lächelt verkrampft und liest dann weiter.

Die Frau, flüstert aufgeregt:

Ja, du hast recht.

Der Mann beugt sich etwas näher zu Liebling.

Der Mann:

Entschuldigen Sie ...

Liebling sieht zu ihm.

Der Mann:

Dürfen wir Sie zu einem Glas Bier einladen?

In diesem Augenblick stellt die Serviererin ein Glas Bier, das Liebling beim Hereinkommen bei ihr bestellt hat, vor Liebling hin. Der nimmt es und trinkt es in einem Zug aus. Dann stellt er das leere Glas ab und steht auf.

Liebling, zu den beiden Fremden:

Danke, war sehr nett von Ihnen.

Er geht aus dem Café.
Die beiden sehen ihm verwundert nach, wie er im Gewühl der Passanten verschwindet.

<u>2. Bild:</u> Dachboden – innen – Tag

Wir sind auf dem Dachboden eines Berliner Wohnhauses, dem man deutlich ansieht, daß es vor kurzer Zeit hier gebrannt hat: Wasserlachen, angebrannte Dielen, ein Haufen angebrannter Umzugskisten, Reste von Wäsche auf einer Leine, verkohlte Dachbalken. Ein großes Loch ist im Dach, das mit einer Plastikfolie provisorisch gegen Regen schützen soll.

Liebling steht an einem Giebelfenster, dessen Scheibe geborsten ist, und blickt auf die umliegende Stadt. Dann wendet er sich zum Innern des Dachbodens. Dort sind Werner Bleihaus, ein etwa vierzigjähriger Mann, und seine Tochter Imke, 14 Jahre alt.

Liebling, zu dem Mädchen:

Wann bist du 14 geworden?

Bleihaus, anstelle seiner Tochter:

Am zwölften April. Warum?

Liebling:

Und wann hat's hier gebrannt?

Bleihaus:

Am Montag letzter Woche.

Liebling, zu Bleihaus:

Wenn sie da noch 13 gewesen wär, gäb's erst gar kein Verfahren. Darum ...

Und zu Imke:

Vor dem zwölften April warst du, wie das schöne Wort
lautet, schuldunfähig.

Bleihaus:

Das kann man sich leider nicht aussuchen.

Liebling:

In den meisten Fällen nich, das stimmt.

Bleihaus:

Wir wohnen direkt hier drunter. Sie sollten sich mal an-
sehen, was das Löschwasser bei uns angerichtet hat.

Liebling:

Wenn jemand anders da wohnen würde, wär's für Sie
auch nich billiger.

3. Bild: Treppenflur im Haus von Bleihaus – innen – Tag

Auch im Treppenflur könnten Brandspuren zu erkennen
sein – Rußflecken an einer Wand.
  Bleihaus, seine Tochter und Liebling gehen, vom Dachboden kommend, die Treppe herunter. Von den Brandschäden
abgesehen, sollte es ein einigermaßen gepflegtes Haus sein.
  (Natürlich dürfen sie nicht tiefer gehen als bis zur obersten
Wohnetage.)

<u>4. Bild:</u> Wohnung von Bleihaus – innen – Tag

Bleihaus steht in seinem Wohnzimmer und zeigt zur Stuck-
decke, die übersät ist mit häßlichen dunklen Wasserflecken.

Bleihaus:

Sehen Sie sich das an ... Und so sieht's in der ganzen
Wohnung aus. Kommen Sie mal mit ins Nebenzimmer,
da haben sogar die Wände was abgekriegt.

Aber Liebling hat keine Lust, ins Nebenzimmer zu gehen.

Liebling:

Wollen Sie sich darüber beklagen, daß die Feuerwehr
einen Brand gelöscht hat, den Ihre Tochter gelegt hat?

Imke sitzt auf dem Sofa.

Bleihaus:

Ich wollte Ihnen nur zeigen, welcher Schaden mir selbst
entstanden ist.

Liebling:

Das wird das Gericht nich vom Hocker schmeißen.

Imke, reagiert mit Verspätung auf Liebling:

Ich habe den Brand nich *gelegt.*

Liebling, bedauernd:

Das is mir nur so rausgerutscht ... Triffst du dich oft mit
deiner Clique auf dem Dachboden?

270

Imke:

Manchmal.

Liebling:

Wieviel seid ihr?

Imke:

Sechs ... Acht.

Liebling:

Da oben raucht ihr?

Imke nickt.

Liebling:

Und sonst?

Imke:

Ich weiß nich, was Sie meinen.

Bleihaus:

Ein Bier wird schon mal dabeigewesen sein.

Liebling:

Wurde zufällig auch 'n bißchen gekokelt?

Imke schüttelt den Kopf.

Liebling:

Nennst du mir 'n paar Namen?

Imke und ihr Vater sehen sich an.

Liebling:

Ich würde gerne auch mit 'nem anderen Beteiligten 'n paar Worte reden.

Jetzt sieht Imke ihn an und schüttelt den Kopf.

Liebling:

Warum nich?

Wieder sieht Imke zu ihrem Vater.

Liebling:

Weil's dir wie Petzen vorkäme?

Imke:

Ja.

Liebling:

Ich bin nich das Gericht. Außerdem sollst du niemanden bezichtigen. Ich möchte nur ...

Imke, unterbricht ihn:

Ich war schuld. Sonst keiner.

Liebling:

Warst du die einzige, die geraucht hat?

Bleihaus:

Quälen Sie sie nicht. Sie sehen doch, wie schwer es ihr fällt.

Liebling:

Interessiert es Sie nich, wie schwer es mir fallen könnte, Ihre Tochter zu verteidigen?

Imke:

Ich war nich die Einzige, aber ich war die letzte. Ich hätte alles prüfen müssen ... Ich glaube sogar, es war meine eigene Zigarette.

Liebling:

So, das glaubst du ... Rauchst du übrigens schon lange?

Imke, nach einem schnellen Blick zu ihrem Vater:

Vielleicht zwei Jahre.

Liebling, zu Bleihaus:

Und wie lange weiß es schon der Vater?

Bleihaus:

Der is genauso verblüfft wie Sie.

Liebling:

Wie kommen Sie darauf, daß ich verblüfft bin?

21. Bild: Gothaer Straße in Schöneberg – außen – Tag

Vor einem Komplex von Polizeigebäuden stehen einige Funk-
und Mannschaftswagen. Ein Taxi kommt angefahren und hält
mitten unter ihnen.
Liebling steigt aus und geht in eins der Häuser.

22. Bild: Gang im Polizeigebäude – innen – Tag

Liebling kommt den Gang entlang und bleibt vor einer Tür
stehen, auf der ein Schild zu lesen ist:

REF. DELIKTE AM MENSCHEN

Liebling scheint sich darüber zu wundern.
Eine Frau kommt den Gang entlang, Liebling spricht sie an:

Liebling:

Entschuldigung, is hier nich die PTU, Herr Hübscher?

Die Frau:

Die sitzen jetzt unterm Dach, juhe! ...

Sie geht weiter.

Laboratorium – innen – Tag

Wir sind in einem chemischen Laboratorium, voll der verschiedensten Untersuchungsgeräte; Kolben, Flaschen, Brenner, Mikroskope, Glasrohre. Der Meister all dessen ist Hübscher, ein alter Herr. Er sitzt an einem elektronischen Mikroskop und betrachtet auf einem Monitor irgendwelche Materialstrukturen, die er mit Hilfe eines Hebels langsam verschiebt. Hinter ihm steht Liebling.

Hübscher:

Will ich gern glauben, daß Ihnen das zu lange dauert. Wissen Sie was ...?

Er wendet sich Liebling zu.

Mir dauert es auch zu lange. Sorgen Sie dafür, daß es seltener brennt, und ich sorge dafür, daß es mit den Gutachten schneller geht.

Liebling, der das für lächerlich hält:

Interessanter Vorschlag.

Hübscher schaut wieder auf den Monitor.

Hübscher:

Finden Sie nicht auch, daß wir auf dem besten Weg sind, ein Volk von Brandstiftern zu werden?

Liebling:

Ich muß zu meiner Schande gestehen, daß ich darüber noch nie nachgedacht habe. Was allerdings das Gutachten angeht ...

Hübscher, unterbricht:

Mit der Sache selbst hab' ich mich schon beschäftigt. Ich bin bloß noch nicht zum Schreiben gekommen.

Liebling:

Und was glauben Sie, wann Sie ...

Hübscher, unterbricht:

Eine Woche, zwei Wochen, ich kann nichts versprechen.

Er geht ein paar Schritte zu einem Tisch und öffnet eine Schublade. Er nimmt ein kleines Heft heraus.

Hübscher:

Bleihaus, richtig?

Liebling:

Richtig.

Hübscher, öffnet das Heft:

Was wollen Sie denn so dringend wissen?

Liebling:

Zum Beispiel, wieviel Kippen Sie gefunden haben. Zum Beispiel, ob Sie feststellen können, welche Marke die Kippe hatte, von der das Feuer ausgegangen is.

Hübscher, während er in sein Heft sieht:

Ob und wieviel Kippen da waren, kann Ihnen vielleicht

die Müllabfuhr sagen, ich nicht. Aber wie kommen Sie darauf, daß eine Kippe die Brandursache war?

Liebling, nach kurzem Staunen:

Was sonst?

Hübscher:

Brennspiritus, überhaupt keine Frage. Wenn alle Fälle so klar wären, hätte ich eine normale Fünf-Tage-Woche.

Liebling starrt ihn an, während Hübscher zurück zu seinem Monitor geht.

<u>39. Bild:</u> Wartezimmer der Praxis – innen – Tag

Im Wartezimmer sitzt Bleihaus mit Frau und Tochter Imke. Frau Bleihaus ist eine Frau von Ende dreißig, die, das wäre schön, ihrer Tochter ähnlich sieht. Liebling kommt herein. Alle drei stehen auf, Liebling gibt allen die Hand.

Liebling:

Entschuldigen Sie die Verspätung, ich war im Gericht, dort gehen die Uhren anders.

Bleihaus:

Macht doch nichts . . . Das ist meine Frau.

Liebling, nickt ihr zu:

Angenehm.

Bleihaus:

Sollen wir in Ihr Büro kommen?

Liebling:

Wenn es Ihnen nichts ausmacht, würde ich gern zuerst ein paar Worte mit Ihrer Tochter sprechen ... (zu Imke:) Kommst du kurz mal rüber?

Imke sieht unschlüssig zu ihrem Vater.

Frau Bleihaus:

Warum sollen wir nicht dabei sein?

Liebling:

Weil ich einige Fragen an Imke habe, und weil es ihr vielleicht schwerer fällt zu sprechen, wenn ihre Eltern danebensitzen.

Bleihaus:

Das glaube ich nicht.

Frau Bleihaus:

Versuchen Sie es doch einfach.

Liebling, leicht aggressiv:

Mit anderen Worten, Sie wünschen nich, daß Ihre Tochter sich unbeaufsichtigt mit ihrem Anwalt unterhält?

Bleihaus, um Einvernehmen bemüht:

Warum sehen Sie es so negativ? Wir haben keine Geheimnisse voreinander. (Zu Imke:) Oder siehst du das anders?

Imke schüttelt gehorsam den Kopf.
Bleihaus flüstert seiner Frau etwas ins Ohr – wahrscheinlich ist er dafür, Imke gehen zu lassen.

Frau Bleihaus, antwortet ihm:

Kommt überhaupt nicht in Frage.

Liebling setzt sich wohl oder übel, die anderen tun es auch.

Liebling, zu Imke:

Welche Marke rauchst du?

Imke schweigt.

Bleihaus:

Ist das von Bedeutung?

Liebling, zu Imke:

Du mußt doch wissen, was für 'ne Sorte du rauchst?

Bleihaus:

Warum interessiert Sie das?

Liebling, mit dem letzten Rest von Geduld:

Verstehen Sie jetzt, warum ich allein mit ihr reden

wollte? Kaum stelle ich eine Frage, schon mischen Sie sich ein.

Frau Bleihaus:

Aber die Fragen müssen doch einen Sinn haben.

Liebling:

Nehmen wir an, sie hat Zigaretten der Sorte X geraucht, Brandursache waren aber Zigaretten der Sorte Y. Meinen Sie nich, das wär' irgendwie von Bedeutung?

Frau Bleihaus:

So etwas kann man feststellen?

Liebling:

Man kann noch ganz andere Sachen feststellen.

Imke:

Ich weiß nicht, was für eine Sorte ich auf dem Dachboden geraucht habe. Ich hatte keine eigenen Zigaretten dabei, da hat mir jemand von seinen gegeben. Auf die Marke hab' ich nicht geachtet.

Bleihaus, zufrieden:

Da hören Sie's.

Liebling, zu Imke:

Aber wer sie dir gegeben hat, willst du mir nich sagen?

Imke schüttelt den Kopf.

Liebling, mit Bedauern im Ton:

Ich würde dich gern verteidigen, und das wäre auch gar
nich so schwer. Ich würde mir die größte Mühe geben,
denn du bist keine Brandstifterin ...

Bleihaus:

Aber?

Liebling:

Kompliziert sind die Begleitumstände.

Es entsteht eine Pause, als wartete man auf Lieblings Fortsetzung. Wieder flüstert Frau Bleihaus ihrem Mann etwas ins
Ohr.

Bleihaus, zu seiner Frau:

Sag es *ihm.*

Sie schüttelt den Kopf.

Bleihaus, nach kurzem Zögern:

Meine Frau meint, wir sollten zu einem anderen Anwalt
gehen.

Liebling:

Das is ein vernünftiger Vorschlag.

Bleihaus:

Das finde ich nicht. Auch wenn es merkwürdig klingt –
ich habe Vertrauen zu Ihnen.

Liebling:

Aber beim nächsten Anwalt werden Sie sich eine bessere Geschichte zurechtlegen müssen ... Sonst wird er
genauso passen müssen wie ich jetzt.

Bleihaus:

Was meinen Sie damit?

Liebling, zu Bleihaus:

Soll ich wirklich vor Imke sprechen?

Eine kurze Pause entsteht.

Frau Bleihaus, zu ihrem Mann:

Du hast meine Meinung gehört.

Bleihaus, zu Liebling:

Lassen Sie uns kurz rausgehen.

Er steht auf, Liebling tut es auch.

40. Bild: Büro Lieblings – innen – Tag

Liebling öffnet die Tür, hinter ihm in der Diele sieht man Bleihaus.

An Lieblings Schreibtisch sitzt Pelzer, auf dem Sofa Lola Kornhaus.

Lola winkt Liebling mit den Fingerspitzen zu.

Pelzer:

Ich hoffe, Sie haben nichts dagegen, daß ich Frau Kornhaus Gesellschaft leiste?

Liebling:

Im Gegenteil, ich rechne es Ihnen hoch an.

Pelzer, steht auf:

Es ist ein Vergnügen, und ich verziehe mich sofort.

Liebling:

Nein, nein, bleiben Sie. Ich hab' noch Besuch. Wir gehen kurz mal in Ihr Zimmer ...

Er schließt die Tür wieder von außen.

41. Bild: Diele der Praxis – innen – Tag

Liebling, zu Bleihaus:

Kommen Sie bitte da drüben rein ...

Er geht voran zu Pelzers Büro und öffnet die Tür. Bleihaus betritt das Büro.

<u>42. Bild:</u> Pelzers Büro – innen – Tag

Liebling zeigt auf einen Sessel, in den Bleihaus sich setzt.
Liebling selbst nimmt hinter Pelzers Schreibtisch Platz.

Liebling:

Nach kurzem und heftigen Überlegen bin ich zu dem
Schluß gekommen, daß ich Ihre Tochter nicht weiter vertreten kann. Ich lege das Mandat nieder ... Ich nehme an,
es wundert Sie nicht.

Bleihaus:

Das wundert mich sehr.

Liebling:

Das wiederum wundert mich.

Bleihaus:

Nennen Sie mir die Gründe?

Liebling:

Ich kann Mandanten nur dann verteidigen, wenn ich
keine Rücksichten nehmen muß, die ich für verkehrt
halte. In diesem Fall ist das aber so.

Bleihaus:

Welche Rücksichten müssen Sie nehmen?

Liebling:

Vor allem eine: Ich darf nich auf die Rolle zu sprechen kommen, die die Eltern meiner Mandantin bei der Sache spielen ...

Er öffnet, mehr in Gedanken als mit Absicht, Pelzers Schreibtischschublade einen Spaltbreit. Er sieht darin einige Fotos einer hübschen jungen Frau (von Nelli Wunderlich, die wir in der nächsten Folge kennenlernen werden). Eins der Bilder zeigt sie im Bikini.

Bleihaus:

Was für eine Rolle sollte das sein?

Liebling schiebt, nach einem ausführlichen Blick, die Schublade wieder zu.

Liebling:

Sie haben Ihre Tochter abgerichtet wie einen Wellensittich. Sie gibt nur Antworten, die Sie ihr vorher eingebleut haben. Sie hat Angst, auch nur einen Zentimeter vom Weg abzukommen.

Bleihaus, ruhig:

Das ist ziemlich happig, was Sie da behaupten.

Liebling:

Warum bestehen Sie so hartnäckig darauf, daß sie Schuld an dem Brand hat? ... Sie war es nich, darauf können Sie 'n Haus bauen.

Bleihaus:

Es wäre zu schön, wenn Sie recht hätten. Leider stehen die Tatsachen dagegen.

Liebling, ärgerlich:

Von was für Tatsachen reden Sie? ... Das Gutachten wird ergeben, daß Brandbeschleuniger im Spiel war, und zwar Brennspiritus. Können Sie mir das erklären?

Er sieht Bleihaus an.
Der schweigt.

Liebling:

Zigaretten kommen da überhaupt nich vor. Mit anderen Worten, das Haus wurde offenbar vorsätzlich angezündet.

Bleihaus:

Sie klingen, als hätten Sie jemand Bestimmten im Auge?

Liebling:

'ne Vermutung hab' ich schon. Aber die will ich Ihnen nich sagen.

Bleihaus:

Ich wäre sehr neugierig darauf.

Liebling schüttelt den Kopf.

Liebling:

Die würden Sie erfahren, wenn ich Untersuchungsrichter wär'. Aber ich bin nur der ehemalige Anwalt Ihrer Tochter.

Bleihaus:

Es täte mir ehrlich leid, wenn Sie dabei blieben. Falls es eine Frage des Honorars sein sollte ...

Liebling, unterbricht ihn, er will zum Ende kommen:

Das anwaltliche Standesrecht läßt mir überhaupt keine Wahl. Es schreibt vor, daß ich ein Mandat niederzulegen habe, wenn auch nur der Anschein eines Interessenkonflikts existiert ...

Er macht die Schublade auf und schnell wieder zu, als schäme er sich seiner Neugier.

... Und in unserem Fall von Anschein zu sprechen, wär' ja wohl 'ne ziemliche Untertreibung.

Bleihaus:

Sie drücken sich in Andeutungen aus.

Liebling:

Schön, sagen wir's deutlicher: Ich kann Imke am besten dann verteidigen, wenn ich ihre Eltern in die Pfanne haue. Is Ihnen das klar genug?

Sie sehen sich ernst an.

KLAUS SCHLESINGER

Widerstand zwecklos!

Brief nach Island

Sie wollen den letzten Satz wissen, den ich geschrieben habe?
Komische Frage – aber warum nicht? Es ist schon eine Weile
her und war im Schloß Wiepersdorf, wo ich mich ein paar
Monate als Stipendiat aufhielt, und er hieß: Es ist eine Freude
zu leben. – Keine Bange, der Satz stammt nicht von mir, auch
wenn mich die romantische Aura des Anwesens derer von Ar-
nim mit all seinen Schloßgeistern wieder einmal derart har-
monisierte, daß ich gar nicht mehr in die Stadt zurückwollte.
Aber es wird Sie interessieren, daß sein Urheber Viktor Klem-
perer ist, dessen Buch über die Sprache des Dritten Reiches
Sie mir in meinen jungen Jahren so eindringlich zur Lektüre
empfohlen hatten. Er hat ihn in seinem bayrischen Fluchtort
unter dem Datum des 5. Mai 1945 ins Tagebuch geschrieben,
als das Hakenkreuz vom Gemeindehaus hastig entfernt und
das Hitlerbild im Ofen verbrannt worden war.

Ich hatte das reizvolle Angebot, aus den drei-, viertausend
Seiten, die er in den zwölf finsteren Jahren zu Papier brachte,
einen Tagebuch-Monolog für das Radio zu filtern, und ich
dachte, dies sei der Satz, der das glückliche Ende seines zähen
Beharrens auf einer deutschen Identität krönen könnte.

Daß er meiner Stimmung nur bedingt entspricht, will ich
betonen. Nicht, daß es mir im ganzen schlechtgeht, im Gegenteil. Mein Kontostand ist momentan befriedigend, die

Wohnverhältnisse sind es ebenfalls, und was die Liebe betrifft – nein, kein Wort mehr! Wie sagen Sie immer, wenn Sie einen glücklichen Umstand behalten wollten: Unberufen toi toi ...!

Leider bin ich nicht der Mensch, den eine privat glückliche Lage in den Zustand allgemeiner Befriedigung versetzt. Seit unser Ländchen so mächtig gewachsen ist, hatte ich tatsächlich nur ein einziges Mal das Empfinden, ich könne mich mit dem neuen Deutschland versöhnen. Eines Morgens, als ich in meiner Wohnung, die übrigens wieder im Osten liegt, erwachte, war es plötzlich da: ein Gefühl von beschwingter Konsistenz, leicht und harmonisch, alles schien einfach geworden, ja sogar übersichtlich. Weg diese Spannung zwischen den Polen der Mächte, die mich, ob ich wollte oder nicht, den größten Teil meines Lebens beherrscht und manchmal beinahe zerrissen hatte. Weg der beklemmende Druck der Politbüroherrschaft, die meinem ganzen Temperament widersprach. Und kein flaues Gefühl mehr beim Passieren der zweihundert Meter von der Koch- zur Zimmerstraße, die einst Checkpoint Charly genannt wurden ...

Frohgestimmt, wie ich war, stieg ich in die gerade wieder eröffnete Linie 2, Pankow Vinetastraße-Ruhleben, fuhr über Potsdamer Platz hoch hinaus zum Gleisdreieck, diesem riesigen Schienenkreuz der U-Bahnfahrten meiner Kindheit. Damals hatte ich immer im letzten Wagen gesessen, auf dem Platz des Beifahrers, den es im Osten noch länger gab als im Westen, hatte die Gleise, die Häuser hinter mir fliehen sehen und mich schon auf den Moment gefreut, wenn die quittegelbe Schlange der kreuzenden Linie 1 von dem schwarzen Loch mitten in der Fassade eines Wohnhauses verschluckt wurde: ein atemberaubender Anblick für einen Sechs- oder Siebenjährigen!

Dann die schroffe Kurve Richtung Zoo und weiter bis Nollendorfplatz. Wie oft war ich hier in meiner Schöneberger Zeit gewesen, habe mit den Kindern im türkischen Basar Bahnhof Bülowstaße ein Glas Tee getrunken oder bin über den Trödelmarkt Bahnhof Nollendorfplatz geschlendert – eine Touristenbahn fuhr im Schildkrötentempo zwischen den zur Mauerzeit umgewidmeten Bahnhöfen hin und her –, das war schon in meinen ruhigen Westberliner Jahren. In den wilden aber, Anfang der Achtziger, bin ich durch Schwaden von Tränengas und qualmenden Barrikaden durch die Bülow, die Maaßen, über den Winterfeldtplatz gehetzt, den Kopf zwischen den Schultern, daß ihn kein Stein, kein Polizeiknüppel treffe.

An jenem glücklichen Vormittag stieg ich Nollendorfplatz aus, trank im *Berio* einen Milchkaffee und sann dieser Zeit mit einem Gefühl hinterher, als hätte ich das ganze Leben noch vor mir. Der Zustand verging erst, als ich wieder in die östliche Stadtmitte eintauchte. Nein, nicht wegen des wüsten Gebrülls der Bagger, die noch immer den halben Osten aufreißen, nicht wegen der grellen, budenhaften Ödnis am Alexanderplatz oder der trüben Schaufenster ruinierter Geschäfte. Die Gesichter der Menschen waren es; ein ganz bestimmter Ausdruck in ihnen, der mich aus der Empfindung sanftester Harmonie gleichermaßen in äußerstes Erschrecken wie tiefstes Mitgefühl stürzen ließ, so daß ich schon, mit Grombrowicz, lauthals ausrufen wollte: Liebe Leute, wer zum Teufel hat euch eine solche Fresse gemacht!, als mich ein düster blickender Passant im Vorbeigehen mit einem kräftigen Rempler auf den Boden der Tatsachen zurückholte. Ich wußte ja alles oder hatte es geahnt, damals, als die Mauer gefallen war und die eilig eingeflogenen und vors Schöneberger Rathaus gezogenen Politiker der Bundesrepublik pathetische Stereotypen sprachen und am Schluß, zur Krönung des Ganzen, das Deutschlandlied anstimmten. Mein Gott, haben wir damals gelacht. Wer sich heute über den labilen Zustand einer Gesellschaft wundert, die sich uns vor sieben Jahren mit dem Begriff Soziale Marktwirtschaft empfahl, dem rate ich das Abhören der kleinen Schallplatte, die dieses Ereignis festgehalten hat. Da standen sie nun, die Parteivorsitzenden, Bürgermeister, Außenminister und Bundeskanzler, und dann sangen sie, und es war niemand unter ihnen, der die Melodie über mehr als eine halbe Strophe halten konnte. Es war ein Beispiel von Disharmonie und Dilettantismus, das für beinahe alles stand, was dem Prozeß der Vereinigung zweier so unterschiedlich verfaßter Staaten folgte. Verstehen Sie mich richtig: Ich hätte es vermutlich nicht besser gekonnt. Aber singe ich in der Öffentlichkeit?

Wissen Sie noch, wie wir vor beinah zwanzig Jahren, manchmal mit unserem Freund Fühmann, durch die Straßen Prenzlauer Bergs oder Friedrichshains spaziert sind? Wer kam auf die Idee, wir sollten angesichts des fortschreitenden Verfalls dem Politbüro vorschlagen, unser Ländchen für zehn, fünfzehn Jahre an die Bundesrepublik zwecks Modernisierung zu verpachten? Sie haben so fröhlich gelacht bei dieser Vorstellung und gleich ein paar Details hinzugefügt: Natürlich müsse es behutsam geschehen, unter aktiver Teilnahme aller Betroffenen – und natürlich mit garantiertem Gewinntransfer. Aus der Traum! Aber daß er gleich in eine Landnahme ausarten mußte . . .

Was tatsächlich geschah, soll Ihnen eine kleine Anekdote illustrieren – selbst gehört, aus erster Hand also. Wir waren in Wiepersdorf ein gemischtes Häufchen von Foto- und Konzeptkünstlern, Malerinnen und Malern, Wissenschaftlern und Schriftstellern, ein Drittel Ost, zwo Drittel West, wir saßen dreimal täglich beim Essen zusammen und stellten einander jeden Mittwoch unsere Arbeiten vor, und manchmal redeten wir auch über unsere Erlebnisse in den dramatischen Wochen

Ende 1989. Ein Leipziger war dabei und erzählte von Untergrundzeitschriften und Demonstrationen; ein Dresdener von seinen Gefühlen beim Anblick eines westlichen Supermarkts; und einmal sagte ein junger Komponist aus Westfalen, der schon lange in Westberlin wohnt, in eine Pause hinein, er sei das erste Mal mit seiner Charlottenburger Tante in den Osten gekommen, und zwar auf dem Fahrrad, kurz nach Öffnung des Brandenburger Tores. Staunend seien sie die Linden hinuntergefahren, vorbei an der Staatsbibliothek und der Humboldt-Uni, an der Linden-Oper und dem Kronprinzenpalais, und kurz vor dem Zeughaus, auf der Höhe der Neuen Wache, sei seine Tante vom Rad gestiegen, habe noch einen Blick auf die wiedererstandenen klassizistischen Bauten geworfen und, nach einem erleichterten Seufzer, ausgerufen: Ist das nicht schön, daß das jetzt alles wieder uns gehört? –

Sechs Jahre sind Sie jetzt fort? Keine lange Zeit in der Geschichte einer Stadt. Aber wenn ich bedenke, was seither passiert ist, bekomme ich einen Schreck. Obgleich Ihre Zeilen ein so beschwingter Ton durchzieht, daß ich nicht glaube, Sie hätten die Absicht, bald zurückzukehren – täten Sie es, vielleicht besuchsweise, Sie hätten wohl jetzt schon Schwierigkeiten, sich zurechtzufinden. Die Administration, die inzwischen vom Rathaus Schöneberg ins Rote Rathaus umgezogen ist, beseitigt die Spuren der Zwischengeschichte des Berliner Ostens mit einer Intensität, die sie in den letzten Jahren nur noch beim Schuldenmachen aufgebracht hat. Ob Straßennamen oder repräsentative Neubauten, beinahe alles stand oder steht in Berlins Osten zur Disposition, als solle spätestens zu Beginn des nächsten Jahrhunderts nichts mehr daran erinnern, daß hier einst vierzig Jahre lang ein anderes System etabliert war.

Das ist nicht immer nur ärgerlich. Ich habe mich zum Beispiel gefreut, daß die Otto-Grotewohl wieder Wilhelmstraße heißt, die Johannes-Dieckmann wieder Taubenstraße und daß ich jetzt wieder Jägerstraße statt Otto-Nuschke-Straße sagen kann, wenn ich den Weg zu Kleistens letzter Berliner Adresse vom U-Bahnhof Französische in die Mauerstraße beschreibe. Es hat mich auch beeindruckt, daß die Wilhelm-Pieck nicht in Elsasser und Lothringer zurückverwandelt wurde. Offenbar ist der Administration rechtzeitig der Grund für die vielen Umbenennungen in den fünfziger Jahren eingefallen: Es sollte die Erinnerung an einst deutsch regierte oder von Preußen eroberte Gebiete nicht via Straßennamen im kollektiven Gedächtnis behalten werden. So hat man sich bei der Namensfindung auf eine Zeit verständigt, in der sie noch Torstraße hieß und am Oranienburger Tor aus der Friedrichstraße heraus in den sandigen, seinerzeit unbebauten Nordosten führte. Eine rührende, geschichtsbewußte Geste in Richtung des westlichen Verbündeten Frankreich, finde ich. Nur, daß ein ähnlich sensibler Umgang mit unserem östlichen Nachbarn nicht für nötig befunden wurde und die Dimitroff nun wieder Danziger Straße heißt, irritiert mich noch immer. Dabei will ich gar nicht glauben, daß es eine politisch bewußte Handlung war. Eher möchte ich es auf ein unterschwelliges Besitzdenken – besser: Besitz*gefühl* zurückführen, und so wie heute die lange als verloren geltenden Ansprüche aufs immobile Gut zwischen Oder und Elbe von der zweiten und dritten Generation energisch geltend gemacht werden, hofft man, fürchte ich, auf eine Zeit, in der die vergilbten Dokumente aus der deutschen Periode Pommerns, Schlesiens und Ostpreußens vielleicht doch noch ihren Wert zurückbekommen.

Sie wissen, ich bin ein Zweckpessimist. Ich rechne mit dem Schlimmsten und bin dann erleichtert, wenn es nicht eintritt. Ich habe herausgefunden, daß es gar keine schlechte Art ist, sich das Leben erträglich zu machen. Was nicht heißt, daß ich nun ständig mit diesem Kassandra-Gefühl durch die Stadt laufe. Es gibt auch im realen Kapitalismus eine Menge heiterer Dinge, und seien es Kleinigkeiten wie die Entdeckung, daß sich der unerschöpfliche Gestaltungswille der westlichen Büro-Elite nun auch über die Nummern unserer Straßenbahn hergemacht hat.

Lachen Sie nicht, sie wird jetzt offiziell *Tram* genannt, und was bei Döblin noch als Sechsundvierzig oder Dreiundsechzig durch den Alexanderplatz-Roman zockelte, heißt nun tatsächlich Zweiundfünfzig bzw. Dreizehn, aus der Vierundsiebzig ist die Drei, aus der Drei die Dreiundzwanzig, aus der Neunundvierzig die Fünfzig und aus der Zwoundzwanzig die Dreiundfünfzig geworden. Das hat uns Eingeborenen nicht einmal die Diktatur zugemutet!

Den Rest besorgt die Privatisierung. Kein Hotel, das noch den gleichen Namen trägt; das Metropol nennt sich Maritim, das Stadt Berlin: Forum, das Palast Hotel: Radisson Plaza. Unser Berolina hinter der Mokka-Milch-Eisbar, in dem wir so manchen Vormittag verbracht haben, ist allerdings ebenso spurlos verschwunden wie die Säulenkonstruktion des Außenministeriums. An dessen Stelle, las ich, sollen bis zum geplanten, aber noch nicht endgültig entschiedenen Neubau einer Kopie von Schinkels Bauakademie »Skulpturen und Baumpflanzungen« treten. Gegenüber, im Palast der Republik, herrscht Totenstille. Man wartet auf seinen Abriß, der zwar, auch von westlicher Seite her, umstritten ist, aber ich wette, er steht für die Politiker so fest wie die nächste Fahrpreiserhöhung, und man wartet nur auf den günstigsten Moment, diesen Bau, wie man heute sagt, rückstandslos zu entsorgen. Wie habe ich ihn einst ignoriert, und wie sehr bin ich heute an seinem Erhalt interessiert. Nostalgie? Mag ja sein, aber ich kann mir nicht helfen, ich hänge auch an den schattigen Seiten meiner Geschichte, und ich würde es weniger tun, wüßte ich nicht, sie holte uns wieder ein, könnten wir uns ihrer nicht ständig vergewissern.

Inzwischen hoffe ich tatsächlich, es ginge den Damen und Herren Investoren das Geld aus, so daß doch noch einiges stehenbliebe von dem, was uns damals fester verband, als es die Funktionäre je beabsichtigt hatten. Für unser Espresso Unter den Linden Ecke Friedrichstraße wäre es allerdings zu spät. Mitsamt seinem eigentümlichen Überbau ist es einem Block gewichen, der einem Bunker ähnlicher sieht als dem ein wenig niedlich, aber immer einladend wirkenden Ort meiner Erinnerung. Ich muß nicht erst die Augen schließen, so gegenwärtig sind mir das Interieur der siebziger Jahre, die steifen Serviererinnen, der erfolgreiche Kampf der Studenten beiderlei Geschlechts um das Recht, bei einer Tasse Kaffee für 70 Pfennig ihre Vorlesungen schriftlich festzuhalten. Wie viele Sätze sind mir dort eingefallen, wie viele Einfälle habe ich notiert, meist an dem Zweiertisch vor der Garderobe, es sei denn, Schubi der Boxer saß an der Theke – dann habe ich mich zu ihm ge setzt. War aber der dicke Gitarrenspieler anwesend, dem wir auf russische Weise den Vatersnamen Dillettantowitsch gaben und von dem ich erst jetzt erfuhr, daß er auch noch den konspirativen Namen Ernst trug, floh ich in die hinterste Ecke.

Verschwunden der Vorplatz mit der Terrasse, mit dem Rosengarten und dem kleinen Springbrunnen. Man hat das neue Haus bis an den alten Bürgersteig vorgezogen, jedes Stückchen Boden nutzend, und als ich neulich davorstand, habe ich wieder einmal begriffen, was die Essenz der Veränderung war, die, gewünscht oder nicht, vor sieben Jahren über den Osten hereinbrach. Ich habe mir vorgestellt, es sei noch Honeckerzeit, ihr Ende nicht absehbar, und ich säße, wie ich es öfter getan habe, inmitten der Büroangestellten aus der Umgebung auf dem Rand des Brunnens, hörte das Plätschern der kleinen Fontänen, und plötzlich sagte mir eine Stimme: Heb deinen Hintern, Junge, du sitzt auf zwanzigtausend Westmark! – Damals hätte ich den Finger an die Stirn getippt, heute zucke ich die Achseln, denn inzwischen ist ein einziger Quadratmeter in der Mitte meiner Geburtsstadt bei der Transformation vom Gebrauchswert zum Tauschwert tatsächlich so teuer geworden.

Daß bei solchen Preisen die Gier nach Land raubtierhafte Züge annimmt, hat wohl nur naive Gemüter wie meines überrascht. Solch eine Stimmung muß unter den Leuten, die das nötige Kleingeld in der Tasche hatten, um es in Windeseile zu verzehn-, zu verhundertfachen, in der Berliner Gründerzeit geherrscht haben. Nicht nur mir hat es den Atem geraubt, wenn – selten genug – etwas über die Geschäfte mit dem immobilen Volkseigentum in die Öffentlichkeit drang. Aber kaum hatte man wieder Luft geholt für einen Empörungsschrei, kam die nächste Mieterhöhung ins Haus und man rannte zur Rechtsberatung, um wenigstens die unverschämtesten Anschläge auf das frisch gewonnene Westgeldeinkommen abzuwenden; erfolglos meist.

Unsere Presse? Ach, du meine Güte! Entweder war sie längst zu Tode konkurriert oder die *Richtlinienkompetenz* der Redaktionen lag fest in westlichen Händen. Wer sich in zwanzig Jahren über diese unsere Zeit via Presse informieren will, muß den Eindruck gewinnen, die Stimmung sei optimistisch und bar jeden Zweifels gewesen. Bei der Beschreibung des Baugeschehens werden eine Menge expressiver Verben verbraucht, man überschlägt sich in Superlativen (»Größte Baustelle Europas!«), als wäre die Bewegung einiger Millionen Tonnen märkischen Sandes schon ein Wert an sich. Es ist tatsächlich das Lebensgefühl der fünfziger, sechziger Jahre, das da vermittelt wird, als man in Ost wie in West von den städtebaulichen Möglichkeiten der Flächensanierung fasziniert war und sechsspurige Autobahnen als Fortschritt galten.

Noch in den Siebzigern wurde Westberlins Wedding, der dem Prenzlauer Berg zum Verwechseln ähnlich sah, so gut wie geschleift, und genau in dem Jahr, als ich die Seiten wechselte, erhob sich ein Protest gegen die Sanierungspolitik, der die westliche Stadt fast bis zur Mitte der Achtziger erschütterte. Als alles wieder befriedet war, schien wenigstens eines erreicht: Nie wieder sollte ein Haus, statt es zu sanieren, der Abrißbirne zum Opfer fallen, und tatsächlich, ich habe in meiner Westberliner Zeit nur noch sanfte, um den Erhalt jeder noch so verfallenen Spur der städtischen Baugeschichte bemühte Politiker erlebt. Genau bis zur Vereinigung. Da sagte man plötzlich statt *Flächensanierung Blockbebauung,* und schon waren allein in Berlins Mitte 128 alte Häuser verschwunden.

Nun wird gebaut. Und wie! Und in welchem Tempo! Sie würden Bauklötzer staunen, gingen Sie heute durch unsere Ostberliner Karrees! Die südliche Friedrichstraße ist so gut wie neu entstanden; die Baulücken des Krieges, auf denen vierzig Jahre lang meist Pflanzenwuchs stattfand, sind mit Bürohäusern aus Glas und Stahl geschlossen worden; an der Spree wuchsen Turmbauten, halb Luxuswohnungen, halb Geschäftsbau; und den Potsdamer Platz werden Sie bestimmt nicht mehr wiedererkennen. Ach, es ist so viel passiert, daß Sie, falls es Sie noch interessiert, um einen Besuch nicht herumkommen werden. Mir aber ist wieder einmal mehr klargemacht worden, daß der wirtschaftliche Wettlauf, den unsere Herrschaften damals so zuversichtlich begonnen hatten, nie zu gewinnen gewesen war.

Und jetzt sehe ich Sie heftig den Kopf schütteln, jetzt habe ich Ihre Stimme genau im Ohr und höre Sie mit diesem leicht strengen Unterton, den Sie immer bekommen haben, wenn ich den Kapitalismus lobte, die alles entscheidende Frage nach der Qualität stellen. Stimmt's?

Die Antwort fällt mir nicht leicht. Ich muß mich ja nur auf

den Wandel in meinem Verhältnis zur alten Stalinallee besinnen, um beim Urteilen vorsichtig zu sein. Damals, Anfang der Fünfziger, haben wir hämisch und voller Verachtung auf diesen – wie sagten wir immer? – Moskauer Zuckerbäckerstil geschaut und jeden der sachlichen Neubauten, die im Westen und dann auch im Osten entstanden, mit Erleichterung begrüßt. Das änderte sich spätestens nach den ersten Fernsehbildern von den Satellitenstädten und erst recht, als die Produkte der industriellen Fertigung auch in Berlin aus dem Boden schossen, drüben im Märkischen Viertel oder in der Gropiusstadt, hüben zuletzt in Marzahn und Hellersdorf. Jetzt sah ich die Stalinallee in einem ganz anderen Licht, und daß ich ihren Ursprung bei einem Besuch in Manhattan entdeckt hatte, als da inmitten dieser aufregenden Stadtlandschaft ein Turm der Lomonossow-Universität hervorragte, mag ein übriges getan haben. Seither war ich jedenfalls, wenn ich vom Strausberger zum Bersarinplatz lief, um die Erkenntnis bereichert, daß ein süßliches Gesicht immer noch besser ist als gar keines. Und neulich, als ich, ein Stückchen weiter östlich, wieder an einem erst vor drei Jahren errichteten Eckhaus vorbeifuhr, das sich durch seine futuristisch in den blassen Berliner Himmel ragenden Stahlstangen, seine bunten, an die Nierentischzeit erinnernden Fassadenornamente so gar nicht in den grauen Ton einer typischen Häuserzeile des Berliner Ostens einordnen wollte – neulich nahm ich es wahr wie einen alten Bekannten. Wer weiß, ob ich mich nicht irgendwann zum Verfechter der Architektur unserer Jahre wandele, auch wenn ich mir nur schwer vorstellen kann, daß ich dem Klotz, der an die Stelle der alten Ringbahnhalle, S-Bahnhof Frankfurter, getreten ist oder der erst in Fragmenten sichtbaren, von lehm- bis kotbraunen Partikeln besetzten Fassade am neuen Potsdamer Platz jemals näherstehen könnte als einem ungebetenen Gast.

Ich weiß, ich bin alles andere als ein Kenner moderner Architektur. Ich erlebe sie wie jeder beliebige Städtebewohner, eher naiv als bewußt, aber ich bin doch noch in der Lage, das menschliche Maß eines Bauwerks – wie soll ich sagen? – zu empfinden. Jedenfalls ist es einfach so, daß ich mich zwischen den Häusern Kreuzbergs oder Prenzlauer Bergs körperlich wohler fühle als in den Hochbausiedlungen der Neuzeit, und seien sie noch so komfortabel und avantgardistisch ausgelegt. Neulich, als ich zur Gedenkfeier für Jurek Becker zu spät kam und in dem überfüllten Saal der Akademie im Hansaviertel keinen Zentimeter Platz mehr fand, machte ich mit meiner Liebsten einen Spaziergang am Ufer des Spreebogens. Dort hatte man neben dem alten Bolle-Gelände eines der besseren Beispiele moderner Architektur aus luftigem, spiegelndem Glas und beinah freundlich schimmerndem Metall errichtet. Es hat die Form eines großen Magneten, an dessen zur Uferseite liegenden Polen zwei wirklich imposante Türme über Tiergarten und Moabit ragen. Wir gingen auf die nächste Brücke und schauten abwechselnd aufs linke, aufs rechte Ufer, minutenlang, und konnten uns nicht helfen. Beim Vergleich mit der Front der gegenüberliegenden Bürgerhäuser der Jahrhundertwende – gestatten Sie mir das saloppe Wort – stank der vergleichsweise schöne, von der Architekturkritik hochgelobte Bau einfach ab.

Nicht vorenthalten möchte ich Ihnen ein anderes Detail unseres Spazierganges. Wir passierten gerade den Ziegelbau der alten Melkerei, der jetzt ein Hotel beherbergt, als ein leichter Wind aufkam; und indem wir uns auf die Brücke zubewegten, hörten wir rechts von uns einen leisen eindringlichen Ton, der sich, als wir in seine Richtung gingen, mit jedem Schritt verstärkte und auf der Höhe eines kühn in die Fabrikanlage integrierten Klinkerneubaus zu einem rätselhaften, ja gespenstischen Heulen anschwoll. Einen Moment lang glaubten wir, Zeuge überirdischer Phänomene geworden zu sein, aber es waren mitnichten die klagenden Seelen der Opfer unseres Wohnungsmarktes. Es war eine Äußerung der Strömungsgesetze gasförmiger Körper, die man nun wirklich keinem gelernten Baumeister anlasten kann. Oder doch –? Natürlich habe ich gleich an den Bau unseres Fernsehturmes denken müssen, dessen Wachstum ich Ende der Sechziger auf dem Weg zum Kindergarten meines ältesten Sohnes jeden Morgen und jeden Abend verfolgen konnte. Wie waren die Herren damals stolz, als endlich die Kugel montiert werden konnte, die im Zentrum der Stadt vom Triumph sozialistischer Technik ebenso zeugen sollte wie von der Schöpferkraft unserer führenden Partei, an deren Spitze, Sie erinnern sich, damals der Genosse Walter Ulbricht stand.

Segment für Segment fügte sich innerhalb von, ich glaube, vierzehn Tagen zu einem kugeligen, beinahe kristallinen Gebilde, und als es fertig montiert war und als es der erste Sonnenstrahl traf, formte sich an seiner äußersten Stelle, weithin sichtbar, ein blendendes Kreuz aus purem Licht, und es strahlte so lange, bis seine Quelle hinter den Dächern von Berlin verschwand.

Sankt Walter nannten wir fortan höhnisch, was nach dem Willen der Abteilung Agitation und Propaganda unter uns einfachen Leuten eigentlich Telespargel hätte heißen sollen. Manche sagten auch Die-Rache-der-Marienkirche, auf den mittelalterlichen, neben dem Monument nun so unscheinbar wirkenden Christentempel verweisend. Es hieß, Architekt Henselmann habe gegenüber der Parteiführung bedauernd, aber jede Schuld von sich weisend, die Schultern gehoben ...

Optik hätte er lernen sollen.

Ich weiß, auch wenn unsere Phantasie Gestalt angenommen hätte, wir wären ihre ersten Kritiker gewesen. Mich stört

300

ja gar nicht so sehr, daß die Damen und Herren vom Ressort Stadtentwicklung nun nach ihren Vorstellungen bauen lassen. Mich stört nur die Diskrepanz zwischen Anspruch und Ergebnis. Sie feiern den Neuaufbau Ostberlins mit einem Getöse, als führte er mit Riesenschritten ins nächste Jahrtausend. Aber schaut man sich die Ergebnisse an, findet man, was in den westeuropäischen Metropolen schon vor zehn, fünfzehn Jahren zu sehen war. Weiß der Himmel warum, aber selbst die herausragenden Produkte zeitgenössischen Häuserbaus bleiben weit zurück hinter der Kraft, dem Schwung und der Zuversicht, die – zum Beispiel – das Shell-Haus am Reichpietschufer ausdrückt. Oder erst Mendelsohns Mosse-Haus! Ich habe es als Fotografie aus den zwanziger Jahren über meinen Schreibtisch gehängt, sehe es jeden Tag mit Wohlwollen an und frage mich, warum so etwas nicht mehr zustandegebracht wird.

Wenn es stimmt, daß Architektur der Ausdruck der herrschenden Verhältnisse ist oder, wie ich es gerade bei unserem Kollegen Peter Schneider las, »daß es Macht, Geld, Kunstsinn und den Pioniergeist eines Potentaten oder eines selbstbewußten Bürgertums braucht«, um eine schöne Stadt zu bauen – dann muß es an einer oder mehrerer dieser Voraussetzungen mangeln. An Macht wohl nicht, an Geld auch nicht, an Kunstsinn – das stellen wir mal zurück. Der Potentat ist auch noch nicht zu sehen. Aber wie steht es mit dem Bürgertum?

In meiner Westberliner Zeit bin ich der Oberschicht selten nähergekommen. Offenbar verkehrten wir nicht in denselben Kneipen. Nur einmal habe ich den Zufall genutzt und einen Regierenden Bürgermeister angesprochen, um die Legalisierung der beiden besetzten und von polizeilicher Räumung bedrohten Häuser in der Potsdamer Straße, in denen ich eine Art Asyl gefunden hatte, zu befördern. Ein anderes Mal habe ich seinen Nachfolger im Amt, während der Gedenkstunde für einen verstorbenen Publizisten, von Berlin als einer *in der Mitte Deutschlands* gelegenen Stadt reden hören. Glücklicherweise hatten wir damals den Vertrag schon in der Tasche.

Ich muß mich also mit einem Umkehrschluß begnügen und sage: Wenn sich in der neuen Architektur der seelische Zustand des deutschen Bürgertums ausdrückt, scheint es nicht zum besten mit ihm zu stehen. Seit den Zeiten von Mosse und Mendelsohn ist ja auch eine Menge passiert. Es kann nicht ohne Folgen geblieben sein, daß vor gar nicht langer Zeit selbst in den Blättern des Finanzkapitals Zweifel an einer Wirtschaftsform geäußert wurden, die bei Strafe des Untergangs zum ewigen Wachstum verurteilt ist. Und welch ein Trauma muß es für die so mächtige, halb Europa dominierende Oberschicht gewesen sein, als sich die eigenen Töchter und Söhne mittels Kidnapping, Plastiksprengstoff und Präzisionsgewehren gegen sie wandte? Tiefer will ich gar nicht bohren, sonst kämen wir noch darauf, daß die Arisierung genannte Aneignung des Besitzes jüdischer Deutscher nicht durch Krethi und Plethi, sondern durch das nichtjüdische deutsche Bürgertum erfolgte, auch wenn es, dank Hollywood und Spielberg, heute anders gesehen wird.

Genug Stoff für eine kollektive Neurose, oder –? Ich vermute, das deutsche Bürgertum war seelisch auf die neue Lage nicht vorbereitet. Aber wem will man verübeln, daß er seine Zweifel, sollten sie je vorhanden gewesen sein, beiseite schiebt, wenn so plötzlich und überraschend ein riesiger, aufnahmewilliger Absatzmarkt vor einem liegt? Augen zu und durch! Vielleicht ist das sogar eine Therapie.

Wir Eingeborenen aber werden mit dem neugebauten Osten leben müssen. Warum auch nicht. Seit die inneren Berliner Angelegenheiten von einem Bundeswehrgeneral regiert werden, kommen wir uns ohnehin wie Ertappte vor, die in ihrem Versteck die Stimme aus dem Megaphon hören: Sie sind umstellt. Widerstand zwecklos! –

An jenem Tag vor dem Schöneberger Rathaus, von dem ich Ihnen berichtete, sah ich das noch anders. Da begann im gleichen Augenblick, als eine sonore Stimme die Versammelten aufforderte, nun gemeinsam das Deutschlandlied zu singen, ein ohrenbetäubendes Pfeifen und Johlen, das den dissonanten Gesang bis zum Schluß begleitete. So leicht, dachte ich damals, wird man es nicht haben mit diesem bunten Berliner Volk.

Das Pfeifkonzert ist längst verstummt. Der Gesang geht weiter.

Walter Höllerer

Gregory Corso in Berlin. Eine Erinnerung

So sah er aus, als er einmal wieder auftauchte, der spätere Gregory Corso 1979 in Berlin:

Er wählte sich fürs Sitzfoto einen Barhocker. Er inszenierte sich mit päpstlichen Stoffmanschetten, mit einem Koppelschloß, auf dem ein Stern zu sehen war. Seine Jeans kombinierte er mit einer Abendweste, und *die* mit offenem Hemd. Seine Hand streckte er aus, als wolle er Segen austeilen und zugleich Unheil zurückdrängen –, und seine Augen sagten: Komm nicht näher, ich sitze auf einem Pulverfaß.

Das war Gregory der ältere auf Reisen, dann, wenn er sich inszenierte.

Den jungen Corso, den Dichter von »Bomb« und von »Army«, hatte ich 1958 in Paris kennengelernt. Mein Quartier war in der Avenue d'Italie 111 –, Corso hatte ein Zimmer gefunden in einem schmalen Hotel in der Rue du Chat. Auf ein Buch hatten wir uns eingelassen. Zweisprachig sollte es in Deutschland und Amerika herauskommen, »Junge amerikanische Lyrik« sollte es heißen. Unsere Begeisterung war groß. Das Buch sollte möglichst bald erscheinen.

Es hatte gut begonnen, ein deutscher Verlag war schon gefunden, der Hanser Verlag. Dann kam alles etwas ins Stocken. Von Frankfurt aus besuchte ich ihn, meinen Mitherausgeber Gregory Corso.

Gregorys Unterschlupf war nahe dem Boulevard Saint Michel, am unteren Ende zum Seine-Ufer hin. Die Besitzerin saß zumeist selber am Empfang. Sie war darauf aus, ihr Hotel reserviert zu halten für Maler und für Autoren. Das hatte sie sich zur Aufgabe gemacht, und daran hielt sie fest.

Ich fragte sie, wie es Gregory gehe. Die Antwort war, er wohne jetzt in der Dachstube. »Er arbeitet«, sagte sie. »Gehen Sie die Treppen hinauf, dann werden Sie das bald hören.«

Ich stieg hinauf, einen Aufzug gab es nicht. Je näher ich kam, desto lauter wurde die Musik.

Gregorys Lieblingsmusik war italienische und deutsche Klassik, Scarlatti zum Beispiel, und Beethoven. Möglichst laut mußte sie sein, nur so konnte er arbeiten.

Ich klopfte an die Tür, und erst nach längerem Klopfen bewegte sich etwas. Er streckte vorsichtig den Kopf durch den Türspalt, ließ mich herein und legte sich sofort wieder ins Bett. »This book will kill me«, sagte er, deutete auf einen Stuhl, dann zeigte er unter das Bett. Dorthin hatte er seine Post verlagert. Es waren die Briefe, die er in den vergangenen Wochen von den angeschriebenen Autoren bekommen hatte. Fast alle hatten zugesagt, mitzumachen. Manche dieser Sendungen hatte er noch nicht geöffnet. »Das Buch bringt uns um«, sagte er. »Wie sollen wir damit fertig werden!«

Es war empfindlich kalt im Dachzimmer, und wir beschlossen, erst einmal in ein Bistro zu gehen. Es gab eines an der Ecke vom Boulevard Saint Michel und der Rue de la Huchette, ganz in der Nähe vom Ionesco-Theater.

Für den nächsten Vormittag besorgten wir uns bei der Hotel-Eignerin einen elektrischen Heizofen, breiteten Decken auf den Fußboden und sitzend, liegend sortierten wir den Inhalt der Post rings um uns herum. Gregorys Begeisterung wachte auf, und so begann die Komposition dieses ungewöhnlichen Buches. Wir lasen, lasen auch *laut* vor. Da war

Charles Olsons Gedicht »The death of Europe«, das Rainer M. Gerhardt gewidmet war, dann – am Anfang des Buches sollten auch Allen Ginsbergs Gedichte stehen, z. B. »Sunflower Sutra«, und wir entschieden uns, Corsos »Bomb« als langes, aus dem Buch nach unten herausklappbares Druck-Bild in seiner ganzen Länge, unverkürzt sichtbar und lesbar zu machen. Auch das Format des Buches wurde an diesem Tag besprochen und das Layout, das dazu verhelfen sollte, daß Langzeilen möglichst nicht gebrochen werden mußten. Und schließlich auch die Möglichkeit, auf der Innenseite des Bucheinbands eine dazugehörige Schallplatte unterzubringen, mit den Stimmen einiger ins Buch aufgenommener Autoren.

Lebhaft erinnere ich mich an unsere Begeisterung, als wir an diesem Kompositionstag in Paris erkannten, wie wir in der Aufeinanderfolge von Tonarten und Rhythmen die Vielfalt *und* die Zusammengehörigkeit der Gedichte zeigen konnten – Sound und Bewegung der »Jungen amerikanischen Lyrik« dieser Jahre, wie sie sich bewegte, was sie bewegte und wie sie, auf verschiedene Art, vieles, nicht nur in Amerika, in Bewegung brachte.

Das Treffen an diesem Februartag im Jahr 1958 war noch lange nicht das letzte, zu dem wir wegen dieses Buches zusammenkamen. Für die Übertragungen der Gedichte ins Deutsche suchten wir möglichst junge Übersetzer, die sich in den häufigen Code-Wendungen auskannten. Schließlich hatten wir uns auch vorgenommen, wenn das Buch zu überblicken war, ein amerikanisches und ein deutsches Nachwort zu schreiben.

Gregory kam dazu nach Berlin. Er wohnte in meiner Wohnung in der Heerstraße 99, nicht weit vom Olympiastadion entfernt und vom Teufelsberg. Beides interessierte ihn: der aus Trümmern des zerbombten Berlin aufgeschüttete Berg und das Forum für Aufmärsche und Spiele. Im Haus wünschte er sich eine Mansarde unterm Dach, also einen hochgelegenen Arbeitsraum. Dort saß er nun, insistent arbeitend, und bei lauter Musik.

Ja, insistent arbeitete er. Besonders in den frühen Morgenstunden dröhnte das ganze Haus. Ein Zeichen dafür, daß Gregory arbeitete. Er nannte sein Nachwort »Introduction«; ich nannte meines: »Über junge amerikanische Lyrik«.

Beide saßen wir im Sommer 1960 in Berlin, einem heißen Sommer. Der Verlag wollte das Buch rechtzeitig herausbringen, die Gedichte, auch die Übersetzungen, waren schon im Verlag, die Nachworte fehlten.

Gregory und ich hatten recht unterschiedliche Arbeitszeiten. Gregory verschwand nachts in die Stadt. Morgens kam er, wenn ich aufstand, und legte sich ins Bett. Wenn er nicht gerade überlaute Musik angestellt hatte, schlief er tagsüber. Ich hatte tagsüber in der Technischen Universität zu tun, oder ich schrieb in der Heerstraße in einem der unteren Zimmer. Der Verlag bedrängte uns, wegen der Nachworte, das war leicht einzusehen, – die »Junge amerikanische Lyrik« war längst vorangekündigt, die Leser, vor allem die »Akzente«-Leser waren durch Vorabdrucke neugierig gemacht. Wenn es aber in diesem heißen Sommer schöne luftige Berlin-Tage gab, »Ostsee-Tage« also, gingen Gregory und ich auf den Teufelsberg, oder wir fuhren zusammen auf Berlin-Erkundung.

Einmal machten wir auch eine ganz gut verlaufende Veranstaltung im Saal der Akademie der Künste miteinander. Corso las »Bomb« und »Army« und kürzere Gedichte, Günter Grass saß mit auf der Bühne, und auch ein damals noch unbekannter amerikanischer Autor, er hieß Fagin. Und Ulrike von Möllendorf, die damals noch Malerin war, Meisterschülerin bei Camaro an der Hochschule der Künste Berlin. Sie hatten wir, weil sie so gut mündlich Geschichten erzählen konnte, zum

Lesen der deutschen Übersetzungen mit eingeladen. Sie war noch nie öffentlich aufgetreten; – später dann aber hatte sie bei ZDF und SFB ein Publikum, von dem sie über viele Jahre hin hochgeschätzt und verehrt wurde –, als Nachrichtensprecherin zuerst, und dann als Abendschauredakteurin in Berlin und in Mainz, bis ins Jahr 1997.

Corso kam etwas später, er hatte nicht meinen Rat befolgt, weder seine kleinen weißen Pillen zu nehmen, noch vor der Veranstaltung mit Alkohol sich anzufreunden. Wir saßen auf dem Podium, Corso kam, setzte sich zu uns auf seinen Stuhl und begann sofort sein Gedicht »Bomb« mitreißend zu lesen:

»Budger of history   Brake of time   You   Bomb   Toy of universe   Grandest of all snatched-sky   I cannot hate you« Er las und las und bekam großen Beifall von dem hauptsächlich jungen Publikum. Er stand auf. Der Beifall wollte nicht aufhören. Er machte ein kleines Handzeichen in den Zuschauerraum, setzte sich hin –, und schlief sofort ein.

Günter Grass las die deutsche Übersetzung einiger kürzerer Gedichte von Corso und von Allen Ginsberg. Ulrike von Möllendorf las Übersetzungen von Creeley-Gedichten, die ihr besonders gefallen hatten –, und dann war Fagin an der Reihe, er las, auf englisch-amerikanisch, das Gedicht von Lawrence Ferlinghetti, des San Francisco-Autors, der zugleich Herausgeber der »City Lights Books« war. Von ihm hatte er sich ausgesucht das Gedicht: »A Coney Island of the Mind«. Er las es so, daß Corso gegen Ende von Fagins Lesen ruckartig aufwachte und den verdatterten Fagin anschrie: »You monster, you kill this poem!« Erwacht war er von dem Wort »death«, das am Ende von Ferlinghettis Gedicht neunundzwanzigmal wiederholt wird, und der Widerwille dagegen, *wie* dieses Wort aus dem Mund des Lesenden kam, trieb ihn in den vehementen Protest.

Gregory Corso in Berlin.

Gregory Corso reizte und reizt viele zum Anekdoten-Erzählen. Und auch dieser Bericht über einige Auftritte von Corso im Berlin der frühen 60er Jahre liest sich anekdotenhaft. Oft trügen Anekdoten und verbergen mehr, als sie kenntlich machen. Sein ganzes Leben lang, bis heute, hat Corso die Vielfalt des Lebendigen beschworen. Seine Sehnsucht und sein Aufruf gegen den Verderb des Lebendigen sind immer wieder in seinen Gedichten zu finden –, nicht nur in »Bomb« und in »Army«, die am häufigsten gelesen wurden. Allen Ginsberg, der ihn in seiner Gefährdung als »bad boy« frühzeitig erkannt hat und ihm immer wieder behilflich war, schrieb im Oktober 1957 in seinem Vorwort zu Gregory Corsos Gedichtband »Gasoline«:

»Don't Shoot The Warthog!« The mind has taken a leap in language. He curses like a brook, pure poetry. »I screamed the name: ›Beauty!‹ We're the fabled damned if we put it down. He's probably the greatest poet in America, and he's starving in Europe.« Das schrieb Ginsberg 1957 – 1997, 40 Jahre später, ist jetzt, vor wenigen Wochen, Allen Ginsberg in New York gestorben.

Wer Corso kennenlernen will, muß seine Gedichte lesen, und gut wäre es, wenn es seinen Roman wieder zu lesen gäbe: »The American Express«, der nicht in USA erschienen ist, aus guten Gründen, sondern in Paris, im Olympia-Press-Verlag, printed in France, 1961, in dem Verlag, in dem auch in diesen Jahren »The naked Lunch« von William Burroughs und »Molloy« von Samuel Beckett erschienen.

In »The American Express« von 1961 wäre auch Corso als unverwechselbarer Zeichner kennenzulernen, denn er hat diesen Roman selber illustriert –, einen Roman voller Erfindungen und Dialogen und bevölkert von allen den Leuten, die Corso genau beobachtete zwischen New York, Mexiko, Paris und Berlin. Auf diesen Roman hatte Gregory große Hoffnungen gesetzt. Seine Hoffnungen wurden enttäuscht. Das lag nicht an dem Buch selbst, sondern einfach daran, weil es in den damaligen Diskussionen über die Olympia-Book-Autoren William Burroughs und Samuel Beckett unterging.

Gregory Corso in Berlin: kein Wunder, daß es so langsam ging mit dem Nachwort-Schreiben für »Junge amerikanische Lyrik«! Aber auch gerade in diesem Nachwort ist Corsos Sehnsucht zu erkennen. Seine oft enttäuschten Hoffnungen auf die Veränderungs-Wirkung, aber auch sein ungebrochenes Vertrauen auf »poetry«. Er schildert, welche Erfahrungen er machte bei der Beschäftigung mit allen diesen Dichterfreunden in Amerika, und die Sorgen dabei, nicht selber zum Weiterschreiben zu kommen; »das verdrehte auch alles, weil meine Gedichte dazwischen lagen, und ich meine Gedichte nicht finden konnte«. Teile des Nachworts datiert er mit »1958 Paris«, andere Teile mit »1960 Berlin«: »Der Fehler, den ich vor zwei Jahren machte, war, daß ich eine BEAT-Anthologie zusammenstellen wollte; solch ein Projekt ist für den Maschinenbauer, nicht für den Dichter; denn Dichtung ist Dichtung und BEAT ist etwas anderes. – Kein Wunder, daß ich außer Fassung war, beinahe wäre mir BEAT wichtiger als Dichtung gewesen: – Ich preise nichts außer Dichtung, hier ist also eine Anthologie einiger junger amerikanischer Dichter, einige sind BEAT, andere nicht, und diese habe ich persönlich gern. Lang lebe BEAT! Lang lebe Nicht-BEAT! Lang lebe alles! Dichtung wird immer leben!«

Ein schönes Losungswort ist das von Dir, Gregory, das da am Schluß von unserem Buch steht.

Jurek Becker, geboren 1937 in Łódź (Polen). Er studierte
Philosophie. Seit 1960 lebte er als freier Schriftsteller, zu-
nächst in Ostberlin, ab 1977 im Westteil der Stadt. Er starb
im März 1997. Veröffentlichungen u. a. »Jakob der Lügner«;
1969 (Roman); »Irreführung der Behörden«, 1973 (Roman);
»Der Boxer«, 1976 (Roman); »Aller Welt Freund«, 1982
(Roman); »Bronsteins Kinder«, 1986 (Roman); »Amanda
Herzlos«, 1992 (Roman). Zahlreiche Drehbücher, u. a. für
die Fernsehserie »Liebling Kreuzberg«.
*Ausschnitt aus »Lieblings neues Glück« (Drehbuch zu
»Liebling Kreuzberg«).* (Abdruck mit freundlicher Genehmigung von Christine Becker), Seite 266

Volker Braun, geboren 1939 in Dresden, lebt in Berlin.
Nach dem Abitur war er als Druckerei- und Tiefbauarbei-
ter tätig. Nach einer Ausbildung als Maschinist studierte er
Philosophie in Leipzig. Er arbeitete u. a. als Dramaturg am
Berliner Ensemble und am Deutschen Theater. Veröffentli-
chungen u. a.: »Unvollendete Geschichte«, 1975 (Erzählung);
»Hinze-Kunze-Roman«, 1985 (Roman); »Der Wendehals«,
1995 (Roman); »Die vier Werkzeugmacher«, 1996 (Erzäh-
lung). Zahlreiche Gedichtbände und Schauspiele.
Das Nichtgelebte, Seite 134

Thomas Brussig, geboren 1965 in Berlin (Ost), lebt als Schriftsteller und Drehbuchautor in Berlin. Veröffentlichungen u. a.: »Wasserfarben«, 1991 (Roman, unter Pseudonym erschienen); »Helden wie wir«, 1995 (Roman).

Der Krieg, von dem ich rede (Auszug aus einem noch unveröffentlichten Roman), Seite 258

Hans Christoph Buch, geboren 1944 in Wetzlar, lebt in Berlin. Er studierte Germanistik und Slawistik an der FU und TU Berlin. Er nahm an Tagungen der »Gruppe 47« teil, hatte zahlreiche Gastdozenturen, u. a. in den USA, inne und war Teilnehmer vieler internationaler Schriftstellerkongresse. Veröffentlichungen u. a.: »Unerhörte Begebenheiten«, 1966 (Geschichten); »Die Hochzeit von Port-au-Prince«, 1984 (Roman); »Der Herbst des großen Kommunikators. Amerikanisches Journal«, 1986; »Haiti Chérie«, 1990 (Roman); »Der Burgwart der Wartburg«, 1994 (Roman); »Traum am frühen Morgen«, 1996 (Prosa); »Die neue Weltunordnung«, 1997 (Berichte und Reportagen).

Spiel ohne Grenzen. Fragment 1987, Seite 179

Walter Höllerer, geboren 1922 in Sulzbach-Rosenberg, lebt in Berlin. 1959 bis 1988 lehrte er als Professor für Neuere Deutsche Philologie und Vergleichende Literaturwissenschaft an der Technischen Universität in Berlin. Er war Herausgeber der Zeitschrift »Akzente« und nahm seit 1954 an den Tagungen der »Gruppe 47« teil. Seit 1961 ist er Herausgeber der Zeitschrift »Sprache im technischen Zeitalter«. 1963 gründete er das Literarische Colloquium Berlin, 1977 das Literaturarchiv Sulzbach-Rosenberg. Veröffentlichungen u. a.: »Der andere Gast«, 1952 (Gedichte); »Transit. Lyrikbuch der Jahrhundertmitte«, 1956 (Hg.); »Junge amerikanische Lyrik«, 1961 (Hg. zus. m. Gregory Corso); »Ein Gedicht und sein

Autor«, 1967 (Hg.); »Systeme. Neue Gedichte«, 1969; »Die Elephantenuhr«, 1973 (Roman); »Alle Vögel alle. Ein Komödie in zwei Akten samt einem Bericht und Anmerkungen zum Theater«, 1978; »Gedichte 1954-1984«, 1984; »Walter Höllerers oberpfälzische Weltei-Erkundungen«, 1987.

Ingomar von Kieseritzky, geboren 1944 in Dresden. Er war ein Jahr lang Requisiteur am Goetheanum in Dornach bei Basel und arbeitete dann als Buchhändler in Westberlin und Göttingen. Seit 1971 lebt er als freier Schriftsteller in Berlin. Veröffentlichungen u. a.: »Tief oben«, 1970 (Roman); »Trägheit oder Szenen aus der vita activa«, 1978 (Roman); »Obsession. Ein Liebesfall«, 1984; »Das Buch der Desaster«, 1988 (Roman); »Anatomie für Künstler«, 1989 (Roman); »Der Frauenplan. Etüden für Männer«, 1991; »Unter Tanten und andere Stilleben«, 1996. Zahlreiche Hörspiele.

Stephan Krawczyk, geboren 1955 in Weida/Thüringen. Er studierte Konzertgitarre in Weimar. Nach Berufsverbot und Haft reiste er 1988 aus der DDR aus. Er lebt heute als Dichter, Sänger und Erzähler in Berlin. Veröffentlichungen u. a.: »Wieder stehen« 1987 (CD und Textbuch); »Schöne wunde Welt« 1990 (Textbuch); »Terrormond« 1993 (CD); »Milonga« 1995 (CD); »Irdisches Kind« 1996 (Roman).

Katja Lange-Müller, geboren 1951 in Berlin. Nach Arbeiten u. a. als Handsetzerin und Hilfspflegerin in Berliner Krankenhäusern studierte sie 1979-1982 am Literaturinstitut Johannes R. Becher in Leipzig. Nach einem einjährigen Aufenthalt in der mongolischen Volksrepublik arbeitete sie als Lektorin in Berlin (Ost). 1984 verließ sie die damalige DDR. Sie lebt heute als freie Schriftstellerin in Berlin. Veröffentlichungen u. a.: »Wehleid – wie im Leben«, 1986 (Erzählungen); »Kasper Mauser – Die Feigheit vorm Freund«, 1988 (Erzählung); »Verfrühte Tierliebe«, 1995; »Bahnhof Berlin«, 1997 (Hg.).

Die feuchte Welle (Entwurf zu einem noch unveröffentlichten Prosatext), Seite 11

Reinhard Lettau, geboren 1929 in Erfurt. Er studierte in Heidelberg und Harvard Germanistik und lehrte fast dreißig Jahre als Professor für Vergleichende Literaturwissenschaft an der University of California/San Diego. 1991 kehrte er nach Deutschland zurück und zog bald darauf nach Berlin. Er starb im Juni 1996. Veröffentlichungen u. a.: »Schwierigkeiten beim Häuserbauen«, 1962 (Geschichten); »Auftritt Manigs«, 1963; »Feinde«, 1968; »Frühstücksgespräche in Miami«, 1977; »Zur Frage der Himmelsrichtungen«, 1988; »Flucht vor Gästen«, 1994 (Roman).

Hunde in Berlin (Abdruck mit freundlicher Genehmigung von Dawn Lettau), Seite 27

Monika Maron, geboren 1941 in Berlin. Nach dem Abitur in Berlin (Ost) arbeitete sie ein Jahr als Fräserin. Sie studierte Theaterwissenschaften und Kunstgeschichte und arbeitete u. a. als Regieassistentin beim Fernsehen. Seit 1976 ist sie freie Schriftstellerin. 1988 ging sie mit einem Dreijahresvisum in die BRD, wo sie bis 1992 in Hamburg lebte. Seither lebt sie wieder in Berlin. Veröffentlichungen u. a.: »Flugasche«, 1981 (Roman); »Die Überläuferin«, 1988 (Roman); »Das Mißverständnis«, 1990 (Vier Erzählungen und ein Stück); »Stille Zeile Sechs«, 1991 (Roman); »Animal Triste«, 1996 (Roman).

Schillerpromenade 41 (Auszug aus einem noch unveröffentlichten Roman), Seite 82

Bodo Morshäuser, geboren 1953 in Berlin (West), lebt in Berlin. Veröffentlichungen u. a.: »Die Berliner Simulation«, 1983 (Erzählung); »Nervöse Leser«, 1987 (Erzählung); »Hauptsache Deutsch«, 1992; »Warten auf den Führer«, 1993; »Der weiße Wannsee. Ein Rausch«, 1993; »Tod in New York City«, 1995 (Roman).
Einflugschneise 1974 (Auszug aus einem unveröffentlichten Roman), Seite 159

Karin Reschke, geboren 1940 in Krakau, kam 1944 nach Berlin. Sie studierte Germanistik in München, arbeitete als Zeitschriftenredakteurin und Kritikerin und lebt seit 1984 als freie Schriftstellerin in Berlin. Veröffentlichungen u. a.: »Memoiren eines Kindes«, 1980; »Verfolgte des Glücks. Findebuch der Henriette Vogel«, 1982; »Dieser Tage über Nacht«, 1984 (Erzählung); »Margarete«, 1987 (Roman); »Das Lachen im Wald«, 1993 (Roman); »Asphaltvenus«, 1994 (Roman); »Kuschelfisch«, 1996 (Erzählungen).
Herr Birnbaum will Bilder (Auszug aus einer noch unveröffentlichten Novelle), Seite 211

Ralf Rothmann, geboren 1953 in Schleswig, aufgewachsen im Ruhrgebiet. Seit 1976 lebt er als freier Autor in Berlin. Veröffentlichungen u. a.: »Kratzer«, 1984 (Gedichte); »Messers Schneide«, 1986 (Erzählung); »Der Windfisch«, 1988 (Erzählung); »Stier«, 1991 (Roman); »Wäldernacht«, 1994 (Roman); »Berlin Blues«, 1997 (Schauspiel).
Schicke Mütze, Seite 35

Klaus Schlesinger, geboren 1937 in Berlin. Nach mehreren Jahren als Chemielaborant war er ab den sechziger Jahren zunächst als Journalist, dann als Schriftsteller tätig. Nach seinem Ausschluß aus dem Schriftstellerverband der DDR ging er 1980 mit einer für mehrere Jahre gültigen Ausreisegenehmigung nach Westberlin. Veröffentlichungen u. a.: »Michael«, 1971 (Roman); »Alte Filme«, 1975 (Roman); »Berliner Traum. Fünf Geschichten«, 1977; »Leben im Winter«, 1980 (Erzählung); »Matulla und Busch«, 1984 (Roman); »Fliegender Wechsel. Eine persönliche Chronik«, 1990; »Die Sache mit Randow«, 1996 (Roman). Zahlreiche Hörspiele und Filmskripte.

Widerstand zwecklos! Brief nach Island (Auszug aus einem größeren Prosatext), Seite 288

Christa Schmidt, geboren 1959 in Duisburg, lebt seit 1980 in Berlin. Sie arbeitete als Redakteurin, Lektorin und Rundfunkautorin. Veröffentlichungen u. a. »Luftschlösser, 1987 (Erzählungen); »Die Wahlverwandten«, 1992 (Roman); »Rauhnächte«, 1996 (Roman).

Interview, Seite 248

Ingo Schulze, geboren 1962 in Dresden. Nach dem Studium der Klassischen Philologie in Jena arbeitete er bis 1990 als Dramaturg am Landestheater Altenburg, 1993 arbeitete er für eine Zeitungsredaktion ein halbes Jahr in St. Petersburg. Seither lebt er als freier Autor in Berlin. Veröffentlichungen u. a.: »33 Augenblicke des Glücks. Aus den abenteuerlichen Aufzeichnungen der Deutschen in Piter«, 1995.

Büchsen (Auszug aus einem noch unveröffentlichten Roman), Seite 149

Hans-Ulrich Treichel, geboren 1952 in Versmold/Westfalen. Er studierte Germanistik in Berlin, promovierte 1984 mit einer Arbeit über Wolfgang Koeppen und lehrt heute als Professor am Deutschen Literaturinstitut Leipzig. Veröffentlichungen u. a.: »Liebe Not«, 1986 (Gedichte); »Seit Tagen kein Wunder«, 1990 (Gedichte); »Von Leib und Seele«, 1992 (Berichte); »Der einzige Gast«, 1994 (Gedichte); »Heimatkunde oder Alles ist heiter. Besichtigungen«, 1996; sowie die Opernlibretti »Das verratene Meer«, 1990, und »Venus und Adonis«, 1997 (Musik von Hans Werner Henze).
Der Lieblingsberliner, Seite 120

Richard Wagner, geboren 1952 in Lowrin im rumänischen Banat, lebt in Berlin. Er studierte Germanistik und Rumänistik und arbeitete als Deutschlehrer und Journalist. Nach Arbeits- und Publikationsverbot siedelte er 1987 nach Berlin (West) um. Veröffentlichungen u. a.: »Ausreiseantrag«, 1988 (Erzählung); »Begrüßungsgeld«, 1989 (Erzählung); »Die Muren von Wien«, 1990 (Roman); »Heiße Maroni«, 1993 (Gedichte), »Der Mann, der Erdrutsche sammelte«, 1994 (Erzählungen); »Lisas geheimes Buch«, 1996, (Dokumentarroman).
Kurier, Seite 106

Michael Wildenhain, geboren 1958 in Berlin (West), lebt dort als freier Autor. Veröffentlichungen u. a.: »zum beispiel k.«, 1983 (Erzählung); »Prinzenbad«, 1987 (Roman); »Das Ticken der Steine«, 1989 (Gedichte); »Die kalte Haut der Stadt«, 1991 (Roman); »Heimlich, still und leise«, 1994 (Erzählungen); »Erste Liebe Deutscher Herbst«, 1997 (Roman).
Die Hochzeitsfeier, Seite 237

Der Winter unsres
Mißvergnügens
Aus den Aufzeichnungen
des OV Diversant
220 Seiten
btb 72057

Aus Freude am Lesen

Stefan Heym

Ein brisantes politisches Lehrstück und ein Beispiel für Mut und Zivilcourage unter den Bedingungen der Diktatur: Stefan Heyms Tagebücher aus der Zeit der Biermann-Ausbürgerung, ergänzt durch bislang unbekannte Stasi-Dossiers, beschreiben auf beklemmende Weise die Mechanismen von Bespitzelung, Psychoterror und Einschüchterung.

———————— ❦ ————————

Lebenszeit
280 Seiten
btb 72019

Aus Freude am Lesen

Erwin Strittmatter

Kurze Erzählungen, Betrachtungen, Zeugnisse und Auszüge aus Erwin Strittmatters wichtigsten Romanen sind in diesem Lesebuch zusammengefaßt, das einen hervorragenden Einstieg in das Gesamtwerk des Autors bietet. Eines der persönlichsten Bücher des großen Sprachkünstlers und Dichters.